오키나와 영화론

오키나와 영화론

초판 인쇄 2021년 2월 20일 **초판 발행** 2021년 2월 25일
엮은이 요모타 이누히코 · 오미네 사와 **옮긴이** 손지연 **펴낸이** 박성모 **펴낸곳** 소명출판
출판등록 제13-522호 **주소** 서울시 서초구 서초중앙로6길 15, 2층
전화 02-585-7840 **팩스** 02-585-7848
전자우편 somyungbooks@daum.net **홈페이지** www.somyong.co.kr

값 21,000원
ISBN 979-11-5905-583-6 93680
ⓒ 소명출판, 2021

이 책은 일본국제교류기금(JAPAN FOUNDATION) '출판 · 번역비 조성 프로그램'의
지원을 받아 간행되었음.

오키나와

요모타 이누히코 · 오미네 사와 편 | 손지연 옮김

영화론

Theory of Okinawa Movie

일러두기

1. 일본어를 한글로 표기할 때는 기본적으로 문교부(현, 문화체육관광부)의
   '외래어표기법'을 따랐다.
2. 한자어 표기는 일본에서 사용되는 글자체로 통일하였다.

차례

오키나와 영화는 어떻게 이야기될까 ———— 요모타 이누히코　7

〈8월 십오야의 찻집〉론 ———————— 신조 이쿠오　25
미군의 오키나와 통치와 퀴어 정치학

〈히메유리탑〉 ——————————— 최성욱　55
대립하는 두 가지 목소리의 틈새에서

떠돌이 개처럼 살다 가리 ————————— 요모타 이누히코　77
모리사키 아즈마와 오키나와인 디아스포라

보더 영화 관점에서 본 오키나와 영화 ——— 고시카와 요시아키　111
다카미네 쓰요시 작품을 중심으로

오키나와 영화 표상의 안과 밖 ——————— 오미네 사와　133

아체의 친구에게 보내는 편지 ——————— 요모타 이누히코　181

지정학적 상상력과 폭력의 심급 —————— 나카자토 이사오　203
〈바다제비 조의 기적〉과 '남南'을 향한 전진

오키나와로부터 세계를 보다 ————————————　231
히가시 다쿠마・나카자토 이사오・오미네 사와・고시카와 요시아키・신조
이쿠오・다카미네 쓰요시・요모타 이누히코

저자 후기 / 279

오키나와 관련 영상 작품 목록 / 281

옮긴이의 말 / 301

필자 소개 / 305

오키나와 영화는 어떻게 이야기될까

요모타 이누히코

1

오키나와를 배경으로 한 영상은 여기저기 흘러넘친다.

한여름 해변가. 바다 주변의 수목들. 노래와 춤을 좋아하는 소박한 에너지가 넘치는 사람들. 사람과 동물, 숲의 정령과 신들이 자유롭게 이야기를 나누는 어두운 밤. 두 번 다시 있어서는 안 될 전쟁의 아픔. 사랑과 치유로 가득한 남쪽 낙원. 일본에서 가장 오래된 문화가 아직도 남아 있다는 섬들. 미국식 문화가 아주 가깝게 자리한 곳······.

이처럼 관광주의가 만들어낸 이미지가 줄곧 따라다닌다. 끊임없이 만들어지고 사라져 버리는 스테레오타입의 영상에 지쳐 그제야 비로소 아무도 없는 조용한 해변가를 내달려 본다. 그런데 거기에 기다리고 있는 것은 오키나와의 조용한 해변이라는 역시나 스테레오타입의 영상이다. 우리의 시야는 우리도 알지 못하는 사이에 틀에 박힌 풍경을 바라볼 것을 강요당해온 것이다.

오키나와를 그리고 있는 영상의 진실은 어디에 있을까. 그런데 그렇게 입밖으로 말해버리는 순간 사람들은 다시금 덫에 걸려버린다. 그도 그럴 것이 눈앞에 범람하는 수많은 영상에서 우리는 오키나와에 대한 진실을 이야기하려고 하는 공통된 몸짓을 느끼기 때문이다.

오키나와 현지에서 촬영된 첫 영화는 지금까지 알려진 바로는, 1929년에 제작된 〈체육행각体育行脚 오키나와 편·야에야마 군도八重山群島 편〉이다. 또한, 오키나와를 대상으로 한 첫 영화는 도구치 세이젠渡口政善이 각본과 제작을 맡고 요시노 지로吉野二郎가 감독한 무성영화 〈집념의 독사執念の毒蛇〉로 알려져 있다. 이후 1930년대에는 산고자珊瑚座라는 극단을 중심으로 나하那覇에서 간헐적으로 연쇄극이 제작되었다. 연쇄극이란 연극 무대의 후면에 자막을 설치하고 배우가 등장하여 직접 공연하다가 무대 위에서 실연하기 어려운 장면은 사전에 촬영해 놓은 영상으로 대체하는 방식으로, 1910년대 내지内地에서 크게 유행한 바 있다. 다카미네 쓰요시高嶺剛 감독의 〈몽환류큐 쓰루헨리夢幻琉球 つるヘンリー〉(1999)도 이러한 연쇄극의 영향을 받은 것으로 보인다.

오키나와를 배경으로 한 영화제작은 그 후로도 미력하나마 계속된다. 1930년대 말에는 미야히라 가후宮平雅風가 〈신설 운타마기루新説·運玉義留〉를 내놓는다. 사쓰마薩摩에서 건너온 사무라이들의 횡포가 극심하던 19세기 중반 무렵, 부유한 지배층의 재산을 약탈해 민중에게 베푸는 의적 모험담을 그린 영화다. 이 민간야담풍의 영웅담은 류큐 연극의 단골

소재였으며, 다카미네 감독에 의해 현대판으로 번안되기도 하고, 만화로도 간행되는 등 오키나와 민중들의 큰 사랑을 받아왔다.

그런데 이처럼 오키나와 현지에서 소규모로 이루어지던 것과 별개로, 1936년에 도쿄니치니치東京日日, 오사카마이니치大阪毎日 양대 신문사가 뉴스영화 〈오키나와沖縄〉를 제작한 것도 특기할 만하다. 뒤이어 야나기 무네요시柳宗悦와 시키바 류자부로式場隆三郎가 감독한 문화영화 〈류큐의 민예琉球の民芸〉1939와 〈류큐의 풍물琉球の風物〉1940도 선보인다. 1937년에는 도호東宝의 도요타 시로豊田四郎가 이바 난데쓰伊波南哲의 『오야케아카하치 남국의 풍운아オヤケアカハチ 南国の風雲児』를 원작으로 한 영화를 감독하기도 한다. 내지의 영화사가 오키나와를 무대로 제작한 첫 영화로 기록되고 있다.

오키나와는 제2차 세계대전 말기에 미군과 일본군의 격렬한 전장이 되어 수많은 민간인 사상자를 낳았다. 이후 1972년 일본으로 '복귀'되기까지 미점령하에 놓여 있었다. 이 시기의 오키나와 표상에는 미군의 전투를 기록한 필름과 미국민정부민간정보부米国民政府民間情報部, 류큐열도미국민정부琉球列島米国民政府가 제작한 뉴스영화의 영향이 짙게 나타난다. 1947년에는 할리우드의 첫 오키나와 영화라고 할 수 있는 존 휴스톤John Huston 감독의 〈빛이 있으라Let There Be Light〉가 제작되었다.

일본 영화계에서는 1952년 샌프란시스코 강화조약과 오키나와의 희생으로 국가주권을 회복하고, GHQ, CIE의 영화 사전 검열이 폐지되면서 전쟁의 희생자라는 측면을 부각시킨 필름들이 등장하기 시작했다. 1953년 오키나와 전투의 비극을 영화화한 〈히메유리탑ひめゆりの塔〉(도에이東映), 〈오키나와 건아대沖縄健児隊〉(쇼치쿠松竹), 〈건아의 탑健児の塔〉(도호)

등이 그것이다. 그 가운데 가장 많은 관객을 동원한 〈히메유리탑〉은 관광주의 붐과 소녀 아이돌 열풍을 타고 여러 차례 리메이크되었다. 1950년대 말, 오키나와 로케이션이 가능하게 되자 쇼치쿠는 곧바로 액션 멜로드라마 〈해류海流〉(호리우치 마사나오堀内正直, 1959) 제작에 돌입한다.

한편, 1950년대 후반 무렵에는 류큐 연극을 영화로 기록해 두는 것이 유행하여 신라쿠자真楽座, 오나가이치자翁長一座, 오토메극단乙女劇団 버전의 영화가 만들어졌다. 이러한 흐름에 편승하여 〈울트라 세븐ウルトラセブン〉(1968)의 각본가로 잘 알려진 긴조 데쓰오金城哲夫가 〈요시야 지루이야기吉屋チルー物語〉(1962) 제작에 나선다.

1960년대에는 내지의 로케이션 부대가 오키나와를 찾는 일이 잦아졌다. 〈아바시리 번외지 남국 대결網走番外地 南国の対決〉(이시이 데루오石井輝男, 1966)에서부터 〈신들의 깊은 욕망神々の深き欲望〉(이마무라 쇼헤이今村昌平, 1968)에 이르기까지 그 장르도 다양하다. 1970년부터 72년까지 일본 영화계에 전에 없던 오키나와 붐이 인다. 오키나와에 오랫동안 거주해 온 모리구치 가쓰森口豁가 니혼테레비日本テレビ의 다큐멘터리 제작을 맡았고 사회 전반에 걸친 모순을 래디컬하게 추궁해 갔다. 누노카와 데쓰로布川徹郎는 〈모토싱카카랑누 오키나와 에로스 외전モトシンカカランヌー 沖縄エロス外伝〉(1971)에서 기지마을 암흑부로 카메라를 향한다. 〈그 여름날의 누이夏の妹〉(1972)의 오시마 나기사大島渚에서부터 도에이의 갱 영화에 이르기까지, 이 시기의 오키나와는 일본 영화계의 그야말로 뜨거운 감자였다. 전시하 기억의 계승, 이민과 디아스포라, 전통예능과 신앙, 연애 멜로드라마, 조선 출신 일본군 '위안부', 미군기지 주변을 무대로 한 청춘 액션물 등등. 다양한 소재가 필름의 대상이 되는 가운데 데라야마

슈지寺山修司의 〈안녕 하코부네さらば箱舟〉(1982)와 같이 형이상학적 미로 감각을 표현한 작품도 등장한다. 이에 관해서는 오미네 사와의 필모그래피를 참고하기 바란다.

그런데 1980년대 후반부터 90년대 초에 걸쳐 일본 영화계의 오키나와 표상에 미묘한 변화의 조짐이 나타나기 시작한다. 그리고 점차 그것이 지배적인 경향을 띠면서 새로운 스테레오타입의 오키나와 표상이 만들어진다. 스즈키 준이치すずきじゅんいち의 〈마리링을 만나고 싶다マリリンに逢いたい〉(1988)와 시나 마코토椎名誠의 〈바다·하늘·산호가 전하는 말うみ·そら·さんごのいいつたえ〉(1991)은 지금까지 돌아보지 않았던 자연과 마음의 치유라는 주제로 오키나와를 알리는 데 성공한다. 그 이후 오키나와는 지긋지긋한 전시기의 기억을 도약하는 섬이라든가, 토속적인 신화가 아직 살아 숨 쉬는 신비의 섬이라는 이미지에서 벗어나 '내지'에서 쌓인 피로를 풀어주는 섬, 자연과 인간의 조화로운 관계를 회복시켜주는 장소로 알려지게 된다.

1990년대 이후 지금까지 과도한 오키나와 붐이 계속되고 있다. 매년 오키나와를 무대로 한 필름들이 무수하게 탄생했다 사라진다. 모스라 Mothra가 남해에서 발광発光하고, 낚시광 하마ハマ 씨가 바다낚시에 도전한다. 기타노 다케시北野武가 추적자를 따돌리며 오키나와로 도주해 오는가 하면, 소녀 테러리스트가 요인 암살을 위해, 아이돌 지망생이 노래연습을 위해 오키나와를 찾는다. 한편에서는, 노래와 춤으로 들뜬 관광주의적 시선과 행복이라는 환상이 만연하고, 다른 한편에서는 자연 친화적인 생태계의 필요성을 소리 높여 외친다. 이 시기는 내지 출신 감독만이 아니라, 해외 감독들도 오키나와에 관심을 갖기 시작한다. 크

리스 마커Chris Marker, 왕동王童, 테오 앙겔로풀로스Theo Angelopoulos 감독들이 오키나와를 사정에 넣어 필름을 제작했다. 그리고 지금 이 글을 쓰고 있는 순간에도 오키나와를 배경으로 한 알려지지 않은 수많은 필름들이 촬영되고 있을 것이다.

2

지금까지 매우 거칠게 오키나와를 배경으로 한 필름들을 '오키나와 영화'라고 호명해 왔다. 그런데 과연 '오키나와 영화'라고 엄밀하게 정의할 수 있을지 생각해 보자. 오키나와 영화라는 것이 독일 영화라든가 한국 영화처럼 정의 가능하고, 어느 한 쪽으로 치우치지 않고 중립적으로 자리매김할 수 있는 것일까.

무엇을 기준으로 오키나와 영화라고 규정할 것인가? 그에 대해 정의하기란 쉽지 않다. 예외가 너무 많아 오키나와 영화와 그렇지 않은 것의 구분과 경계가 명확하지 않기 때문이다.

거칠게 구분해 보자면, ① 오키나와에서 촬영된 필름을 말하는 것인지, ② 오키나와 출신이 제작과 각본, 감독을 맡은 필름을 말하는 것인지, ③ 오키나와에 거주하는 사람이 제작한 필름을 말하는 것인지, ④ 오키나와인이 등장하는 필름을 말하는 것인지, ⑤ 힌두 영화나 우르드어[1] 영화가 그렇듯 현지 로컬 언어인 오키나와어(우치나구치ウチナーグチ)로 촬영한 필름을 가리키는 것인지 말이다.

어떻게 정의하든 크고 작은 예외가 나오기 마련이다.

이를테면, 오키나와 영화를 ①의 정의에 따라 현지 오키나와에서 촬영하고 오키나와를 묘사한 필름이라고 규정해 보자. 그렇게 되면 곤란한 상황이 발생한다. 1953년 이마이 다다시今井正가 감독하고 도호가 제작한 〈히메유리탑〉에는 오키나와 현지 풍경은 단 한 컷도 등장하지 않는다. 스텝이나 배우 가운데에도 오키나와인은 전혀 등장하지 않는다. 대부분이 도쿄의 세트장에서 촬영되었다. 그런데 '내지'와 오키나와 양쪽 모두에서 기록적인 흥행을 거두었던 이 필름을 오키나와 영화라는 범주에서 배제시킨다면 전후 오키나와 표상의 중요한 지점을 놓쳐버리게 될 것이다. 그 반대의 사례가 이마무라 쇼헤이의 〈신들의 깊은 욕망神々の深き欲望〉이다. 이 작품의 무대가 된 것은 구라게섬クラゲ島이라고 불리는 신비의 섬 남도지만 오키나와라는 고유명사가 언급되는 일은 없다. 그렇다면 그것은 오키나와 영화가 아니게 되는 걸까. 오키나와 현지에서 촬영되었다는 이유만으로 그것을 오키나와 영화라고 한다면 장국영張國榮 주연의 홍콩 액션영화 〈恋戦, OKINAWA Rendez-vous〉(2000)나 오키나와 해변에 늘어선 호텔에서 촬영된 성인영화들도 이 범주 안에 넣을 수 있게 된다.

②번으로 정의한다면, 오키나와 영화라는 것은 오키나와인이 각본을 쓰고, 감독과 제작을 한 필름이 될 것이다. 그렇다면 1990년대 이후 오키나와에서 큰 화제를 불러일으켰던 나카에 유지中江裕司의 〈나비의 사랑ナビィの恋〉이나 〈호텔 하이비스커스ホテル·ハイビスカス〉는 감독이 교토京都 출신이므로 리스트에서 빠지게 된다. 크리스 마커의 〈제5단계Level Five〉나 왕동의 〈무언의 언덕無言的山丘〉처럼 감독이 프랑스인이나 타이완인인 경우도 마찬가지다. 거꾸로 오키나와 출신인 누노카와 신이치布川

眞一가 각본에 참여했다는 것만으로 쓰부라야 프로덕션円谷プロ이 제작한 괴수 TV시리즈물이 사정권 안에 들어오게 될 것이다. ②번 정의는 또 다른 의미에서 오키나와인이라는 정의를 둘러싼 논쟁을 불러일으킬 것이다. 오키나와인이란 엄밀하게 말하면 오키나와 본도 출신을 가리키는 것이므로, 이시가키石垣나 미야코宮古 출신이 촬영한 필름은 제외시켜야 한다는 입장도 나올 법하기 때문이다.

③번 정의는 어떨까. 과연 이렇게 정의하면 나카에 유지 작품을 안심하고 오키나와 영화라고 부를 수 있겠지만, 그렇게 되면 〈운타마기루ウンタマギルー〉(1989)의 감독 다카미네 쓰요시가 빠져버리게 된다. 그는 이시가키섬 출신으로 나하那覇에서 자랐으며, 1960년대 후반부터 지금까지 40년 가까이 교토에 거주해 왔기 때문이다. 오키나와 내부라고도 외부라고도 말하기 어려운 그야말로 경계선에서 영상을 찍어온 것이다.

④번 경우처럼 오키나와 출신이 출연한 필름이라고 규정하면, 초창기 현지에서 제작한 멜로드라마는 그 범주에 포함될지 모른다. 그런데 오시마 나기사의 〈어느 여름날의 누이夏の妹〉나 최양일崔洋一의 〈A사인데이즈Aサインデイズ〉를 비롯해 내지의 배우가 주연한 작품들 대부분이 제외될 것이다. 지바 신이치千葉真一가 연기한 난폭하지만 사건 해결 능력이 뛰어난 오키나와 출신 형사 〈도베르만 형사ドーベルマン刑事〉를 과연 오키나와 영화로 볼 수 있을까? 또, 오키나와를 배경으로 하고 있는 쿠엔틴 타란티노Quentin Jerome Tarantino의 〈킬 빌Kill Bill〉은 오키나와 영화 범주 안에 들어갈까?

마지막으로 ⑤번의 경우, 여기에 해당하는 필름은 앞서 언급한 다카미네 쓰요시의 〈운타마기루〉 정도가 될 듯하다. 비디오물까지 포함시

키면 류큐 연극 현장을 담은 무수한 비디오와 히가 도요미쓰比嘉豊光의 〈시마구투바로 전하는 전쟁島グトゥバで語る戦世〉(2003) 등도 해당될 것이다. 그런데 대부분의 영화가 일본어 대사로 되어 있으며 오키나와어는 상징적 기호로 등장할 뿐이다. 따라서 ⑤번 정의는 성립되기 어려울 듯하다.

이렇듯 오키나와 영화에 대해 정의하려 하면 할수록 파탄에 빠지고 만다. 한국 영화나 독일 영화의 경우, 또 인도 영화의 하위 구분인 우르드어 영화나 힌두 영화의 경우 그리 어렵지 않게 범위를 정할 수 있는 반면, 오키나와 영화는 '오키나와'와 '영화'라는 두 단어를 결합시키는 순간 교착 상태에 빠지게 된다. 그 누구도 완벽하게 오키나와 영화를 규정할 수 없다. 이러한 시행착오를 거듭해 가는 가운데 사람들은 그러한 곤란한 작업 밑바닥에 자리한 매우 근본적인 원인과 마주하게 된다. 그것은 다름 아닌 '오키나와'와 '내지'를 나누는 경계일 것이다.

3

'내지內地'라는 용어는 1890년 대일본제국헌법이 시행된 후, 헌법이 적용되는 영역을 나타내는 의미로 사용되었다. 자연스럽게 흠정欽定헌법이 적용되지 않는 장소는 '외지外地'로 간주되었다. 이 같은 논리로 말하면, 1879년 오키나와현 설치 이후 오키나와는 법문상으로는 '내지'에 속해 있었다. 그런데 그것은 어디까지나 법문상의 규정이었다. 예로부터 오키나와인이 혼슈本州, 시코쿠四国, 규슈九州와 그 근린 섬들을 '내지'로 호명해 왔던 것이 사실이다. 1945년, 1952년, 1972년, 일본과 오키나와의 관계는 정치적으로 큰 변동을 거쳐 왔음에도 불구하고 '내지'라는 호칭은 바뀐 적이 없었다.

그런데 이 '내지'라는 용어는 왠지 꺼림칙하다. 일반적으로 내지에 사는 일본인은 내지와 일본을 동일시했기 때문에 오키나와에 가지 않는 한 입에 올리는 일은 극히 드물다. 그들에게 혼슈, 시코쿠, 규슈는 애써 기호학적으로 부호를 붙일 필요가 없는 일본의 중심이자 무징성無徵性의 일본인 것이다. 그에 반해 오키나와는 끊임없이 '오키나와'라는 유징성有徵性을 짊어진 주변적 장소로 여겨져 왔다. '내지'라는 용어가 일상적인 대화에서 언급되는 경우는 오키나와와 오가사와라小笠原, 혹은 홋카이도北海道와 같이 일본의 남방, 북방 지역이 화제로 올랐을 때 정도가 아닐까.

그렇다면 '내지'라는 말은 어디에서 유래되었을까? 오키나와가 섬들로 구성되어 있듯 혼슈, 규슈, 시코쿠도 섬들로 구성되어 있는데 어째서 '내도內島'가 아닌 대륙을 연상시키는 '지地'라는 표현을 사용한 걸까. '오키나와'라는 고유명사에 대응하는 것이 어째서 '혼슈'라는 고유명사가 아닌 '내지'라는 애매하고 추상적인 용어인 걸까. '내지' 사람들은 결코 스스로를 '내지인'이라고 호명하지 않는다. 그들은 아무런 의심 없이 자신을 무징성의 '일본인'이라고 믿는다. 그들이 자신을 '내지인'이라고 자각하는 경우는 오직 하나 오키나와인과의 대화 장면에서다. 이 비대칭적 관계는 대화를 하는 두 사람에게 암묵적으로 작동한다. '내지'는 거의 대부분이 '오키나와'에 대해 우월감을 가지고 있으며 문화적으로도 정치적으로도 헤게모니를 장악하고 있다. 그런데 그것은 밖으로 드러나지 않는다. 현대인의 스트레스를 풀어주는 치유의 섬, 노래와 춤, 그리고 아름다운 해변이 있는 관광의 섬이라는 스테레오타입의 영상이 이 역사적으로 형성되어온 불균형을 은폐하는 힘으로 작동한다.

오키나와인은 일본이라는 문맥 안에서 늘 오키나와라는 징후를 짊어진 존재로 자리해 왔다. 그들은 오키나와인이라는 것, 그 징후를 짊어짐으로써 비로소 '내지인'과 마주하게 되고, 일본인이라는 범주에 귀속되는 것을 허락받는다. 그런데 그 대가라고 할까 오키나와인은 오키나와인 이외의 일본인에게 '내지인'이라는 호칭을 부여함으로써 그들을 유징성의 존재로 바꿔 버린다. '내지인'은 그에 당혹감을 감추지 못하며 눈앞에 그어진 경계선을 두고 불편한 감정을 느낀다. 자신들이 들어갈 수 없는 영역이 그 너머로 끊임없이 펼쳐져 있다는 것을 알고 놀란다. 그들은 오키나와 땅에 발을 내딛는 순간 메이지明治 시대 자신들의 선조가 고안한 이 용어가 의도치 않게 자신들을 속박해 버렸음을 복잡한 기분으로 마주하게 된다. 오키나와인이란 '나'를 인간도 아니고 일본인도 아닌 '내지인'이라는 타자로 변모시켜 버린 그 누군가인 것이다. 만약 둘 다 유징성의 존재가 된다면 '오키나와인'과 '내지인'은 서로 대등한 입장에 서게 되는 걸까. 아니 절대 그렇지 않다. 왜냐하면 이 두 개의 용어는 앞서 언급한 것처럼 기원부터가 불균형하며, 전자의 후자에 대한 굴종과 후자의 전자에 대한 우월감을 확인할 뿐이기 때문이다.

다시 영화 이야기로 되돌려 보자.

오키나와 영화를 어떤 말로든 정의해 보려는 영화 연구자들이 마주하는 곤란함의 밑바닥에는 지금까지 자명하다고 믿었던 '일본'이 갑자기 유징성의 '내지'로 변모해 버린 것에 대한 불편한 심기가 가로 놓여 있다. '오키나와 영화'가 존재한다면 '내지 영화'라는 것도 존재하는 것이 아닐까 하는 물음, 다카미네 쓰요시 작품이 오키나와 영화라고 한다면 구로사와 아키라黑澤明나 미야자키 하야오宮崎駿의 작품은 내지 영화인 걸까 하는 물음이 생겨난다. 일본 영화라는 이름하에 지금까지 자명한 것으로 받아들여졌던 필름이 어느날 갑자기 타자와 직면해 버리게 된 것이다. 내지의 필름이 오키나와를 어떻게 표상해 왔는가에 대한 문제 제기에는 이러한 당혹감을 어떻게든 문맥화해 버리겠다는 충동이 숨겨져 있다.

그렇다면 영화 연구 안에 엄밀하게 정의되지 않은 채 오키나와 영화라는 용어를 도입해 버렸을 때, 대체 이 용어는 어디에 소용되는 걸까. 오키나와 영화사는 일본 영화사의 하위구분에 지나지 않는 걸까. 그렇지 않으면 보다 광의의 동아시아 영화사의 문맥에서 검토되어야 할 그 무엇인걸까. 일본 영화가 전후 어느 시기까지 타이완을 경유해 군정하 오키나와로 '밀수입'되거나 오키나와에서 브라질 등 라틴아메리카로 건너갔던 사실, 다카미네 쓰요시의 작품에서는 그러한 흔적을 확인이라도 하듯 등장인물들을 아무런 연고도 없는 타이완에 표류하게 한다. 이것은 우리로 하여금 오키나와 영화사가 광의의 지리적 환경 안에서 재검토되어야 할 필요성을 제기한다. 더 나아가 오키나와 영화에 대해 사유함으로써 지금까지 자명하게 여겼던 일본 영화사에 균열을 내고 동아시아의 영화사에 새로운 조명을 비출 수 있게 될 것이다.

4

이 책은 총 7편의 논문으로 구성되어 있다. 간단하게 개요를 설명해 둔다.

우선, 신조 이쿠오, 최성욱, 요모타 이누히코의 논문은 외부에서 오키나와와 오키나와인에게 쏠린 시선의 향방을 쫓는다.

신조 이쿠오新城郁夫의 「〈8월 십오야의 찻집〉론－미군의 오키나와 통치와 퀴어 정치학〈八月十五夜の茶屋〉論 米軍沖縄統治とクィア・ポリティックス」은 1951년 할리우드에서 제작된 같은 제목의 희극 필름에 초점을 맞춘다. 이 작품은 흥미로운 패러디로 충만하다. 뿐만 아니라 점령국 미국이 피점령지 오키나와를 지배한다는 스테레오타입을 보기 좋게 해체한다. 말론 브란도가 연기하는 오키나와인 통역사를 통해 퀴어 정치학에서의 정치가 군에 의한 지배/피지배라는 제도적 이항대립을 어떻게 양의적으로 전복시켜 가는지 매우 섬세하게 분석하고 있다. 신조는 여기서 논의를 더 파고 들어가 이 작품이 젠더와 내셔널리티, 에스닉을 관통하며 기존의 해석의 틀을 바꿔 놓았다고 평가한다.

최성욱崔盛旭의 「〈히메유리탑〉－대립하는 두 가지 목소리의 틈새에서〈ひめゆりの塔〉 対立する二つの声の狭間で」는 이마이 다다시今井正의 〈히메유리탑〉(1953)을 분석한 것이다. 전후 내지에서 제작한 첫 작품으로 기록되고 있는 이 영화는 오키나와 전투를 배경으로 한 다양한 목소리에 귀 기울이고 있다. 특히 패전을 향해가는 군국주의의 목소리와 새로운 억압자로 엄습해 오는 미군의 목소리를 교차시켜 보이는 방식이 압권이다. 이 두개의 목소리 틈새에 끼인 히메유리 부대 소녀들을 통해 오키나와 전투가

내재한 모순을 비판적으로 분석한다. 더 나아가 자애로 충만한 군의관의 존재가 어떤 은유로 기능하고 있는지도 밝히고 있다.

요모타 이누히코四方田犬彦의 「떠돌이 개처럼 살다 가리－모리사키 아즈마와 오키나와인 디아스포라生きてるうちが野良犬 森崎東と沖縄人ディアスポラ」에서는, 모리사키 아즈마森崎東의 〈떠돌이 개野良犬〉(1973)와 〈개똥밭에 굴러도 이승이 낫지 죽으면 그만이요 당선언生きてるうちが花なのよ 死んだらそれまでよ党宣言〉(1985)에 나타난 오키나와인 아이덴티티를 짚어본다. 여기서 '떠돌이 개'라는 용어는 단체취업으로 도쿄東京나 요코하마横浜로 건너온 오키나와 소년들의 호모소셜한 공동체를 가리키는 것으로 구로사와 아키라가 전후 복원병復員兵을 '떠돌이 개'로 은유한 데에서 빌려왔다. 〈당선언〉은 오키나와 여성들이 연대하여 고자폭동コザ暴動[2]으로 인한 트라우마와 상처를 치유해 가는 내용을 담고 있다.

이 책에는 다카미네 쓰요시 관련 논문이 3편 실렸다. 다카미네는 1970년대 요나스 메카스Jonas Mekas의 영향을 받아 영상작가로 출발했으며, 1980년대부터 90년대에 걸쳐 〈파라다이스 뷰パラダイスビュー〉, 〈운타마기루ウンタマギルー〉, 〈몽환류큐 쓰루헨리夢幻琉球つるヘンリー〉 등의 작품을 감독했다. 오키나와를 무대로 복잡하게 얽혀 있는 언어, 인종(혼혈) 문제를 깊이 있게 다루고 있으며, 오키나와 민간전승을 새롭게 해석하여 리메이크한 방식도 눈여겨볼 만하다.

고시카와 요시아키越川芳明의 「보더 영화 관점에서 본 오키나와 영화－다카미네 쓰요시 작품을 중심으로ボーダー映画としての沖縄映画 高嶺剛作品を中心に」에서는 다카미네 작품에 반복적으로 등장하는 혼혈의 의미를 고찰한다. 열등한 존재로 그려졌던 〈몽환류큐 쓰루헨리〉 속 혼혈아는 무비카메라

를 알게 되면서부터 오키나와 공동체를 상대화하는 주체적인 인물로 그 위치가 역전된다. 메타픽션은 이러한 역전된 상황을 드러내는 유효한 장치이자, 이 영화에서 중요하게 다뤄지는 인터링거리즘interlingualism과도 깊은 관련이 있다. 여러 개의 언어가 대등한 위치에서 자유롭게 교환되는 현상은 그 자체로 부친(기원)이 없는 고아 상태의 오키나와인 아이덴티티와 언어를 표상한다. 고시카와는 그 연장선상에서 멕시코계 미국인이 제작한 영화들과 비교하면서 공동체 내부의 민족과 계급, 젠더를 상대화하는 보더 영화로서의 다카미네 영화의 가능성을 제시한다.

오미네 사와大嶺沙和의 「오키나와 영화 표상의 안과 밖裏返すこと表返すこと 1999年以降の沖縄の表象」은 나카에 유지와의 비교를 통해 다카미네 작품의 위치를 부각시켜 보인다. 나카에는 다카미네의 영향을 받았지만, 오키나와를 횡단하는 정치와 사회적 모순에 눈 감은 채 관광주의에 편승한 작품들을 내놓고 있음을 지적한다. 겉으로 보기에 모범적인 인사이더를 내세워 비역사적인 '부드러운' 멜로드라마 만들기에 치중하는 것은 나카에 감독이 의도했든 아니든 오키나와와 일본 사이의 경계를 강화하는 결과를 낳았다는 것이다.

반면, 다카미네는 오키나와다움을 벗어던진 음악, 건축, 의상을 적극적으로 필름에 담아내는 것으로 사회가 요구하는 인사이더의 규범을 거부한다. 이 작품에 등장하는 인물들은 서로를 구분 짓지 않고 동화해가며 때로는 다카미네 감독 자신도 등장인물들과 함께 어울려 융화하는 모습을 보인다. 다카미네 영화는 오키나와와 파리를 둘러싼 지리적 월경을 이루고 있으며 자기동일성이라는 관념을 넘어 스스로를 객관화하고 대상화하는 모습을 보여준다.

요모타 이누히코의 「아체의 친구에게 보내는 편지アチェの友人への手紙」에서는 오키나와를 대표하는 민간전승을 번안해 제작한 다카미네 감독의 〈운타마기루ウンタマギルー〉를 분석한다. 언어나 정치 등 모든 면에서 주변으로 밀려난 민중들은 과연 어떤 영웅을 상상하는지 살펴보고 있다.

아울러 나카자토 이사오仲里効의 「지정학적 상상력과 폭력의 심급 – 〈바다제비 조의 기적〉과 '남南'을 향한 전진地政学的想像力と暴力の審級〈海燕ジョーの奇跡〉をめぐる累進する'南'」에서는 오키나와에 대해 영상작가들이 품고 있는 지정학적 상상력을 논의한다. 사진작가 도마쓰 쇼메이東松照明는 일본인과 점령이라는 주제에 매력을 느껴오다 급기야 오키나와의 남쪽 국경을 넘어 해방을 찾아가는 상상력에 사로잡힌다. 가라 주로唐十郎는, 60년대 말 '본토 복귀'를 주장하는 오키나와인의 북상北上 지향에 대응해 반反국가를 비전으로 제시하며 남하南下를 제창했다. 후지타 도시야藤田敏八는 〈바다제비 조의 기적〉 결말 부분에서 원작을 크게 바꿔 주인공 혼혈 소년이 오키나와에서 타이완을 거쳐 필리핀으로 건너간 후, 거기서 더 남쪽으로 남하해 가려다 사살되는 것으로 그리고 있다. 오키나와인으로 하여금 북상을 꿈꾸게 하는 것은 일본이라는 국가에 포위된 역사를 봉인하는 것이며, 남하해 가는 것은 이러한 움직임에 대항하는 몸짓에 다름 아니라고 나카자토는 주장한다.

마지막으로 이 책의 집필자들과 히가시 다쿠마東琢磨가 함께 한 토론회 내용을 실었다. 이 자리에서 크게 세 가지 문제가 제기되었다. 첫째는, 오키나와에서는 대중적인 인기를 얻고 있는 다카미네 쓰요시가 관객 동원에 실패한 것을 어떻게 바라봐야 하며, 다카미네 감독의 후속 영화인을 꼽는다면 누구일지. 둘째는, 오키나와를 영상으로 담아낼 때 오키나와인, 내지인(혹은 외국인)과 같이 표상하는 측의 주체를 어떻게 생각할 것인지. 마지막으로 오키나와인을 둘러싼 표상 문제와 일본 사회에 존재하는 또 다른 모순, 예컨대 재일조선인이나 피차별부락민을 같은 층위에서 논의할 수 있는지에 대한 토론이 있은 후, 다카미네 쓰요시 감독과 함께 이야기를 나누는 시간을 가졌다.

부록으로 실은 것은 1930년대부터 현재(2007)에 이르기까지의 오키나와 영화 리스트를 정리한 것이다. 빠짐없이 정리한다고 했으나 확신할 수 없는 것은 최근 일본 영화계에서 오키나와 붐이 일고 있기 때문이다. 이 책이 미처 담아내지 못한 필름들은 토론을 통해서 언급하도록 했다.

이 책의 편자 역할을 맡았던 나는 일본 영화와 함께 아시아 영화에도 관심을 갖고 연구해 왔지만, 오키나와 사회와 역사에 대해서는 깊이 있게 알지 못했다. 이 책의 바탕이 되었다고 할 수 있는 심포지엄을 기획하고 그 결과를 단행본으로 편집하는 과정에서 오키나와학에 관심을 갖게 되었다. 이 책이 나오기까지 너무도 많은 분들의 신세를 졌다. 감사의 마음을 전한다. 오키나와와 일본의 관계는 앞으로도 어떤 형태로든 계속되어 갈 것이며, 소리와 영상으로 오키나와를 표현하는 방법에도 변화가 생길 것이다. 오키나와 영화 관련 연구가 활발해져 이 책이 언젠가 한 시대의 이정표가 되기를, 그리고 이러한 상황이 극복되는 날이 오기를 심포지엄에 참석한 모든 분들의 마음을 담아 기원한다.

1 인도유럽 어족의 근대 인도어의 하나. 옮긴이 주.
2 1970년 미군 병사가 일으킨 교통사고로 오키나와 현민이 사망한 사건에서 촉발되어, 고자시(현, 오키나와시)에서 현민과 미군 헌병이 충돌하여 발생한 폭력 사태이다. 이 폭동으로 미국인 60여 명이 부상을 입고 차량 80대가 전소했으며 가데나(嘉手納) 공군기지의 건물 여러 채가 파괴되었다. 옮긴이 주.

〈8월 십오야의 찻집〉론

미군의 오키나와 통치와 퀴어 정치학

신조 이쿠오

말론 브란도Marlon Brando의 진한 화장

〈욕망이라는 이름의 전차A Streetcar Named Desire〉(엘리아 카잔Elia Kazan 감독, 1951), 〈난폭자The Wild One〉(라즐로 베네딕lászlóbenedek 감독, 1954), 〈워터프론트On the Waterfront〉(엘리아 카잔 감독, 1954), 그리고 1950년대를 대표하는 할리우드 영화 등은 거칠고 난폭하게 자신의 몸을 드러내며 '미국의 남성성'을 과도하게 발산하는 것으로 많은 관객을 동원했다. 제임스 딘James Dean을 비롯한 배우들은 그러한 위험한 매력의 포로가 되었다. 이를테면, "성형한 쌍꺼풀에 덧니, 가발을 쓰고 누런 도란(분장용 화장품)을 덕지덕지 바른"[1] 전형적인 "황색 얼굴"로 분장한 남자가 미소를 띠며 목욕가운 같은 요상한 의상을 몸에 걸치고 카메라를 향해 "신사숙녀 여러분, 제 소개를 하겠습니다. 저는 사키니サキニ, 직업은 통역사입니다"

라며 기묘한 영어 어투로 말문을 연다. 미 점령하 1946년 오키나와를 무대로 한 영화 〈8월 십오야의 찻집八月十五日夜の茶屋〉(다이엘 민Daniel Mann 감독, 1956)의 개막을 알리는 장면이다. 말론 브란도Marlon Brando라는 희대의 섹시 스타가 자신의 남성성을 완전하게 소거한 모습으로 오키나와 원주민 남성을 연기했다. 이것은 영화 전체를 관통하는 군사점령에 대한 패러디의 시작에 불과하다.

영화 〈8월 십오야의 찻집〉은 반 스나이더Vern Sneider의 소설 『The Tea-house of the August moon』(1951)을 원작으로 하고 있는데,[2] 1952년에 존 패트릭John Patrick이 퓨리처 각본상을 수상하였고, 이듬해에는 브로드웨이 상연으로 큰 인기를 끌었다. 이 영화는 반 스나이더의 소설이 아닌 존 패트릭의 각본을 차용한 것으로 보인다. 반 스나이더의 소설의 경우, 작가 자신의 오키나와 체험, 즉 오키나와 전투沖縄戦 참전 경험과 모모하라桃原(현 차탄초北谷町) 마을 감독관으로 주둔한 경험을 바탕으로 하고 있다. 일설에 의하면 영화에서 중요한 역할을 담당하는 주인공 '로터스 블로썸lotus blossom'('연꽃'이라 불리는 게이샤芸者)은 현존하는 인물로 요정料亭을 경영하였으며, 『유곽 쓰지의 꽃辻の花』을 쓴 우에하라 에이코上原栄子가 그 모델이라고 알려져 있다.[3] 점령기 오키나와를 논의할 때 〈8월 십오야의 찻집〉이 빠지지 않고 언급되는 것은[4] 이 작품이 '종전終戦' 직후 오키나와가 당면한 문화정치의 현실과 착종을 잘 드러내고 있기 때문이다.

이 영화는 '오키나와인' 통역사 '사키니'의 다음과 같은 대사로 시작된다. "신사숙녀 여러분, 오키나와의 역사는 정복자의 역사입니다. 14세기에는 중국 해적의 지배를 받았고, 16세기에는 영국 선교사, 18세기에는 일본 사무라이에 의해 그리고 이 20세기에는 미 해병대에게 정복되었습니다. 오키나와로서는 아주 행운입니다. 여기 그냥 가만히 있기만 하면 문화가 저편에서 건너오는 것이죠." 이러한 해학과 반어법, 더 나아가 '오역'을 통해 '사키니'는 그야말로 이 영화의 패러디 능력을 온몸으로 체현하는 존재로 등장한다. 이 '사키니'라는 통역사를 대동하고 '피츠비 대위'(글렌 포드 Glenn Ford)가 새로운 부임지 '도비키 마을 ﾄﾋﾞｷ村'을 방문하는 것으로 본격적인 영화의 막이 열린다. 피츠비 대위는 오키나와 민중에게 '민주주의'를 교도하려는 목적으로 도비키 마을을 찾아 펜타곤(미 국방성)을 본뜬 오각형 모양으로 학교를 세우고 부인동맹을 비롯한 민주적 조직을 창설하는 등 이른바 '플랜B'를 수행하기 위해 분주하게 움직인다. 이때 통역사 '사키니'의 적극적인 '오역'으로 인해 마을사람들은 학교를 짓는 대신 '찻집'과 아와모리泡盛[5] 양조 공장을 건설하게 된다. 거기다 피츠비 대위는 상사의 만류를 물리치고 애초의 계획까지 변경해 가며 도비키 마을에 '8월 십오야의 찻집'을 짓는다. 그런데 결국 상사의 명령으로 애써 지은 찻집을 부숴버린다. 얼마 지나지 않아 얄궂게도 미 상원의원이 이 찻집을 시찰하러 온다는 소식을 접한다. 이에 부랴부랴 찻집 재건에 나서고, 찻집 건설이 성공적인 점령 사례로 부상하면서 본국으로 송환하기로 했던 피츠비 대위도 계속해서 주둔하기로 한다. 영화는 사키니의 다음과 같은 대사로 막을 내린다. "신사숙녀 여러분, 댁으로 돌아가셔서 잘 생각해 보시기 바랍니다. 고통이 사고력을 기르고, 사고력이 사람을 현명하게 하며, 지혜가 인생을 지탱합니다. 8월의 달이 여러분에게도 기분 좋은 밤을 선사하기를 바라며. 그럼 이만."

이렇게 볼 때 〈8월 십오야의 찻집〉은 이상야릇하면서 풍자적인, 오

영화 〈8월 십오야의 찻집〉에서 통역사 사키니를 연기하는 말론 브란도.

키나와 점령을 패러디한 고품격 코미디라고 할 수 있다. 그러한 성과를 입증이라도 하듯 이 작품은 한국전쟁의 전화가 아직 끝나지 않은 1950년대 후반 무렵 미국, 일본, 그리고 오키나와 전 지역을 아우르며 커다란 화제가 되었다. 예컨대 존 패트릭 각본의 연극이 호평을 받으며 1950년대 브로드웨이에서 크게 히트하였고,[6] 유럽 공연을 거쳐 1955년 8월에는 일본 가부키자歌舞伎座에서 공연을 가졌다. 그런데 이 가부키자 공연은 동시대 연극평에서 보듯 평가가 많이 엇갈렸다. 얼마 후 오키나와 즈케란瑞慶覧 기지 내에서 미군 병사를 상대로 한 상영은 성공적이었다.[7] 이러한 가운데 다니엘 만 감독의 영화 〈8월 십오야의 찻집〉은 미국 전 지역 흥행 6위를 기록했으며, 1957년 일본과 오키나와 공연에서도 커다란 화제를 모았다.

이렇듯 영화에 앞서 브로드웨이 공연이 절찬리에 이어지면서 영화 역시 흥행을 보장받는 듯했으나, 소설, 각본과 영화 〈8월 십오야의 찻집〉 간의 차이로 인해 차질이 빚어진다. 그 차이란 다름 아닌 '말론 브란도'라는 배우의 다중화된 이미지가 초래한 것이었다. 그 전형적인 사례라고 할 수 있는 〈난폭자Wild One〉에서 보듯, 말론 브란도는 고전 할리우드적 남성미에 대한 의식적 침범인 파괴적 남성 에로스화를 신체 노출과

페티쉬한 도구(노동자 계급의 속옷인 티셔츠, 과장된 근육과 선명한 상처, 노골적인 성적 은유인 오토바이 등)를 앞세워 연기했다. 이 말론 브란도가 짙은 화장의 '황색 얼굴'로 기묘한 동양인을 연기해 보일 때, 거기에는 이미지의 차이에서 오는 효과가 발생한다. 즉, 남성성을 과도하게 부각시키는 것으로 독자적인 위치를 구축해 온 남자 배우가 탈脫남성화된 캐릭터를 연기할 때, 남성성이라는 이미지가 거꾸로 무엇을 배제하고 무엇을 은폐하는지 분명한 형태로 드러내 보여준다. 그리고 그 남성성을 구축하는 데에 점령이나 지배라는 밀리터리즘militarism이 남성 섹슈얼리티에 어떻게 작용하는지도 반어적으로 암시하게 된다.

고전적 할리우드 영화에 그려진 여성이 관객＝남성 젠더의 시선에 노출됨으로써 페티쉬화되어 가는 양상을 지적한 논의로는 잘 알려진 것처럼 로라 멀비Laura Mulvey의 「시각적 쾌락과 내러티브 영화Visual Pleasure and Narrative Cinema」(1975)[8]가 있다. 로라 멀비는 그러한 고전적 할리우드 영화조차 남성성의 균열을 그리고 있으며, 남성 역시 은유적으로 페티쉬화되고 욕망화되어 왔음을 예컨대 비토 루소Vito Russo의 『셀룰로이드 클로젯The Celluloid Closet : Homosexuality in The Movies 1st ver.』(New York : Harper & Row. 1981)[9] 이후의 퀴어 영화 연구를 통해 지적해 왔다. 그런데 이러한 연구가 등장하기 전부터 우리 관객들은 이미 식민지 지배와 군사 점령 혹은 극단적인 전쟁을 그린 많은 영화들에서, 특히 '통역사'라는 존재의 개입을 통해 남성성의 이미지가 성적 욕망 사이에서 흔들리고 있음을 목격해 왔다. 예컨대 데이비드 린David Lean 감독의 〈아라비아의 로렌스LAWRENCE of ARABIA〉(1962)와 로버트 알만Robert Altman 감독의 〈M★A★S★H〉(1970), 오시마 나기사大島渚 감독의 〈전장의 메리크리스

마스戦場のメリークリスマス〉(1983), 그리고 알렉산드르 소쿠로프Aleksandr Sokurov 감독의 〈태양The Sun〉(2004) 등을 떠올려 보면, 군사점령이라는 현실 정치가 길항하는 한가운데에서 남성 간의 섹슈얼한 욕망이 발현되기도 하고 부정되기도 하며, 이때 '통역사'라는 경계적 존재가 그 욕망을 부추기는 역할을 담당하고 있음을 알게 된다. 이들 영화에 견주어 볼 때 〈8월 십오야의 찻집〉의 탁월한 선견지명을 확인할 수 있을 것이다. 즉, 말론 브란도라는 현실 정치에 작동하고 있는 호모소셜리티와 호모에로틱스 간의 상호 연관성을 읽어낼 수 있게 되는 것이다.

'불평不評'의 부재

그런데 여기서 중요한 것은 남성성의 소거 혹은 결여라는 젠더적 혼란을 영화는 애써 은폐하거나 하지 않는다는 점이다. 아니 오히려 말론 브란도가 연기한 오키나완 통역사 사키니에게 감염이라도 된 듯, 모든 미군 병사들은 자신의 남성성과 그 남성 젠더성에 기반한 점령군이라는 정치적, 군사적, 성적 우위성을 포기하고 기묘한 무성화無性化와 비무장화의 길로 들어선다. 즉, 미군에 의한 오키나와 점령이라는 현실 정치를 풍자하는 이 영화의 기층에 특히 남성 젠더 규범의 혼란과 반전이 작동하게 된다.

그러나 이것은 앞서 언급한 것처럼 '오키나완' 통역사 사키니가 아무리 진한 화장을 하고 부자연스럽고 외설스러운 모습으로 스크린에 등장한다 하더라도, 그 기묘함이 성적 일탈성이나 질서를 파괴하는 힘으로 연결되지 않는다는 의미이기도 하다. 다시 말하면 말론 브란도가 연기하는 오키나와인 통역사 사키니의 젠더적 불안정성은 군사 점령하 피지배자 측 남성성의 불안정성을 나타내는 전형적인 은유라고 할 수 있으며, 바로 그 점이 이 영화를 관통하는 핵심이라고 할 수 있다. 이 영화가 발신하는 기묘함 혹은 기묘함으로 치달아 가는 모습은 영화 전체의 안정성을 해치기는커녕 이야기를 전개해 가는 데 중요한 역할을 하게 된다. 그뿐만이 아니라 이 기묘함이 당시의 할리우드 프로덕션 코드[10]에 저촉하는 동성 간 혹은 이異인종 간의 성적 관계와 같은 '일탈'이나 '도착倒錯'으로 표현되는 일도 결코 없다. 또한, '공산주의'를 외치는 장면이 등장하는데 이는 오키나와 고유의 상호부조 풍습을 미군이 오해하여 빈정거리는 조크에 지나지 않는다. 어찌되었든 〈8월 십오야의 찻집〉이라는 영화가 발신하는 기묘함은 매카시즘적 빨갱이 사냥이라든가 동성애자 사냥에 저촉하는 반미 정서와는 아무런 관련이 없다. 요컨대, 이 영화의 젠더 표상에는 1956년 당시 자체적으로 검열을 완화한 징후[11]가 엿보이며, 런어웨이 방식의 코스트컷이라는 할리우드적 시류에 편승한 지극히 온건하고도 안정적인 틀 안에 자리한다. 그런 의미에서 캐릭터의 기묘함 또한 지배적 시선의 전형적인 엑소티즘exotism 범주 안에 갇혀 있다고 할 수 있을 것이다.

물론 그렇다고 하더라도 엑소틱한 '오키나와(인)' 표상이 인종적 편견에 치우쳐 있다는 비판을 피해 갈 수 없을 것이다. 이를테면, 영화가 일본에 공개된 직후인 1957년 이지마 다다시飯島正의 다음과 같은 시평처럼 말이다. "이 '옛날이야기'의 주제가 오키나와라든가 오키나와인에 방점을 둔 것이 아니라 단순히 미국의 점령정책과 데모크라시를 풍자한 것이라면 내가 이 영화에서 느낀 다소 불쾌한 감정은 그냥 못 본 척 넘어갈 수도 있다. 오키나와와 오키나와인을 소재로 삼은 것에 지나지 않기 때문이다. 하지만 분명한 것은 이 소재가 미국인 및 유럽인의 이국취미異國趣味와 정확히 맞닿아 있다는 사실이다."[12] 아울러 그 이듬해에는 전후 오키나와를 대표하는 영문학자 고메스 오키후미米須興文가, "이 작품은 개봉 후 얼마 지나지 않아 오키나와에서도 상영되었는데 현민들 사이에서 불평이 터져 나왔습니다. 도비키 마을의 사람들이 마치 학교 대신 요정을 택한 것처럼 묘사하는 것은 교육열이 강한 오키나와 주민에 대한 모욕이라는 겁니다"[13]라며 당시를 회상하기도 했다. 아마도 〈8월 십오야의 찻집〉 전반에 흐르는 과도한 이국취미가 오키나와인의 거부감을 샀던 것으로 보인다.

새삼 언급할 필요도 없이 이 영화에서 오키나와, 오키나와인에 대한 '모욕'적인 표현을 발견하는 일은 그리 어렵지 않다. 이를테면, 앞서 언급했던 도입부의 사키니의 아이러니컬한 대사에서도 알 수 있듯, 사키니의 전도轉倒된 통역(문화번역)으로 오키나와 남단 '도비키' 마을에 국방성(펜타곤)을 모방한 오각형 학교를 만들고 거기에 아메리칸 데모크라시를 주입해 오키나와인들을 문명화시키겠다는 거창한 '플랜B 매뉴얼'이 탄생한다. 그런데 이를 수행하기 위해 파견된 피츠비 대위가 오히려 오키나와 원주민화Going Native되어 가고, 마을사람들의 요청으로 '찻집'이 들어서고 특산물 '아와모리'가 대량생산되는 코미디로 변질되어 간다. 그런 가운데 피츠비 대위와 게이샤 로터스 블로썸(교 마치코 京マチ子)의 연애 감정도 싹트며, '인종을 넘어선 따뜻한 류큐와 오키나와의 흐뭇한 웃음!'(『류큐신보琉球新報』, 1957.3.23)이라는 캐치프레이즈를 내세워 피츠비 대위와 사키니의 우호적이고 친밀한 관계가 형성되어 간다. 이런 식의 표상은 1950년대 폭력적 대처 오키나와 점령과 수탈이라는 현실을 완전히 소거하고 있으며, 그와 함께 변화해 가는 오키나와인의 모습은 한국전쟁을 거쳐 '총검과 불도저'에 빼앗긴 토지와 기지 확대에 저항하면서 전개된 이른바 '섬 전체 투쟁島ぐるみ闘争'(1956)이라는 반미저항운동의 문맥까지 완전히 소거해 버린다. 이처럼 오키나와 표상에서 오키나와가 완벽하게 지워져 버린 것에 대해 '불평'을 표한다고 하더라도 그것은 이상한 일이 아닐 터다.

그런데 이렇듯 불거져 나옴직한 '불평'이 동시대의 비평에는 거의 보이지 않는다. 당시 오키나와 신문이라든가 그 밖의 매체에 게재된 비평을 훑어보면 훗날 많은 이들이 지적하듯이 '불평'을 말하는 논조는 찾아보기 힘들다. 오히려 그 반대의 평가가 보인다. "M·G·M의 이 〈8월 십오야의 찻집〉은 양심적이고 멋진 영화다"(川平朝申, 「〈八月十五夜の茶屋〉を見て[下]」, 『琉球新報』, 1957.4.8 夕刊), "솔직히 말해 지금껏 이렇게 재미있는 영화는 본 적이 없다. 오키나와에서 취재하고, 오키나와인이 이렇게 많이 등장하는 외국영화도 처음이며, 지금까지 오키나와를 테마로 한 영화는 양화나 방화를 불문하고 오키나와를 색안경을 끼고 보거나 오해로 점철된 것이 많은데 이 영화에서는 그런 면을 거의 찾아 볼 수 없었다"(コラム, 「話の卵」, 『琉球新報』, 1957.3.28)라는 식의 노골적인 찬사를 보내거나 환영하는 분위기였다. 물론 이러한 찬사의 이면에 미군정의 엄격한 검열하에 놓여 있던 1957년 당시의 오키나와 미디어 규제와 영화관 '국영관国映館'14과 『류큐신보』의 이익 창출이라는 공통분모가 자리함은 어렵지 않게 추측할 수 있을 것이다. 그런데 이러한 외재적

조건만으로는 오키나와 미디어들의 과도한 찬사를 명쾌하게 설명하지 못한다. 그렇기 때문에 영화 안에 오키나와인들(그리고 일본 본토인들)의 거부반응을 미리 예측하고 소거한 것은 아닌지, 위기관리가 선제적으로 작동한 것은 아닌지 의심해 봐야 한다. 즉, 이국취미로 충만한 오키나와 표상은 실은 미국식 민주주의로 미군을 비판하는 전도된 자기풍자이며, 미 점령군의 폭력적인 지배와 수탈에 대한 비판을 선취하여 이를 무효화하고, 거꾸로 오키나와인들이 미 제국주의의 틀 안에 포섭된 구성원일 수 있다는 기묘한 환각으로 관객들을 유도해 간다. 이러한 교묘한 영화적 기법을 〈8월 십오야의 찻집〉이라는 텍스트가 훌륭하게 담아내고 있는 것이다. 그 중심에는 '사키니'라는 기묘한 통역사의 존재가 자리하며, '사키니'를 둘러싼 애매한 젠더성 안에서 미군의 오키나와 점령이라는 리얼한 정치 현실이 드러나기도 하고 은폐되기도 하는 것이다. 이 영화의 위험성은 바로 여기에 있다고 하겠다.

'중개자Middleman'를 향한 욕망

'사키니'라는 주인공 캐릭터에 대해 이 영화는 아무런 구체적인 정보를 제공하지 않는다. 이는 영화에 앞서 브로드웨이에서 공연된 존 패트릭의 각본이나 그 원작인 반 스나이더의 소설 『The Teahouse of The August Moon』의 경우도 마찬가지다. 낡은 사전으로 영어를 독학했다고 말하는 장면이나, 피츠비 대위의 상관인 퍼디 대령이 옷차림을 지적하며 "당신도 육군의 일원이잖소"라고 말하는 장면에서 그가 미군과 관련된 인물이라는 것을 추측할 뿐이다. 그리고 도비키 마을 출신이라는 것 정도만 알려져 있다. 사키니는 유창하게 오키나와를 말하고 미국을 이야기하며 그 둘을 기묘하게 접목시키는 책략적 '통역' 기술을 발휘한다. 민주주의의 도입이라는 미군의 미션을 얼렁뚱땅 얼버무리며 '플랜B' 부흥계획을 내부에서 와해시켜 가는데 정작 사키니라는 인물이 누구인지는 알려주지 않는다. 그럼에도 불구하고 이 정체 모를 사키니라는 기묘한 캐릭터에 평론가들의 절찬이 끊이지 않는다. 이를테면, "무엇보다 브란도(통역사 사키니)가 좋다. 점령군에게 굽신대는 것 같지만 마지막엔 상대방 코를 납작하게 하는 늠름함이 있다. 게다가 어딘지 모르게 속이 후련해지는 호남형이다"[15], "사키니의 통역은 오키나와 대표급이다. 상대에게 점령당한 것은 어쩔 수 없지만 그 속에서 정말 훌륭한 레지스탕스 역할을 해 주었다"[16]라는 식의 절찬들이 그것이다. 또한 "배우로는 말론 브란도가 맛깔나며 제격이다"[17]라는 미시마 유키오三島由紀夫의 다소 경망스러운 찬사도 보인다. 어떤 점에서 사키니가 "호남형"이고, "오키나와 대표급"인지는 모호하나 아마도 점령군을 "한방 먹이는" "레지스탕스"적 행동에 높은 점수를 주고 있는 듯하다.

이후 오시로 다쓰히로大城立裕에 이르면 "오키나와인 통역사 사키니의 대사가 매우 사상적이고 오키나와 민중들이 스스로를 객관화하고 있으며, 작가(실제로는 각색자 존 패트릭이 원작자 반 스니이더의 의도를 해석한 것)의 의도 혹은 오키나와관觀을 대변"한다고 말하며, 사키니를 "점령자를 이리저리 끌고 다니는" "정복자 이상으로 현명한 민중"이라고 높이 평가한다.[18]

그런데 상찬은 여기서 그치는 아니라 미국 본국(?)에서도 이어진다.

브로드웨이 공연에서도 "정말 현명하고 순수"한 "중개자Middleman"[19]라는 평가를 받게 되면서 사키니는 냉전하 오키나와 군사점령이라는 정치 항쟁을 잇는 3극極 '오키나와 - 일본 - 미국' 모두에서 바람직한 인물로 부상하게 된다. 달리 말하면, 사키니는 미국, 류큐, 일본 남성들로부터 상찬과 욕망을 한몸에 받는 모순적이고 분열적인 존재인 것이다. 왜 이렇듯 모순된 상찬이 사키니라는 한 남자를 향해 일제히 쏟아졌던 걸까. 그것을 설명하기 위해서는 앞서 언급한 남성 젠더성이 모호하고 희박하게 처리된 것에 주목할 필요가 있다. 탈성화脫性化되고 내셔널리티나 에스니시티가 애매하게 처리된 사키니라는 캐릭터를 상찬하는 행위는 상찬하는 측의 젠더 규범이나 내셔널리티를 반동적으로 강화하는 결과로 이어질 수 있기 때문이다. 즉, 사키니의 타자화를 통해 관객(혹은 논자) 자신의 내셔널리티나 에스니시티 그리고 젠더 규범을 재배치하는 것이 그것인데, "오키나와 민중들이 스스로를 객관화"한다거나 "레지스탕스" 그리고 "중개자"라는 상像을 각기 사키니라는 인물에 투영시킴으로써 그 반사적 형태로 각자의 내셔널리티와 에스니시티 그리고 남성 젠더의 기존 틀을 재구축하는 것을 일컫는다. 혹은 사키니의 퀴어성 그 자체가 이성애 규범화 구조와 공범적 관계를 유지하고 있다고도 할 수 있다. 그런 의미에서 사키니에게서 발견한 "레지스탕스"나 "사상" 혹은 "현명함과 순수함"이란 실은 사키니의 속성이라기보다 냉전하 미군의 오키나와 점령이라는 군사 패권 시스템이 필요로 하는 상상된 타자성의 프리즘=투사체라고 할 수 있을 것이다. 이때 사키니라는 타자에게 요청되는 것은 '미국 - 오키나와 - 일본'이라는 3자 모두에게 좋은 영향을 미치고, 3자로 구성된 군사동맹(오키나와라는 예외적인 영토의 외부를 중간에서 끌어안으면서, 다른 한편으로는 매체를 이용하여 미국과 일본 중심의 극동極東 반공정책을 수행하는 동맹)에 대해 이의를 제기하지 않는 적당히 퀴어적인 이분자異分子이며, 어디까지나 '중개자'의 입장에서 중재하고 매개하는 역할에 머물면서 스스로를 정치적 주체와 점령이라는 현실 정치가 대립하는 가운데 미국이 미국답지 않을 때, 일본이 일본답지 않을 때, 그리고 오키나와가 오키나와답지 않을 때 각각 스스로를 환시幻視하기 위해 필요한 반사경적 존재에 다름 아니다. 그런데 실은 사키니 자신은 스스로를 환시하는 것조차 불가능한 허상일는지 모른다.

'한방 먹인 자'는 과연 누구인가?

물론 이러한 사키니의 분열된 모습은 사키니에 의해 구성되는 것은 아니다. 사키니는 사키니 안에 이미 존재하는 것이 아니라 스스로의 억압된 욕망과 불안을 사키니 자신에게 투영하는 사람들 속에 존재하는 것으로 보인다. 사키니가 가진 불안정한 중간성은 동맹관계에 있는 남성들의 욕망과 불안의 반동적 형상화라고도 말할 수 있을 듯하다. 게다가 그러한 설정은 영화를 보는 관객과 사키니라고 하는 등장인물 사이에서만 발생하는 것은 아니다. 오히려 영화 안쪽에서 그러한 반사경적 존재로 사키니가 자리하고 있는 것에 주목해야 한다. 이를테면, 영화에서 사키니를 사키니답게 만드는 것은 다름 아닌 사키니 손바닥 안에서 놀아나는 것처럼 보이는 피츠비 대위와 사키니의 호출로 영화의 중심에 등장하지만 사키니에게 무관심으로 일관하는 '로터스 블로썸'이다.

영화 〈8월 십오야의 찻집〉에서 교 마치코가 연기하는 '로터스 블로썸' (중앙).

이 두 사람의 의장擬裝적 사랑의 줄다리기를 매개하는 자가 바로 사키니인 것이다. 그런데 피츠비 대위가 원한 것은 로터스 블로썸이 아니었다. 피츠비 대위는 처음부터 사키니를 원했고, 그 욕망을 간파하고 다룰 줄 알았던 사키니는 그의 욕망을 헤테로섹시즘(이성애적 차별주의)으로 위장하기 위해 '로터스 블로썸'을 이 호모소셜한 관계 속으로 끌어들인 것이다. 결과적으로 그녀를 배제함으로써 중개자로서의 자신의 자리를 다시금 확보하게 된 것이다.

요컨대 피츠비 대위는 영화 초반부터 미군으로서는 일종의 낙오자처럼 제시되고 있다. 민주주의와 문명화를 설파하기 위해 도비키 마을로 파견되어 중개자인 사키니의 도움을 받아 치안담당자와 농업주임을 선출하고, "국방성을 본뜬 오각형 모양의 학교"를 건설하고, "민주주의 부인 동맹"을 결성할 것을 촉구하는 등의 다양한 미션을 필사적으로 수행하려는 것도 실은 그가 전임지에서 저질렀던 큰 실수를 만회하기 위함이었다. 그는 전쟁 전에는 인문학을 전공한 대학교수였으며, 오키나와 심리작전부대에 소속된 경력이 있음을 영화 초반부터 분명히 하고 있다. 경리상의 실수를 만회하기 위해 산더미 같이 쌓인 봉투를 붙이다가 '풀 알레르기'에 걸려 몸 여기저기를 긁어대는 피츠비 대위는 "아군의 사기를 떨어뜨린다"는 이유로 몇 번의 자리이동이 있었고, 스스로도 "군대가 적성에 맞지 않는다"며 상관에게 신고하는 등 사키니 버금가는 매우 기묘한 지배자의 모습으로 등장한다. 말하자면 사키니의 개입이 있기 전부터 이미 정복자로서의 폭력성이 도려내어졌던 것이다. 그렇게 되면 피츠비 대위와 사키니라는 두 남성은 점령이라는 정치적 항쟁이 펼쳐지는 가운데 남성 젠더의 혼란함과 애매함이라는 뗄 수 없는 공통분모를 갖게 된다. 그리고 그 친밀한 두 사람의 협업으로 이 영화의 주요 모티브라 할 수 있는 '8월 십오야의 찻집' 건설도 순조롭게 진행된다.

하지만 이 두 사람의 협업이 호모섹슈얼한 욕망에 의한 것이 아닌 것처럼 위장하기 위해서는 아무래도 '여자'의 존재가 필요했다. 오키나와 점령이라는 정치적 항쟁이 '지배자-피지배자'라는 남성들의 싸움처럼 보이도록 위장하기 위해서는 이에 상응하는 '여자'를 매개로 하지 않으면 안 되었던 것이다. 그렇지 않으면 남성들 간의 욕망이 폭로되어 버릴 위험성이 있기 때문이다.

이쯤해서 게이샤 '연꽃 로터스 블로썸蓮の華ロタース·ブロッサム'이 등장한다. 중요한 것은 교 마치코가 연기한 이 '로터스 블로썸' 또한 기묘한 젠더적, 에스닉적 혼란 속으로 내던져졌다는 점이다. '스마타スマタ'라

영화 〈8월 십오야의 찻집〉에서 목욕가운 차림을 한 피츠비 대위(중앙)와 마클린 대위.

는 오키나와 남성의 소개와 사키니의 통역으로 피츠비 대위에게 '선물' 처럼 보내진 '로터스 블로썸'은 여느 등장인물들과 달리 화려한 기모노 차림에 짙은 화장을 한 모습으로 자신이 오키나와 출신이 아님을 계속 해서 발신하는 존재이다. 이를테면 "교 마치코의 일본 여성의 아름다움 은 구미欧米에서 화제가 될 겁니다"[20]라는 발언에서 '로터스 블로썸'의 이미지를 확인할 수 있을 것이다. 영화 전반에 흐르는 가나이 기쿠코金井 喜久子 작곡의 〈마슌코부시ましゅんこ節〉[21]라든가 〈아사토야윤타安里屋ユン タ〉[22]의 리듬에 맞춰 춤추는 마을사람들과는 전혀 어울리지 않으며, 일 본 전통무용을 피로하는 그녀에게 연정을 품는 '현지인' 청년 세이코セ イコ(네가미 준根上淳)가 등장하는데, 그 청년조차도 "그렇게 미국이 좋아? 어차피 라샤멘ラシャメン[23]일 뿐이잖아"라며 조소한다. 이처럼 여성혐오 와 제노포비아[24]가 결합된 양상을 로터스 블로썸을 통해 발견하는 일 은 그리 어렵지 않다. 로터스 블로썸을 연기한 교 마치코라는 여배우는 영화 〈라쇼몽羅生門〉(1950)을 통해 이미 할리우드에 잘 알려져 있었으며,

구로사와 아키라黑澤明 감독의 미소지니가 반영된 독부毒婦 캐릭터가 이 영화에도 영향을 미쳤는지는 분명치 않지만 영화 속 캐릭터 로터스 블로썸이 전략적으로 남성을 현혹하며 남성다움을 위협하는 존재임은 분명하다. 남성 못지않은 완력을 가진 독부이자 점령하 오키나와의 '게이샤'라는 젠더적이고 에스닉한 위치의 불안정함은 로터스 블로썸에게서도 엿볼 수 있다.

어찌어찌 사키니에게 떠밀려 피츠비 대위의 방에 들어가게 된 로터스 블로썸은 우왕좌왕하는 피츠비 대위를 마음대로 이리저리 조정하며 군복을 벗기고 기모노 대신 목욕가운을 입히려 한다. 난장판이 된 이 장면은 영화에서 가장 코믹한 장면이자, 이후 영화 전체로 파급되어 가는 일종의 크로스 드레스적이고 코스튬 플레이적 요소를 가장 명료하게 드러내는 장면이기도 하다. 이 장면에서 사키니는 "이제 됐어, 그만 돌아가"라는 말과 함께 쫓겨나 버리고 마는데, 그런 사키니에게 도움을 요청하는 피츠비의 모습은 로터스 블로썸에게 옷이 벗겨지고 바닥에 깔려 눕혀진 상태였다. 더욱이 피츠비 대위의 오키나와 원주민화는 그의 남성 젠더적 혼란을 강화하는 작용을 하며, 그런 그의 변화를 걱정한 퍼디 대령에 의해 급히 파견된 정신과 의사 마클린 대위 역시 젠더적 혼란 속으로 휘말려 들어가게 된다. 피츠비 대위의 변화에 감화된 마클린 대위 역시 크로스드레스를 겪고, 작고 초라한 기모노를 걸치고 삿갓을 쓰고 오랜 소망이던 자연농법을 실현하기 위한 토양 조사에 전념한다. 진지한 눈빛으로 "화학약품으로 지렁이를 죽이는 것은 인간을 죽이는 것과 같습니다!"라며 필사적으로 상사에게 호소하는 마클린 대위와 그런 그의 용기 있는 모습을 응시하는 피츠비의 표정 또한 진지하기만 하다. 그 두 사람이 목욕가운에 삿갓 그리고 게타 차림의 사키니 코스튬으로 변화해 가는 과정은 그야말로 완전무결한 퀴어 모방이라는 것은 말할 필요도 없다. 로터스 블로썸이라는 미녀의 등장을 계기로 남자들은 서로 경쟁하듯 자신의 남성성을 방기해 버리지만, 그들의 욕망이 로터스 블로썸으로 향하는 일은 결코 없다.

이렇게 해서 펜타곤을 본뜬 오각형 모양인 학교를 만들어 민주주의를 전파한다는 애초의 플랜B는 찻집 만들기로 그리고 특산물인 아와모리 제조로 크게 변경되었고, 마을사람들은 소비경제 시스템 속에 흡수·동원되어 간다. 물론 그러한 계획 변경에는 사키니의 의도적인 오역과 선동, 논점 흐리기나 상대의 논리를 뒤집는 책략이 깊숙이 관여하고 있다. 이러한 사키니에게서 "점령자를 마음대로 가지고 놀고" "정복자 이상의 영리함"을 발견하는 것도 무리는 아니다.

그런데 과연 플랜B가 점령자의 의도를 크게 일탈시켜 가면서 마을사람들과 사키니로 하여금 레지스탕스를 훌륭히 수행하게 하고 점령자를 한방 먹인 것으로 볼 수 있을까? 오히려 어마어마한 퀴어적 변용을 보인 피츠비나 퍼디 대령의 당초 '플랜B'가 실패함으로써 역설적으로 마을을 잘 통치한 결과가 된 것은 아닐까? 처음은 거절했던 로터스 블로썸의 "동양식 서비스"를 자진해서 받아들이고, 결국은 자신이 그것을 대행하며 서서히 로터스 블로썸의 역할을 빼앗고, 또 앞장서서 동양의 신비와 미美에 관해 이야기한 것은 피츠비 대위를 비롯한 영화 속 미군들이다. 사키니와 구분이 안 가는 복장을 하고 희희낙락 크로스드레스적 퍼포먼스에 매진하는 이 영화 속 미군들은 사실상 퀴어적 변용이라는 바이어스를 통해 점령이라는 정치를 매우 효율적으로, 더 나아가 현지인의 저항을 최소화하는 데 성공했다. 이때 피츠비 대위에게 집약적으로 나타나는 퀴어적 젠더 변용은 점령을 탈정치적 퍼포먼스로 위장시키는 더 없이 유효한 수단이 된다. 그 과정에 사키니를 끌어들임으로써 더 이상 쓸모없어진 로터스 블로썸은 배제되어 간다. 여기서 피점령자들로 하여금 '점령자를 마음대로 가지고 논다'고 생각하게 하는 함정이야말로 가장 효율적인 점령의 성과라고 할 수 있을 것이다. 그런 의미에서 실패함으로써 성공을 획득해 가는 오키나와 점령의 속임수를 수행하는 '중개자'가 바로 사키니이며, 사키니야말로 가장 중요한 성性＝정치적 중개자일는지 모른다.

'플랜B'의 실패와 '찻집' 건설에 분노한 상관 퍼디 대령의 명령으로 기껏 만들어 놓은 찻집과 아와모리 양조기를 부수기 시작할 즈음, 개혁보고서를 읽은 워싱턴 상원의원이 부흥 모델로 부상한 도비키 마을을 시찰하러 온다는 소문이 퍼지며 영화는 절정을 향해 달려간다. 영화가 절정에 달하기 직전 장면, 즉 부숴버린 찻집 터에서 피츠비 대위가 본국에 돌아가기 전 로터스 블로썸과 사키니에게 이별을 고하는 장면에 주목해 보자.

거기서 로터스 블로썸이 다소 돌발적으로 "피츠비 씨 나랑 결혼해 줄래요?"라고 고백하는데 무슨 이유에선지 사키니가 "말도 안 돼"라며 끼어든다. 어찌어찌 사키니의 통역을 통해 로터스 블로썸의 마음 알게 된 피츠비 대위는 "나는 못난 놈이야, 파괴만 초래하고 있으니"라며 알 수 없는 말을 되뇌고, 로터스 블로썸은 눈물을 흘리며 "피츠비 씨와 함께 미국으로 가고 싶어요"라는 말만 반복한다. 추억 속에서 당신은 영원히 살아있을 거라는 클리셰를 남기고 로터스 블로썸은 퇴장한다. 로터스 블로썸이 나가자 때를 기다렸다는 듯 사키니가 피츠비 대위 곁으로 다가오더니 조용히 속삭인다. "로터스 블로썸 대신 나를 데려가 줘요"라고. 이에 피츠비가 "당신은 이 마을에 남아 마을을 위해 일하시게"라고 응수하자 사키니는 "미군이 오키나와에서 철수하면 어떻게 될 것 같아요? 오각형 교사校舍는 바로 찻집으로 바뀌고 말걸요"라며 맞받아친다. "보통내기가 아니군"이라며 대수롭지 않게 넘기는 듯 보였던 피츠비는 헤어질 때가 다가오자 "외로울 거요"라면서 약한 모습을 보인다. 그런 피츠비에게 사키니는 "보스는 패자가 아니에요"라고 위로를 보내고, 피츠비는 감격에 겨운 모습으로 "처음은 패잔敗殘한 사람이 피정복자라고 생각했는데 지금은 누가 정복자인지 누가 피정복자인지 알 수 없게 되었소. 나는 이 마을에서 수용受容의 지혜를 배웠소. 나 자신의 한계를 알게 되었고 야심과 타협도 가능하게 되었소. 옳은 방향으로 한 발 후퇴하는 거요"라고 응답한다.

달빛이 환하게 비추는 아름다운 풍경을 배경으로 피츠비 대위와 사키니 사이에 친밀한 교감이 넘쳐흐른다. 이 영화가 계속 감추어왔던 잠재된 욕망이 개시되려 하고 있다. 로터스 블로썸과 피츠비 대위 사이에 흐르는 것처럼 보였던 '친애親愛'의 기류는 실은 미군 병사와 오키나와인 통역사라는 기묘하게 탈성화된 두 남자 사이에서만 작동했던 것이다. 또 그것을 은폐하는 것으로 점령에 대한 저항을 위장하고 날조하기도 한다. 오히려 사키니는 피츠비가 오키나와를 떠나는 것을 만류하며 붙잡아 두려 한다. 이를 간파한 피츠비 대위는 '정복-피정복'이라는 관계를 무화無化시켜 보이고 급기야 "수용의 지혜"라는 말을 언급한다. 이 두 남자는 영화 끝부분에 이르러서 서로에게, 그리고 우리 관객들에게 무슨 말을 하려 한 걸까? 두 사람이 주고받았던 이 친밀한 대화는 얼마 후 반전되어 미군의 오키나와 주둔을 정당화하고 이를 수용하는 '지혜'를 교도하려 한 것으로 비춰진다. 앞서 피츠비 대위가 사키니를 향해 "보통내기가 아니군"이라고 말한 것은 어쩌면 피츠비 자신에게 되돌려 주어야 할 말일지 모른다. 그는 겸손한 배움의 자세를 통해 오키나와 점령이라는 정치적 상황을 매우 교묘한 방식으로 정당화하고 긍정하고 있는 것이다. 그리고 말할 것도 없이 사키니는 그러한 피츠비의 전도된 논리를 누구보다 앞장서서 긍정하고 있는 것이다.

오키나와 점령과 '수용의 지혜' – 통치 기술과 퀴어의 동원

두 남자가 서로의 감정을 확인한 후 드디어 이별의 장면이 찾아오려는 찰나 갑자기 퍼디 대령이 숲속에서 뛰쳐나오며 사키니에게 도움을 요청한다. 일단 무대를 떠났던 피츠비도 다시 불러들인다. 피츠비의 보고서를 읽은 워싱턴 상원의원이 부흥의 성공적인 사례를 시찰하기 위해 오늘밤 도비키 마을을 방문한다는 것이다. 그런데 중요한 찻집도 아와모리 양조기도 모두 망가져 버렸다고 당황해 하는 퍼디 대령과 피츠비 대위를 옆에서 지켜보던 사키니는 당황해 하는 기색 하나 없이 다음과 같이 반응한다. 그는 태연하게 "괜찮아요. 찻집은 잠시 해체시켜 놓은 것뿐이니 다시 조립해서 세우면 됩니다. 망가진 양조기도 어차피 가짜에요. 진짜는 따로 있어요"라고 말한다. 그러자 피츠비 대위는 다시금 "보통내기가 아니군"이라고 말한다. 이 말에 퍼디 대령은 사키니의 어깨를 강하게 끌어당겨 안으며 "자네야 말로 진정한 미국인이다. 의욕이 충만하군"이라며 찬사를 보낸다. 사키니는 "그럼, 지금부터 오키나와의 의욕을 제대로 보여드리겠습니다"라면서 숨어 있던 마을사람들을 큰 소리로 불러 모은다. 총 출동된 마을사람들의 손에 의해 해체되었던 찻집이 점점 제 모습을 찾아가고, 아름다운 달빛이 비추는 샘터를 따라 늘어선 마을사람들의 환영을 받으며 피츠비 대위 일행이 들어서는 장면에서 영화는 절정을 맞는다. 그리고 무사히 피츠비 대위 일행을 찻집 안으로 안내한 사키니가 마을사람들 앞에 서서 이렇게 말한다. "신사숙녀 여러분, 댁으로 돌아가셔서 잘 생각해 보시기 바랍니다. 고통이 사고력을 기르고, 사고력이 사람을 현명하게 하며, 지혜가 인생을 지탱합니다. 8월의 달이 여러분에게도 기분 좋은 밤을 선사하기를 바라며. 그럼 이만." 이 대사를 마지막으로 조용히 문이 닫히며 영화는 막을 내린다.

이렇게 사키니는 미군 병사들을 찻집 안으로 유폐하고 그들을 농락하는 데 성공한 것처럼 비춰진다. 그런데 이 마지막 장면에서 분명히 하고 있는 것은 사키니의 지휘로 피츠비 대위 일행이 부흥계획의 좋은 모델이 된 도비키 마을에 계속해서 주둔할 수 있게 되었다는 점이며, 게다가 그것이 오키나와 사람들의 요청에 따른 것이라는 점이다. 이것을 미군의 입장에서 해석해 보면, 오키나와인의 요청으로 주둔하는 것이며, '뒷방'으로 물러나 앉게 된 것도 오키나와인 때문이 된다. "고통이 사고력을 키우고, 사고력이 사람을 현명하게 하고, 지혜가 인생을 지탱합니다"라는 사키니의 동양적 지혜가 엿보이는 이 대사는 조금 전 피츠비의 "나는 이 마을에서 수용의 지혜를 배웠습니다"라는 대사와 연동하는 형태로 맞물려 있음을 확인할 수 있을 것이다. 그런 점에서 사키니의 사고방식 혹은 논리력은 점령자의 뛰어난 사고력을 추수하는 형태로 발현되고 있다고 하겠다. 이때 사키니의 대사는 고통을 수용하는 지혜만 갖고 있다면 점령은 점령이 아닌 것이 되고, 지배는 지배가 아닌 것이 된다는 논리로 바꿔치기 된다. 그렇다면 '보통내기가 아닌 자'는 실은 피츠비 대위 쪽이 될 터다. 한방 먹였다고 생각했는데 실은 상대에게 되레 얻어맞은 격의 전도된 사태. 그러한 전도를 반복함으로써 〈8월 십오야의 찻집〉이라는 영화는 오키나와 점령이라는 현실 정치를 매우 긍정적으로 되받아치고 있으며, 더 나아가 점령의 성공 사례를 실제보다 이상적으로 제시해 보인다. 이때 "오키나와의 의욕"과 "진정한 미국인"이라는 대사는 서로 배치되는 것이 결코 아니며, 오히려 기묘하게도 안정적으로 결합하는 양상을 보인다. 군사 점령이라는 정치를 관철함에 있어 오키나와가 오키나와적인 것으로 존재하려는 것이 점령군 미군에게 전혀 저항으로 느껴지지 않는 사태, 아니 오히려 점령이라는 정치를 수행하는 데 적합하도록 현지인으로 하여금 주체라는 환상을 갖게 하는 전도된 사태. 이 전도된 사태야말로 이 영화의 근간을 지탱하는 것이리라.

이 영화 전반에 흐르고 있는 오키나와인의 강인한 생활력에 대한 긍정적인 묘사는 기왕의 영화들과 조금 다른 듯 보인다. 지금까지 오키나와를 테마로 한 영화는 양화나 방화를 불문하고 오키나와를 색정적으로 그리거나 오류로 점철된 경우가 많았는데, 이 영화는 그러한 경향이 비교적 덜하며 오키나와 문화의 특질을 이색적으로 포착하고 있다. 그런데 이처럼 오키나와·류큐문화를 상찬하는 것이야 말로 점령군이 중시한 문화정책의 일환이었으며, 더 나아가 통치기술이었음을 상기할 필요가 있다. 영화에서 상찬되고 있는 아와모리나 공예품과 같은 특산물, 류큐무용이나 류큐음악과 같은 '전통'은 실은 1950년대 이후 '류미친선琉米親善'이나 '문화교류' 등의 미명하에 미군이 장려한 문화정책에 다름 아니기 때문이다. 이 같은 문화정책이 일본 본토와 분리시켜 오키나와를 군사적으로 통치하고 점령을 수행하는 더 없이 중요한 통치기술이 되었음은 새삼 강조할 필요도 없을 것이다. 아울러 젠더적 혼란과 퀴어성을 표상하는 피츠비 대위가 소속된 심리작전부대가 오키나와 공략과 점령을 수행하기 위한 매우 중요한 거점(미 육군 제10부대)이었다는 사실도 놓쳐서는 안 된다. "이 섬사람은 게으름이 몸에 배어있다", "일본에 지배당한 것은 당연하다"라는 식의 대사라든가, 영화 곳곳에 피력되어 있는 오키나와의 생활양식, 사회구조에 관한 지식, 건축 양식이나 마을 공동체 구성에 대한 이해 등은 모두 오키나와 주둔 미군이 군정입안을 만들기 위한 자료, 즉『류큐열도의 오키나와인 — 일본 소수민족에 대하여The Okinawas of Loo Choo Lsland : A Japanese Minority Group』(1944)와『류큐열도 민사 핸드북Civil Affairs Handbook, Ryukyu〈Loochoo〉』(1944)에 기댄 것임은 주의를 요한다. 이 자료들은 콜롬비아대학 '오키나와 연구팀'이 제작한 것으로 오키나와에 관한 인류학, 역사학, 민족학, 생물학, 토양학, 지역학 등을 연구하고 학습한 성과물이다.[25] 원작자 반 스나이더가 오키나와에 머물면서 이러한 매뉴얼을 철저히 학습했음을 엿볼 수 있는 대목이다. 이렇게 볼 때, 〈8월 십오야의 찻집〉의 오키나와 표상은 점령군 미군의 정책 입안 매뉴얼과 절묘한 조화를 이루고 있으며, 피츠비 대위가 심리작전부대 출신이라는 설정 또한 철저한 사실에 기반한 것임을 확인할 수 있을 것이다.

　이 놀라울 만큼 사실적이고 아이러니로 충만한 영화가 점령이라는 군사지배 구조를 풍자하고 비판한 것임을 놓쳐서는 안 될 것이다. 이에 더하여 남성 젠더가 혼란하게 뒤엉키고 퀴어 변용까지 겹쳐진 교란攪亂의 정치라는 새로운 정치적 사유를 가능케 한다. 말론 브란도가 연기한 오키나와인 통역사 사키니라는 캐릭터, 그리고 퀴어 성향을 가진 미국 병사가 현지인화 되어 가는 모습을 연기한 글렌 포드의 피츠비 대위 역은 오키나와 점령을 탈남성화라는 젠더적 유동성이라는 측면에서 재고할 여지가 있음을 일깨워 준다.

　그런데 동시에 이러한 교란하는 캐릭터의 설정과 젠더적 유동성이 타자를 지배하는 데에 효율적인 통치기술로 동원될 위험성에 대해서도 이 영화는 놓치지 않고 포착한다. 본래 퀴어의 전도가 발생할 때, 거기에 동성애적 욕망과 실천을 부정하고 헤테로섹시즘과 남근적 군사패권주의를 재배치하면 젠더 규범 내에서만 균열을 일으키는 퀴어성은 애초부터 저항이 불가능해진다. 오히려 퀴어 성향의 캐릭터가 초래하는 젠더 질서의 혼란은, 군사 점령의 구체적인 지배관계를 젠더 규범 내부의 상대적 포지션 변경으로 위장함으로써 무효화하고, 나아가 현실에서 전개되고 있는 점령 행위 자체를 긍정하는 탈정치적 비전을 부여함으로써 궁극적으로는 점령 정치를 은폐하는 차단막 역할을 하게 될 것이다. 아울러 탈남성화된 기묘해 보이는 퀴어화된 두 남자가 지배와 피지배의 관계를 맺고, 그 관계 외부에 상상력을 동원해 스스로를 정위定位시켜 간다. 또한, "수용의 지혜"를 이야기할 때, 거기서 오키나와 점령과 관련된 모든 폭력적 장치는 젠더적 혼란이라는 언뜻 보면 다양하고 진폭이 있어 보이는 정치 안으로 사라져 버린다. 그 때 퀴어 정치는 현실 정치의 불가시화라는 폭력을 낳게 될 것이다. 무엇보다 〈8월 십오야의 찻집〉이라는 일찍이 그 예를 찾아 볼 수 없는 양질의 코미디가 오키나와 표상에 머물지 않고 오키나와 점령을 은폐해 버릴 위험성을 내포하고 있다는 사실도 놓쳐서는 안 될 것이다. 왜냐하면 점령에 작동하고 있는 폭력을 호모소셜한 폭력으로 감지하도록 하기 때문이다.

이를 테면, '이문화 접촉'이 빈번했을 1946년 미 점령기를 배경으로 하고 있음에도 흑인 병사라든가 필리핀 출신 미군 병사가 단 한 명도 등장하지 않는 이유를 생각해 볼 필요가 있을 것이다. 또한, 급격히 확대해 간 미군기지를 단 한 장면도 묘사하지 않은 이유에 대해서도 말이다. 과연 점령하 오키나와 민중들은 영화 속 장면처럼 활기차게 살아간 걸까? 언뜻 보면 미군의 "코를 납작하게 하며" 씩씩하게 살아간 것처럼 보이지만, 그 민중들이 열심히 만들었던 찻집이나 아와모리가, 그리고 그토록 손에 넣고 싶어했던 '립스틱'이나 '파우더'가 실은 그/그녀들을 미국(혹은 미국과 관련을 맺고 있는 일본과 오키나와) 자본시장의 소비자로 편입시켜 간 매개체라는 것을 어떻게 설명해야 할까? 더 나아가 이 영화에서 새로운 저항 문학을 발견해 내고자 했던 오시로 다쓰히로의 발언, 즉 "오키나와 민중 자신이 스스로를 객관화한 형태"라는 말 속의 "오키나와 민중 자신"이란 대체 누구를 가리키는 것일까? 이때의 "오키나와 민중 자신"이라는 것은 미 점령이라는 현실 정치를 완전히 소거하는 대신 〈8월 십오야의 찻집〉이라는 영화를 통해 발견한 "스스로를 객관화한 형태", 다시 말해 형용 가능하고 해석 가능한 자신이라는 적당한 '타자'가 아니었을까. 그런데 이 적당한 타자는 미 제국주의의 확대라는 정치 속에 이미 포박되어 있을 터다. 그런 의미에서 오시로가 말하는 "오키나와 민중 자신이 스스로를 객관화한 형태"라는 것은 점령자가 원하는 오키나와 민중상像에 대한 강박적 동일화이자 이를 통해 발견되는 환상에 지나지 않을 것이다.

물론 이러한 물음에 대해 〈8월 십오야의 찻집〉이라는 영화가 그 답을 준비하고 있는 것은 결코 아니다. 오히려 이러한 물음들을 봉인하기 위한 장치가 이 영화를 더 없이 재미있는 코미디로 완성시켰다고 할 수 있다. 게다가 이 장치의 중심에 젠더를 둘러싼 정치마저 작동하고 있다. 요상한 화장에 요상한 복장, 손에는 들꽃을 들고, 석양을 바라보며 서로 다른 인종 그리고 철저히 불균형한 권력관계 속에 놓인 두 남자가 8월 십오야의 한 찻집에서 환락의 시간을 함께 보내고 있다. 그러한 행위 속에 보이는 젠더 교란 작용이 그 젠더 교란의 한가운데에서 군사점령이라는 정치와 기묘한 형태의 공범 관계를 구축하고 있음도 놓쳐서는 안 될 것이다.

〈8월 십오야의 찻집〉이라는 영화에 작동하고 있는 퀴어 정치를 사유하기 위해서는 헤테로섹시즘적 규범화에 대한 근본적 거부가 미연의 가능성 속에서 사유되지 않으면 안 되며, 더 나아가 이 영화 안에 배어 있는 호모에로틱한 욕망을 긍정하고 증폭시켜 가기 위해서는 우리들이 이미 깊숙이 편입되어 있는 호모소셜한 사회의 권력 장치를 근본부터 거부해 가지 않으면 안 될 것이다. 그것을 〈8월 십오야의 찻집〉이라는 영화는 역설적인 형태로 제시하고 있는 것이다. 그리고 그 역설을 재발견하기 위해서라도 〈8월 십오야의 찻집〉이라는 영화는 영화 그 자체에 항거하며 다시 바라볼 필요가 있을 것이다.

주석

1 バトリシア・ボズワース著, 田辺千景訳, 『マーロン・ブランド』, 岩波書店, 2004, 143쪽.

2 반 스나이더의 소설 『The Teahouse of the August moon』은 1956년 8월에 우치무라 나오야(內村直也)의 번역으로 하야카와쇼보(早川書房)에서 간행되었다. 그로부터 2년 후인 1958년에는 「희곡 오키나와(戯曲・沖縄)」(『新劇』, 1960.3)로도 발표되었다.

3 同人誌『脈』第45号, 1992. 上原栄子・宮城信行, 「対談『八月十五日夜の茶屋』」.

4 宮城悦二郎編, 『沖縄占領』, 復帰二十周年記念沖縄占領国際シンポジウム実行委員会, ひるぎ社, 1993. 나카호도 마사노리(仲程昌徳)의 『『8월 십오야의 찻집』에서 『칵테일파티』까지(『八月十五日夜の茶屋』から『カクテル・パーティ』まで)(위의 책, 22~31쪽)을 시작으로 〈8월 십오야의 찻집〉을 둘러싼 다양한 논의가 전개된다.

5 좁쌀이나 쌀을 빚어 만든 오키나와 전통주를 일컫는다. 옮긴이 주.

6 Critics's choice : New York Drama Critics' Circle prize plays, 1935-55, edited by Jack Gaver : Howsorn Books, 1956. 이 책 안에는 존 스타인벡(John Steinbeck)의 『생쥐와 인간』, 테네시 윌리엄스(Tennessee Williams)의 『유리 동물원』과 『뜨거운 양철지붕 위의 고양이』, 아서 밀러(Arthur Miller)의 『어느 세일즈맨의 죽음』 등의 작품과 나란히 1935년 이후 20년간 미국을 대표하는 작품 16편 가운데 하나로 선정되어 수록되었다. 또한, 이 글에서는 영화 대본 번역(일본어판 자막은 오카다 소헤이[岡田壮平])와 이 책에 수록된 존 패트릭 각본을 저본으로 사용하였다.

7 『류큐신보(琉球新報)』 1957년 4월 6일자 석간, 가비라 초신(川平朝申)의 〈8월 십오야의 찻집〉을 보고[상](『八月十五日夜の茶屋』を見て[上])」에서 다음과 같이 회상하고 있다. "1945년 5월 즈케란 미군 극장에서 글렌(グレン・キュ・ビーヤス)이 연출하고, 미국과 류큐 배우의 연기로 상연되었을 때, 주연인 오키나와인 통역 사키니 역은 스티븐 조이스(Steven Joyce)가 맡았다. 그는 미국 NBC 등에서 텔레비전 방송 등을 연출한 바 있으며, 비극(悲劇) 배우로서도 훌륭한 경력을 갖고 있기도 하다. 그의 일본어는 능숙했다. 피츠비 대위 역에는 미군 방송국 WXLH 아나운서 아베(アベ・ビーW・バーセット)가 열연했으며 유쾌하게 감상할 수 있었다."

8 ローラ・マルヴィ, 「視覚的快楽と物語映画」(訳・解題＝斎藤綾子, 岩本憲児・武田潔・斎藤綾子編, 『「新」映画理論集成』, フィルムアート社, 1998) 참조.

9 특히, 제1장 「Who's a Sissy?」와 제2장 「The Way We Weren't」를 참조했고, 루소의 원작을 바탕으로 제작된 영화 〈셀룰로이드 클로지트(The Celluloid Closet)〉(엡스테인[Rob Epstein], 제프리 프리드먼[Jeffrey Friedman] 감독, 1995)를 참조했다.

10 加藤幹郎, 『映画 視線のポリティックス』, 筑摩書房, 1995 참조.

11 1950년대 후반 프로덕션 코드(production code)가 작동되던 시기의 섹슈얼리티 표현을 둘러싼 검열 측과 영화 제작자 간의 공방에 대해서는 Harry M, Benshoff, Sean

Griffin, *Queer Images A History of Gay and Lesbian Film in America*, Rowman & Little-field Publishers, Inc., 2006, 90~93쪽 참조.

12 飯島正, 「八月十五日夜の茶屋」, 『映画時評』 1957年 1月号. 이지마의 다음과 같은 기술은 당시 오키나와를 둘러싼 국민주의적 욕망과 미국에 대한 전도된 욕망을 노정하고 있어 흥미롭다. "아주 예로부터 일본의 고대문화를 전하고 있는 오키나와를 단순히 일본이 일시적으로 정복한 나라라고 말하는 것에 분개한다. 그런데 미국인은 안이하게 그렇게 믿고 있을지 모른다. 현 정책으로 볼 때 나름의 사정도 있는 듯하다. 즉, 이것은 현재 미국이 일본을 대신해서 오키나와를 통치하기 위한 변명이 되기 때문이다."

13 米須興文, 『文学作品の誕生』, 沖縄タイムス社, 1998, 344쪽.

14 미군정과 협력관계에 있던 오키나와 최대 건설기업인 고쿠바구미(国場組)에 의해 1955년 '국제거리(国際通り)'에 세워졌다.

15 岡本博, 『毎日新聞』, 1957.3.23.(『琉球新報』 같은 날짜 기사에서 인용)

16 井沢淳, 『毎日新聞』, 1957.3.23.(『琉球新報』 같은 날짜 기사에서 인용)

17 『知性』 1957年 2月号.

18 「『八月十五夜の茶屋』の周辺」, 『のぞみ』 創刊号, 沖縄タイムス, 1957.4.25, 大城立裕著, 『大城立裕全集』 第13巻, 立松和平・仲程昌徳・大野隆之・黒古一夫編, 勉誠出版, 2002, 143쪽에서 재인용.

19 Brooks Atkinson, *The Teahouse of the August moon* : New York Times; Oct16, 1953.

20 映画評論家・筈見恒夫, 『琉球新報』, 1957.3.23.

21 오키나와현 이에섬(伊江島)에 전해지는 전통가요. 마순과 나비라는 두 소녀가 누가 더 아름다운지 경쟁하는 내용을 담고 있다. 옮긴이 주.

22 오키나와현 야에야마제도(八重山諸島) 다케토미섬(竹富島)에 전해지는 전통민요를 일컫는다. 옮긴이 주.

23 주로 서양인을 상대하는 이른바 '양첩'이라 불리던 이들을 일컫는다. 옮긴이 주.

24 낯선 것 혹은 이방인이라는 의미의 '제노(Xeno)'와 싫어한다는 뜻의 '포비아(Phobia)'가 합성된 말로 이방인에 대한 혐오를 일컫는다. 옮긴이 주.

25 「류큐열도의 오키나와인-일본 소수민족에 대하여(The Okinawas of Loo Choo Island : A Japanese Minority Group)」는, 1944년 미군사작전국(하와이)이 작성한 심리작전 계획안이다. 그 내용은 「제1부 일본의 오키나와인 인종적 기원, 언어, 현민성, 복장, 경제, 결혼제도, 정치, 종교, 전쟁, 이민」, 「제2부 하와이의 오키나와인 오키나와인 이름, 인종차별」, 「제3부 균열, 개요, 오키나와인과 현재의 전쟁」으로 구성되어 있으며, 오키나와 전투 및 점령에 관한 심리작전의 기초자료로 활용되었다. 그리고 『류큐열도 민사 핸드북(*Civil Affairs Handbook: Ryukyu (Loochoo) Islands*)』은, 미해군성이 1944년 작성한 매뉴얼로, 예일대학의 인류학자 조지 머독 등이 집필했다. 그 내용은 「제1부 기초자료 지리, 자원, 역사, 인종, 습관, 사회조직」, 「제2부 행정과 공공시설 정치, 행정,

사법, 공안, 복지, 공중위생, 의료, 교육, 선전, 우정(郵政), 통신, 신문, 공익사업, 운수(運輸)」, 「제3부 경제 농업, 수산업, 공예업」 등에 이르기까지 매우 구체적인 내용으로 이루어져 있다. 또한, 『오키나와현사 자료편1(沖縄県史 資料編1)』(1995)과 『오키나와현사 자료편2』(1996)에 번역·수록하였다. 이들 미군의 오키나와 지역 연구 혹은 심리작전에 대해서는 위의 두 자료집 해설을 집필한 미야기 에쓰지로(宮城悦二郎)의 『점령자의 눈—미국인은 '오키나와'를 어떻게 봤을까(占領者の眼 アメリカ人は〈沖縄〉をどう見たか)』(那覇出版社, 1982), 오타 마사히데(大田昌秀)의 『오키나와 전투하 미일심리작전 (沖縄戦下の米日心理作戦)』(岩波書店, 2004)을 참고할 것.

〈히메유리탑〉

대립하는 두 가지 목소리의 틈새에서

최성욱

> 카메라를 하늘로 향할 수도, 바다로 향할 수도 없었다. 그래서 카메라는 항
> 상 지상만 비출 수밖에 없었다.
>
> —「가타리베(かたりべ)」(1982)[1]

1. 들어가며

위의 문장은 1952년 〈히메유리탑ひめゆりの塔〉 제작 당시를 돌아보며
이마이 다다시今#正가 쓴 것이다. 이마이 다다시는 촬영지 시설에 대한
불만과 아직 끝나지 않은 점령군의 검열에 대한 불안감 등 여러 가지
사정으로 "바다와 하늘을 가득 메운 미군 함대와 전투기"를 찍을 수밖
에 없었다는 토로도 덧붙였다. 그러나 이러한 상황은 오히려 이마이 다

다시로 하여금 지상에서 사라져 가는 '히메유리 부대' 여학생들에게 카메라를 집중할 수 있게 했다. 그 결과 이마이 다다시가 의도했든 아니든 필름은 여러 상징적인 것들로 충만해졌다. 그러한 상징은 주로 소리(음악이나 침묵 포함)를 매개로 하여 나타나는데, 이 글에서는 바로 이 다양한 '(목)소리'들에 초점을 맞춰보고자 하였다. 이와 함께 일본 제국의 최후와 새로운 억압자 미군의 등장, 그리고 그 틈새에서 희생된 히메유리 부대의 모습도 구체적으로 살펴보도록 하겠다.

2. 〈히메유리탑〉을 둘러싼 담론

1953년 1월 9일, 도쿄에서 개봉된 〈히메유리탑〉은 지금까지의 일본 영화 흥행 기록을 깨고 총 배급수익 1억 8천만 엔을 넘는 대성공을 거두었다. 그로부터 일주일 후 오키나와에서도 개봉되어 다이호관大宝館, 다이요극장大洋劇場은 연일 관객들로 성황을 이루었다. 다이호관 앞 국제거리는 차량 통행이 불가능할 정도로 혼잡했다고 한다.[2] 이후 전국적인 흥행으로 이어졌다. 동시대의 신문, 영화 잡지에서도, "스크린에 등장하는 소녀들의 모습에 관객들은 숨죽여 울었다. 영화가 끝나고 난 후 호평이 이어졌다"(『오키나와 타임스沖縄タイムス』, 1953.1.15), "기대에 어긋나지 않는 역작이 나왔다. 이마이 다다시의 연출은 전편에 걸쳐 시적인 정서로 흘러넘쳤다"(『키네마순보キネマ旬報』, 1953.2 上旬号)라는 식의 보도를 이어갔다.

대부분의 기사가 "전쟁과 그로 인해 희생된 소녀들의 비참한 모습이 아직 전쟁에 대한 기억이 생생하게 남아 있는 관객들로 하여금 큰 감동과 공감을 불러일으켰다"라는 식의 논조였다. 시나리오를 쓴 미즈키 요코水木洋子에게 쏟아진 관객 평도 크게 다르지 않았다. 이마이 다다시는 가능한 감상적인 요소는 배제하려고 했다고 말하지만, 거꾸로 관객들은 '소녀들의 희생'이라는 소재[3]만으로 이미 감상적인 반응을 보였다. 그리고 그렇기 때문에 전쟁은 싫다는 식의 '감상적' 반전反戰·반공反共주의가 꾸준히 이어졌다. 실제로 이 영화 안에는 전쟁의 참혹함과 소녀들의 희생을 부각시킨 멜로드라마적 요소가 다수 삽입되어 있다. 예컨대, 죽음을 눈앞에 둔 소녀들이 밝게 노래하는 모습, 천진한 얼굴로 자결을 위해 청산가리를 나눠갖는 장면에서 감정의 '과잉'이 느껴진다.

이 영화가 도에이에서 제작된 상업영화라는 것을 감안하면 멜로드라마적 요소의 삽입은 어쩌면 당연할지 모른다. 그러나 동시에 이러한 멜로드라마적 요소가 개인의 감정에 과도하게 집중된 나머지 개인에게 가해진 억압에 대해 눈감아 버리고 "역사적·사회적 문제를 애매"[4]하게 해버릴 위험이 있는 것도 사실이다. 실제로 동시대의 비평을 보면, "센티멘털리즘을 발신하는 데에 주목해야 한다. (…중략…) 전화戰禍를 뚫고 살아남았다는 데에서 일종의 향수마저 느끼게 한다"든가, "전기물이 베스트셀러가 되고 있는 오늘날의 일본 사회"를 진단하며 감상주의에 빠지는 것을 경계해야 한다는 목소리도 있었다. 그럼에도 불구하고 당시 대부분의 관객들이 〈히메유리탑〉을 보고 감동했고, 이 영화는 전후 처음 제작된 '오키나와 전투' 영화이자 '반전反戰영화', 거기다 최고의 흥행수입까지 기록한 작품으로 자리매김되고 있다.

'반전영화'로는 이 필름보다 앞서 제작된 〈들어라 죄인의 목소리きけわだつみの声〉(세키카와 히데오関川秀雄, 1950), 〈원폭 아이原爆の子〉(신도 가네토新藤兼人, 1952), 〈진공지대真空地帯〉(야마모토 사쓰오山本薩夫, 1952) 등이 있다. 그러나 특히 〈히메유리탑〉이 주목을 끌었던 이유는 오키나와 전투가 어마어마한 수의 민간인을 그 안으로 끌어들였고 '제국의 영토'를 전장으로 삼은 유일한 지상전이었기 때문이다. 여기에 당시 오키나와를 둘러싼 긴박한 정치 상황도 한몫했다. 한국전쟁 발발과 그에 따른 오키나와 군사기지의 가속화, 샌프란시스코강화조약과 미군에 의한 오키나와 분리·지배, 그리고 미군의 토지접수에 따른 오키나와 주민들의 투쟁 등, 급격한 변화의 소용돌이 속에 놓여 있던 1950년대 초 오키나와 상황이 때마침 공개된 영화에 대한 관심을 고조시켰던 것이다.

이 영화를 통해 "오키나와의 비극을 대중에게 널리 알리고, 우리들의 일본 복귀 비원悲願을 한 사람에게라도 더 많이 알리고 싶다"(『오키나와 타임스』, 1953.1.15)라는 신문기사에서 당시 오키나와가 처한 고민의 일단을 엿볼 수 있을 것이다. 그러나 오키나와는 미군의 지배에서 벗어날 수 없었다. 이후 이어진 투쟁은 오키나와 전투가 아직 끝나지 않았음을 의미한다. 동시대의 오키나와 신문 광고란에 〈히메유리탑〉과 나란히 미국이 제작한 전쟁영화 〈류오지마의 모래Sands of Iwo Jima〉(알랭 드롱, 1949) 광고가 게재된 것을 무심히 넘길 수 없는 이유다.

3. 이마이 다다시라는 문맥

이마이 다다시는 어떤 경위로 〈히메유리탑〉을 제작하게 되었을까? 애초 이 필름은 1948년 도호쟁의가 있은 후 계속된 레드 퍼지[5] 여파 속에서 도호를 사직한 이마이 다다시가 감독을 맡고, 다이에大映가 기획·제작할 예정이었다. 그러나 점령군으로부터 "반미적인 전쟁영화는 찍지 말라"는 통고를 받고 기획을 접어야 했다. 당시 이마이 다다시는 독립프로덕션운동에 참가하고 있었고, 〈그럼에도 살아가리どっこい生きてる〉(1951)와 〈메아리 학교山びこ学校〉(1952)를 통해 '리얼리즘 감독'으로 자리매김해 가던 때였다. 전쟁의 리얼리티를 재현하는 데 관심을 갖고 있던 도에이는 그로부터 2년 후인 1952년, 이마이 다다시 감독과 다시 손잡고 〈히메유리탑〉 제작에 나선다. 여기서는 이러한 외적 요인보다 영화를 제작하기까지의 이마이 다다시 감독의 내면에 집중해 보고자 한다.

이마이 다다시의 내면을 파악하기란 쉽지 않다. "무엇보다 호소하고 싶었던 것은 잘못된 지도자들에 의해 벌어진 전쟁의 비참함"[6]이라는 그의 유일한 발언을 토대로 그가 어떤 마음으로 이 영화를 제작하게 되었는지 따라가 보도록 하자.

이마이 다다시는 1939년 〈누마즈병대학교沼津兵学校〉로 데뷔한 이래 유직이 된 〈전쟁과 청춘戦争と青春〉(1991)까지 총 48편의 작품을 제작했다. 〈히메유리탑〉은 그의 19번째 작품이다. 이마이 다다시의 영화들은 패전을 경계로 해서 전시 '국책영화'와 전후의 '반군국反軍国·민주영화'로 나뉘며, 각각 다른 감독의 작품인양 논의되어 왔다. 전자는 주로 비판의 표적이 되었고, 후자는 상찬을 받았다. 이 같은 상반된 평가는 그가 전시에 "군국주의 영화를 여러 편 찍었음에도 전후가 되자 완전히 다른 민주주의 영화"를 찍은 "전향자"였기 때문이다.

그러나 이러한 구분은 재고의 여지가 있다. 왜냐하면, 피터 하이Peter High가 날카롭게 비판[7]한 것처럼 "전시 정부의 전의고양 노력에 적극 협력"하며 찍었던 "비판받아 마땅한" 이마이 다다시의 국책영화 안에도 실은 간과해선 안 될 "반국가주의에 대한 암시"의 흔적이 보이기 때문이다. 그러한 흔적은 국가라는 틀 이전의 문제, 말하자면 하나의 '텍스트'로서 영화를 분석했을 때 비로소 보여 온다. 그것을 하나하나 언급할 여력은 없지만 〈히메유리탑〉과 구조적으로 흡사한 〈망루의 결사대 望楼の決死隊〉(1943)를 예로 들 수 있을 듯하다.

조선과 만주의 국경을 경비하는 부대를 그린 이 필름은 '내선일체內鮮一体'와 '황민화皇民化 교육'이라는 슬로건 아래 제작된 액션영화다. 이 안에는 식민지에서 시행된 언어정책의 일단을 보여주는 조선 아이들에게 일본어 교육을 하는 장면이라든가, 경비대 본부 벽에 붙어 있는 '국어상용國語常用'이라는 표어가 등장한다. 여기서 말하는 '국어'라는 것은 말할 것도 없이 '일본어'이다. 그런 시대에 이마이 다다시는 경비대 조선인들로 하여금 조선 민요 〈도라지〉를 부르게 하는 장면을 삽입한다. 일본 제국 내 조선 민족의 '지역성'과 '차이'를 너무도 단순화시켜 보인 이 장면은, 제국의 입장에서는 매우 '위험'한 장면이기도 하다. 〈도라지〉가 초래할지 모르는 파급효과 때문이다.

조선의 영화관은 피억압 민족의 일체감을 확인하고 반일감정을 고양하는 공간으로 기능해 왔다. 영화 〈아리랑〉(1926)과 영화 테마곡으로 새롭게 편집·작곡한 〈아리랑〉은 반일反日의 표상으로 널리 수용되었다. 민요 〈도라지〉 역시 '국어상용' 정책으로 억압받던 조선인들로 하여금 '모어(조선어)'를 떠올리게 했을 터다.

이 '모어'를 떠올리는 순간, 제국의 (언어) 정책이 거꾸로 식민지의 주체를 자각시키는 효과를 낳는 "하이브리드적 공간으로서의 식민지"[8] 표상이 탄생하게 된다. 일본어를 말하지 못하면 '비非국민'으로 차별받고, 영화를 엄격히 통제하던 시대에 식민지 조선을 그리는 행위는 그 자체만으로도 군국주의에 대한 대항으로 읽을 수 있을 것이다.

이렇게 이마이 다다시의 전시기 필름을 다시 보게 되면, 전후 신랄한 비판을 받았던 그의 '전향'에 대해서도 재고의 여지가 있을 듯하다. 오히려 '반反국가주의'와 연결되는 부분도 있기 때문이다. 물론 그가 국책영화를 제작해 전쟁에 협력한 것은 지울 수 없는 사실이다. 여기서 파생하는 비판을 이마이 다다시 역시 강하게 인식하고 있고, 그 어떤 반론도 하지 않고 그대로 수용해 왔다. 전후 인터뷰 기회가 있을 때마다 전쟁 협력에 대한 반성을 피력해 왔고, 그러한 전력 때문에 전쟁을 직접적으로 비판할 만한 '도덕성'을 갖추지 못했던 것 같다. 이마이 다다시의 내면에는 분명 그러한 '도덕적 한계'가 있으며, 그 한계는 〈다시 만날 때까지また逢う日まで〉(1950)로 대표되는 그의 일련의 반전영화와 그에 대한 평가를 통해서도 확인할 수 있다. 전쟁 속에서 파괴되어 가는 개인의 운명을 '멜로드라마'라는 틀을 빌려 비극적으로 그릴 수밖에 없었던 이유이기도 하다. 〈히메유리탑〉 안에도 동일한 한계가 보이는데, 그런 점에서 필름 속에 울려 퍼지는 '소리'와 그 '소리'들의 대립에 섬세하게 귀 기울이는 일은 중요해 보인다.

4. 대립하는 두 가지 '목소리'의 틈새에서

이 필름은 태평양전쟁 말기인 1945년 3월에 개시된 오키나와 전투를 배경으로, 오키나와사범학교 여학생부, 오키나와 제1현립여학교 학생들이 '히메유리 부대'에 동원되는 모습을 담고 있다. 스크린에는 앞서 언급한 바와 같이 '히메유리 부대'만 비춘다. 스크린 상에 미군의 모습이 등장하는 것은 미군의 공격이 시작되었음을 알리는 영화 첫 장면뿐이다. 이후 영화가 끝날 때까지 미군의 실체는 '폭격 소리'와 '기관총 소리'를 통해서만 감지할 수 있다.

말하자면, 미군의 존재는 눈에 보이지 않지만 서서히 위협해 오고 있는 '프레임⁹ 바깥'에서 '소리'로만 나타난다. 이 프레임을 경계로 미군은 모습이 보이지 않는 호러 영화 속 유령처럼 공포스러운 폭격소리를 이어간다. '프레임 안쪽'에 갇혀 버린 히메유리 여학생들은 쫓겨 다닐 수밖에 없다. 그녀들은 결코 프레임 바깥으로 나올 수 없다. 미군은 우리 안에 갇힌 포획물을 노리듯 바깥쪽에서 안쪽으로 폭격을 가하며 공격해 들어간다. 카메라가 만들어 놓은 프레임 안쪽에 갇혀 있는 그녀들이 공포와 맞설 수 있는 유일한 방법은 그녀들의 내면을 강하게 지배하고 있는 "일분군이 패배할 리 없다"는 군국의 '목소리'를 믿는 것이다. 이 군국의 '목소리'는 그녀들을 인솔하는 교사와 명령을 내리는 일본군을 통해 발현된다. 목소리의 정점에는 물론 천황이 존재한다. 이 '목소리'는 가족보다 우선시된다. 가족을 초월하여 그 위에 군림하며, 그에 대한 복종만이 '국민'으로서 '봉공ʿ奉公'하는 길이라는 것을 프레임 안쪽에 갇힌 사람들은 굳게 믿고 있다. 이 군국의 '목소리'와 미군의 폭격

소리는 프레임 안팎을 넘나들며 프레임 전체를 지배하는데, 양측의 무게 중심이 미군 쪽으로 기울어 감에 따라 히메유리 여학생들은 서서히 죽음으로 내몰리게 된다.

　그렇다면 '목소리'(소리와 침묵 포함)라는 장치는 어떤 역할을 하는 걸까? 영화 안에는 다양한 목소리가 존재한다. 등장인물의 성격과 사회적 위치, 사상 등을 나타내는 목소리가 있는가 하면, 영화가 폭로하려는 지배권력과 이데올로기를 대변하는 목소리도 있다. 또한, 효과음이나 음악처럼 영화의 진실성을 전달하기 위한 소리도 있다. 이처럼 영화 속 소리는 이야기를 전개함에 있어서 빼놓을 수 없는 중요한 요소이며, 때에 따라서는 다양한 해석을 요하는 단순치 않은 구조를 갖는다. 특히 이 구조는 〈히메유리탑〉의 프레임에는 보이지 않지만, 관객들에게만 들려오는 '오프 소리'가 강하게 작동한다.

　메리 앤 도앤Mary Ann Doane에 따르면, '오프 소리'는 "이야기의 세계를 깊게 하고, 이야기의 세계에 영상을 넘어서는 울림을 전달하며" "카메라로 기록되지 않은 공간"이 "영화 공간 안에 존재"하는 것을 뜻한다. 따라서 '오프 소리'는 스크린이 나타내고자 하는 바를 명확하게 전달할 뿐만 아니라 스크린이 감추고 있는 부분까지 드러내는 장치가 된다.[10] 그런 의미에서 〈히메유리탑〉에서 '실체'가 보이지 않음에도 이야기 구조 속에 개입되어 영화 공간을 프레임 바깥쪽까지 확대시켜간 미군의 '소리'(스크린이 숨기고 있는 부분)와 등장인물이 발하는 군국의 '목소리'(스크린이 명확하게 드러내고 있는 부분)는 모두 '오프 소리'라고 할 수 있다. 이때의 '소리'는 '오프 소리'를 의미한다. 지금부터 서로 대립하면서 전개되어 가는 '소리'를 전반, 중반, 그리고 후반으로 나누어 살펴보도록 하자.

제일 처음 들려오는 군국의 '소리'는 영화가 시작되고 얼마 지나지 않아 미군의 폭격(소리)을 받아 파괴된 학교와 여기저기 흩어져 있는 서류들을 정리하는 다마이㺤# 선생과 오쿠자토奧里 선생을 통해서다. 이 장면에서는 아직 미군의 폭격 소리는 히메유리 부대를 위협할 만한 거리에 있지 않다. 그 때문에 교사들은 정말로 미군이 상륙한 것인지 의문을 품는다. 다마이 선생은 "드디어 봉공의 때가 왔군", "우리들 오키나와는 희생을 해서라도 일본 본토만큼은 지켜야 한다. 희생 없는 승리는 없을 테니까"라며 각오를 다진다. 이 다마이 선생의 완고한 '목소리'는 그가 인솔하는 여학생들과 그를 지배하고 있는 군국주의를 상기시킨다. 여기서 중요한 것은 다마이 선생의 독백에 가까운 '목소리'가 바로 옆에 있는 오쿠자토 선생을 향해 있으며, 오쿠자토 선생은 그런 다마이 선생의 독백을 조용히 '경청'하면서 수긍하는 모습을 보이고 있는 점이다. 다시 말하면, 다마이 선생은 제국을 위해 희생하겠다는 각오를 스스로에게 다짐하는 동시에 자신의 각오가 잘못된 것이 아님을 오쿠자토 선생을 통해 재차 확인하는 것이다.

전반부에서는 이처럼 군국의 '목소리'가 프레임 안쪽을 흔들며 지배하고 있다. 그것은 동원 명령을 받아 학교로 집합한 여학생들이 가족과 이별하는 장면에서 더욱 선명해진다. 동원 명령이 내려진 여학생 하나 시로花城는, "할머니가 계시는 구니가미国頭로 같이 가자 꾸나"라는 어머니의 말에 "어머니는 저를 비겁자로 만들고 싶으세요?"라며 당차게 거절한다. 마음을 돌려 집으로 돌아갔을 때는 아무도 남아 있지 않았다. 탄약 운반에 동원된 아사토安里는 면회 온 언니로부터 가족이 뿔뿔이 흩어져 전장으로 나갔다는 사실을 알게 된다. 아사토의 언니는 헤어질 때, 부모님이 남긴 부적을 동생 손에 쥐어주며 흐르는 눈물을 삼킨다. 가족과의 이별은 큰 슬픔이지만 그렇다고 해서 동원을 피해갈 수 없음을 보여주는 장면들이다. '비겁자'로 낙인찍혀 제국으로부터 배제되는 것이 두려웠기 때문이다. 내면 깊숙이 교육받은 군국의 '목소리'에 순종하는 것이 곧 '봉공'의 길이며, 그것은 가족애를 초월한다.

더 나아가 야마오카山岡 선생의 "전원 봉공의 때가 왔다. 이 중대한 시기를 맞아 평소의 훈련 실력을 발휘해 히메유리 학도로서 부끄럼 없이 본분을 다하길 바란다"라는 '목소리'가 그녀들의 내면을 보다 순종적으로 만들어 간다. 이에 더하여 또 하나의 '목소리'에 주목할 필요가 있다. 바로 '침묵'이다. 다마이 선생의 '목소리'에 수긍하는 모습을 보인 오쿠자토 선생의 '침묵'과 야마오카 선생의 '목소리'를 듣고 있던 학생들의 '침묵'은 군국의 '목소리'에 응답한 유일한 '소리'일지 모른다. 그것은 미군의 '소리'와 군국의 '소리' 사이에서 '오프 소리'의 역할을 담당한다. 왜냐하면, 이 '침묵'이 영화가 전개되어 감에 따라 중요한 의미를 띠게 되기 때문이다. '침묵'의 양상은 '폭격 소리' 이후부터 조금씩 드러나기 시작한다.

영화 중반부에서는 야마오카 선생의 출발 명령과 함께 하에바루南風原로 이동한 히메유리 부대가 부상당한 일본군의 간호에 고군분투하는 장면이 이어진다. '프레임 바깥'에서는 폭격 소리가 끊이지 않는다. 그녀들은 '프레임 안쪽' 가까이까지 거세게 밀고 들어오는 미군의 공격을 받으며 물을 퍼 나르고 밥을 짓는다. 그리고 마침내 여학생 가운데 사망자가 발생한다. 일본군의 패색이 짙어짐에 따라 군국의 '목소리'는

'프레임 안쪽'의 지배를 더욱 강화해 간다.

예컨대, 다음 장면을 보자.

히메유리 여학생들이 숨어 있는 방공호 안으로 미나미南 선생이 들어온다. 그는 "지금 대본영에서 다음과 같은 발표가 내려왔다. 오늘의 전과戰果. 우리 의열공정부대義烈空挺部隊는 가데나嘉手納 방면의 적군 함대를 집중 공격하여 십수 척을 침몰시켰다. 구축함 2척 격침, 게라마慶良間 해안에서 전함 1척을 대파하고 불태웠고…… 목하 적은 패배하여 도주하는 중!"이라며 흥분된 어조로 군국의 '목소리'를 전달한다. 그녀들은 기쁨을 감추지 못하지만 곧 거짓 발표라는 것을 알게 된다. 패배하여 도주 중이라는 미군의 폭격이 오히려 한층 더 강해졌기 때문이다.

덧붙여 일본군 중좌가 "적군은 이미 게라마에 상륙했다. 오키나와 전투를 앞으로 더욱 확대하는 덴고작전天—号作戰[11]을 취할 것이다. 각 부대원은 더욱 더 분기해 주기를 바란다"라는 '목소리'는 앞서의 보고가 거짓임을 보여준다. 거짓말까지 동원해 지배를 견고히 하려는 군국의 '목소리' 앞에서 미나미 선생을 비롯한 교사들은 일순 '침묵'한다. 그런데 이 침묵은 앞서 말한 순종적 침묵과는 다르다. 그것은 절대적이라고 믿었던 군국의 '목소리'에 의문을 품고 있는 '침묵'에 다름 아니다. '목소리'와 함께 클로즈업되는 교사들의 얼굴이 그것을 대변해 준다. 아직 확실치 않지만 순종적인 '침묵'에서 군국의 '목소리'에 대한 불신감으로 변화하는 징후가 포착되는 매우 중요한 장면이다. 이후 '침묵'은 '프레임 안쪽'의 모순된 군국의 '목소리'를 드러내 보이는 결정적인 단서가 된다.

부상당한 일본군 병사들로 아수라장이 된 동굴 속으로 좀더 가깝게 들어가 보자.

부상병들 사이를 정신없이 뛰어다니며 치료를 돕던 히메유리 부대 여학생들은 그제야 눈앞에 펼쳐진 비참한 광경을 목도한다. 썩은 물을 마시고 비명을 지르며 "일본 제국 만……(세)"를 외치다 죽어가는 사람, 고통을 견디지 못하고 수류탄으로 자살하는 사람, 정신이 혼미해져 미쳐 날뛰는 사람 등등. 그들에게서 용맹스러운 제국 군인의 모습은 더 이상 찾아 볼 수 없다. 자신들이 믿어왔던 신념이 깨지고 일본군의 절망적인 '신음소리'만 들려올 뿐이다.

앞서 "오키나와의 희생만이 본토를 지키는 봉공의 길"이라며 굳은 결의를 다졌던 다마이 선생 또한 혼란스럽기는 마찬가지다. 그는 "스파이는 전부 오키나와인이라는 건가. 당신들 섬이니 알아서 지켜라! 우리는 당신들 오키나와를 지키러 온 것이다, 라고 말하는데 이건 좀 아니지 않은가"라며 군국의 목소리에 의문을 갖거나, "하긴 오랜 예속의 역사가 있으니"라며 오키나와의 식민지 역사를 떠올리기도 한다. 그런데 다마이 선생의 혼란한 감정은 이내 "적의 신경전이다. 이런 걸 적이 노리는 것이지"라는 하시모토 선생의 말속에 얼버무려 흩어져 버린다.

여기에 "더 이상의 균열과 혼란은 용서치 않겠다"라고 외치는 상징적인 인물이 등장한다. 군의관 오카岡다. 오카 군의관은 복장부터가 남다르다. 미군의 공격을 받아 여기저기 찢겨지고 더럽혀진 군복과 달리 그의 군복은 새것 그대로에다 아름답기까지 하다. 그는 "나도 여러분 또래의 딸이 있어요"라며 히메유리 여학생들에게 아버지와 같은 친근함을 어필한다. 자신의 딸 사진을 보여주기도 하는데, 히메유리 부대의 우에다上田라는 여학생과 꼭 닮은 모습에 모두들 놀라는 장면이 등장한

〈히메유리탑〉에서 새 군복을 입고 부상병들을 내려다보는 오카 군의관(중앙). 그 옆은 히메유리 부대 여학생 모습.

다. 이렇게 해서 '가족'들을 떠올리는 공간이 형성된 것이다. 그런데 여학생들은 오카 군의관을 순순히 아버지의 존재로 받아들이지 않는다. 그도 그럴 것이 지금까지 아버지의 역할을 해온 남자 교사들이 있기 때문이다. 어머니의 역할을 맡아준 여교사도 있다. 그렇다면 오카 군의관은 '가족'을 연상케 하는 그 공간에서 어떤 역할을 했을까? 그의 모습을 좀더 따라가 보자.

오카 군의관은 어디서 구했는지 그녀들에게 사탕과 파인애플을 건넨다. 목숨을 부지할 식량조차 없던 시기에 사탕과 파인애플을 건네는 비현실적인 설정은 교사에게는 없는 군의관이 가진 절대 권력을 상징할 것이다.

오카 군의관은 절망적인 비명소리를 질러대는 부상병들에게 수류탄을 쥐어주며 제국의 군인으로서 명예롭게 최후를 맞도록 독려하기도 한다. 군국의 '목소리'에 복종하라는 명령이리라. 또 다른 한편에서는, 히메유리 여학생들에게 〈승리의 그날까지!〉라는 군가대신 오키나와 민요 〈단차메ⓒ茶前〉를 노래하게 한다.

이렇게 볼 때, 오카 군의관은 '프레임 안쪽'의 균열과 혼란을 통제할 수 있는 유일한 존재인 것이다. 아버지처럼 보이지만 아버지가 아닌 존재, 아버지를 훨씬 뛰어넘는 존재. 군국의 '목소리'를 내지만 군국의 '목소리'가 아닌 존재. 바로 그것이 '가족' 같은 공간 속에서의 오카 군의관의 자리인 것이다. 더 나아가 천황에 대한 암시도 읽어낼 수 있다. 당시 '리얼리즘 감독'이라는 평가를 받던 이마이 다다시가 오카 군의관을 묘사할 때만큼은 리얼리티를 상실하고 깨끗한 새 군복차림의 아름다운 모습으로 등장시킨 것은 그 좋은 예라고 하겠다.

이 필름에 앞서 제작된 〈민중의 적民衆の敵〉(1946)에서 이마이 다다시는 천황과 군부의 관계를 악덕재벌과 이사장에 빗대어 표현한 바 있다. 거기서 이사장(천황)은 기업의 악행을 경영자(군부)의 탓으로만 돌리는 무책임한 인물로 묘사되고 있는데, 이 현실감 떨어지는 오카 군의관의 모습에서 천황의 그림자를 읽어내는 것은 과도한 해석일까. 이에 대한 답은 영화의 마지막 장면에서 찾을 수 있을 듯하다.

영화가 후반부에 다다르면서, 오카 군의관의 '목소리'에도 균열과 혼란이 찾아든다. 탱크 공격까지 가세한 미군의 공격으로 괴멸 직전까지 내몰린 일본군 병사들은 방공호를 점거하려고 자기들끼리 몸싸움을 벌이고, 피난민들을 내쫓고, 귀한 물을 혼자 마셔 없애버리기까지 한다. 이러한 모습을 '침묵'하며 응시하는 히메유리 여학생들과 피난민들의 모습에서 힘을 잃어가는 군국의 '목소리'를 엿볼 수 있다. 게다가 여학생들을 방공호 밖으로 내쫓아 버리기까지 한다. 방공호 밖으로 내쫓긴 그녀들을 향해 미군의 기관총 '소리'가 날아든다.

오카 군의관은 히메유리 여학생들과 교사들, 그리고 일본군 병사들이 은신해 있는 마부니摩文仁 동굴 앞에 나타나 히메유리 부대의 해산을 명한다. 그리고 동굴 밖으로 나갈 것을 명한다. 이때 오카 군의관의 모습은 그의 '목소리'를 듣고 있는 동굴 안쪽 사람들보다 한참 높은 곳에 자리한다. 오카 군의관은 자연스럽게 '우러러보는' 존재가 되는 것이다. 너무도 갑작스럽고 무책임한 오카 군의관의 '목소리'와 극도의 불신감을 내비치는 '침묵'하는 얼굴들이 번갈아 가며 비춰진다.

그리고 마지막 장면. 이 마지막 장면은 지금까지 언급한 '(목)소리'들이 한꺼번에 부딪히는 〈히메유리탑〉에서 가장 중요한 장면이다. 여기서 처음으로 '프레임 바깥'에서만 들렸던 미군의 '소리'가 '목소리'로 바뀌어 전달된다. 그 '목소리'는 위압적인 폭격 소리와 같은 파괴력을 가지고 동굴 안에 울려 퍼진다.

"여러분, 여러분, 용감한 일본의 여러분, 향토를 사랑하는 주민 여러분, 더 이상 무익한 전쟁을 끝냅시다", "오키나와 전투는 끝났습니다. 그 안에 누가 있나요? 나오세요. 위험합니다. 어서 나오세요. 마지막으로 말합니다."

이때 미군의 '목소리'가 들려오는 '위치'에 주목할 필요가 있다. 카메라 앵글은 숨죽이고 듣고 있는 동굴 안 사람들을 비추며 아래에서 위로 향해 간다. 동굴 입구가 하늘과 맞닿아 보일 만큼 위쪽에 자리하고 있다. 오카 군의관조차도 올려다 볼 수밖에 없다. '프레임 안쪽'을 지배해

온 군국의 '목소리'를 제압하고, 미군의 '목소리'가 그 위로 울려 퍼지고 있는 것이다. 게다가 지금까지 들어본 적 없는 기묘하고 이질적인 영어 악센트로 말이다. 충분히 위압적인 분위기다.

미군의 '목소리'가 계속되는 사이, 동굴 속 히메유리 부대 교사들과 여학생들의 '침묵'이 깨지며 동요가 인다. 카메라는 미군의 '목소리'가 들려오는 가장 높은 곳에 위치한 동굴 입구와 동요하는 '침묵'을 번갈아 가며 쫓는다.

그 누구도 미군의 '목소리'에 거역할 수 없게 되었을 때, 그리고 군국의 '목소리'가 무너져 버리려 할 때, 그 동요하는 '침묵'의 의미를 알아챈 오카 군의관으로부터 최후의 군국의 '목소리'가 날아든다. "속지마라! 사기를 떨어뜨리려는 목적이다"라고. 바로 그때 여동생 지요ㅊㅋ가 사라진 것을 알아챈 우에다(앞서 군의관의 딸과 닮았다고 했던)가 동굴 밖으로 뛰쳐나가려 하자 군의관이 총으로 사살한다.

최후의 순간이 되자, 미군의 폭격 '소리'가 '목소리'로 변하고, 군국의 '목소리'가 '총소리'로 바뀌며 우에다를 살해해 버린 것이다. 이 아이러니한 상황, 즉 프레임 바깥 쪽 목소리와 안쪽 목소리가 교차하는 틈새에 끼인 존재가 바로 오키나와였던 것이다. 오카 군의관의 총성을 기점으로 미군의 '목소리'는 다시금 폭격 '소리'로 바뀌며, '목소리'가 들려왔던 동굴 입구 쪽에서 폭탄이 쏟아져 들어온다. 결국 여학생들은 그 폭탄 '소리'와 함께 최후를 맞게 된다. 오카 군의관의 명령으로 동굴에서 내쫓긴 여학생들 역시 미군의 총격으로 살해되거나 수류탄을 터뜨려 '자결'한다. 그녀들은 군국의 '목소리'에 마지막까지 '침묵'으로써 화답했던 것이다.

마부니 동굴 속에서 입구를 올려다보는 일본군 병사들과 주민들.

마부니 동굴 입구가 하늘과 맞닿아 보일 만큼 위쪽에 자리하고 있다.

미국과 일본이라는 제국과 제국이 대립하는 거대한 파괴의 '목소리'의 틈새에서 옴짝달싹할 수 없었던 히메유리 부대의 최후는 그 자체로 오키나와가 처한 상황과 전후의 역사적 행보를 상징한다고 하겠다.

5. 나가며

왜 히메유리 소녀들은 '침묵'을 강제당한 것일까. 결코 실체적인 '목소리'로 발화되지 못한 그 '침묵'을 고통스럽게 껴안을 수밖에 없었던 것은 일본 제국의 황민화 교육이 철저히 내면화된 '천황'에 대한, 그리고 '군국주의'에 대한 복종 때문이었으리라. 그 하나의 예로 필름에 등장하는 모든 오키나와인들이 제국의 언어 '일본어=표준어'를 사용하고 있는 것에 주목할 필요가 있다. 방언 사용을 엄격히 금하고, 방언 사용자를 처벌함으로써 오키나와어를 말살하려고 한 표준어사용정책의 결과라고 생각되기 때문이다. 이것은 식민지인들로 하여금 '표준화'된 제국의 언어를 사용하게 함으로써 '제국의 국민'이라는 상상력을 부여하고, 궁극적으로는 제국주의적 내셔널리즘 안으로 포섭해 가려는 전략에 다름 아니다.[12]

이 글에서 언급한 '제국의 경계', '자결', '상징적 목소리' 등은 〈히메유리탑〉과 닮은꼴인 〈망루의 결사대〉에서도 찾아볼 수 있다. '표준어'로 발화되고 있는 점도 유사하다. 그런데 '자결' 장면을 그리는 방식은 크게 변별된다. 〈망루의 결사대〉에서는 '자결' 직전에 구조대가 나타나 사람들을 구한다. 마지막 경비대장의 군국의 '목소리'가 '자결'을 각오한 조선인들을 '국민'으로 구축한다. 조선인들은 '저고리'에서 '기모노'로 바꿔 입고 그 목소리를 경청한다.

〈망루의 결사대〉와 〈히메유리탑〉 사이를 횡단하는 이러한 차이는 '제국의 확대와 붕괴'라는 측면을 한층 더 선명히 한다. 두 필름 공히 군국주의에 포섭된 식민지 시대에 대해 말하고, 제국주의적 내셔널리즘의 모순과 폭력성에 대해 말하고 있기 때문이다. 분명한 것은 이마이 다다시가 '도덕적 한계'를 갖고 있긴 하지만 전후 여전히 식민지 상황으로 내몰리고 있는 오키나와인들의 '목소리'에 귀 기울이려 했다는 사실이다.

주석

1 映画の本工房ありす編, 『今井正「全仕事」―スクリーンのある人生』, 東銀座出版, 1990, 127쪽.
2 山里将人, 『アンヤタサ！沖縄・戦後の映画1945〜1955』, ニライ社, 2001, 123쪽.
3 「ひめゆりの塔, メモ」, 『キネマ旬報』, 1953.2 下旬号.
4 수잔 헤이워드, 이영기 옮김, 『영화 사전 : 이론과 비평』, 한나래, 1997, 88쪽.
5 공산주의자 및 그 동조자를 직장·공직에서 추방하는 것을 일컫는다. 옮긴이 주.
6 映画の本工房ありす編, 앞의 책, 128쪽.
7 ピーター B・ハーイ, 『帝国の銀幕 十五年戦争と日本映画』, 名古屋大学出版会, 1995.
8 호미 바바, 나병철 옮김, 『문화의 위치』, 소명출판, 2002.
9 여기서 '프레임'이란, 스크린에 실제 상영되는 영화 사이즈라는 사전적 정의가 아니라, 예컨대 연기자나 해설자 등이 화면에 보이지 않는 상태에서 대사나 해설 등의 목소리가 들리는 보이스 오버(voice over)처럼 영화의 '내재적 디에게시스(diegesis)', 즉 '소리'가 나오는 장면이 관객들에게는 보이지 않으나, 스토리상으로는 존재하는 서사 공간과, '디에게시스', 즉 스크린상에서 실제 전개되는 서사 공간을 구분하는 일종의 '경계'적 개념으로 사용하고자 한다. '내재적 디에게시스', '디에게시스'에 대해서는 수잔 헤이워드 앞의 책을 참고 바람. 디에게시스의 사전적 의미를 옮긴이 주로 덧붙이자면, 아리스토텔레스의 『시학』에서 유래한 것으로, 이야기의 두 가지 개념을 디에게시스와 미메시스(mimesis)로 구분하여, 이야기를 서술하는 방법에 따라 이야기를 설명하는 것을 디에게시스(혹은 디제시스), 이야기를 재현하는 것을 미메시스라고 정의한다. 즉 어떤 사건을 말로 전달하면 디에게시스, 행위로 보여주면 미메시스라고 할 수 있다. 옮긴이 주.
10 メアリ・アン・ドーン著, 松田英男訳, 「映画における声 身体と空間の分節」, 岩本憲児, 武田潔, 斉藤綾子編, 『「新」映画理論集成 ②知覚 / 表象 / 読解』, フィルムアート社, 1999.
11 제2차 세계 대전 당시 태평양 전역에서 이루어진 일본 제국 해군에 의한 마지막 대규모 작전을 일컫는다. 오키나와 전투에서 연합군에 대한 자살 공격에 투입될 예정이었으나, 미군 기동 부대의 총 1,000대 이상의 항공기에 의한 맹공격을 받고 격침되었다. 옮긴이 주.
12 ベネディクト・アンダーソン著, 白石隆・白石さや訳, 『増補 想像の共同体』, NTT出版, 1997.

떠돌이 개처럼 살다 가리

모리사키 아즈마와 오키나와인 디아스포라

요모타 이누히코

1

1972년, 오키나와가 일본으로 '복귀復歸'된 바로 그 해에 1970년대 일본 액션영화계에 처음으로 오키나와 붐이 도래한다. '처음으로'라는 수식어를 굳이 붙인 것은 이후 80년대에 최양일과 기타노 다케시北野武의 작품들이 쏟아져 나왔기 때문이다. 애초 오키나와라는 주제는 '히메 유리 부대'가 흥행에 성공한 것을 제외하면 60년대에는 독립프로덕션의 다큐멘터리나 '예술 영화'가 주를 이뤘다. 닛카쓰日活의 액션영화나 도에이東映의 닌쿄任侠영화[1]는 일찍이 이 남쪽 섬들을 무대로 삼은 적이 없었다. 그런데 70년대에 들어서면서 대형 영화사들이 손을 뻗치기 시작한다. 바야흐로 오키나와라는 공간이 오락영화의 무대로 부상하게 된 것이다. 정확히는 도에이 영화의 일환이라고 할 수 있다.

도에이는 1960년대 후반 무렵 닌쿄영화로 노선을 바꾸면서 무명 배우들을 내세운 야쿠자 시리즈를 내놓기 시작한다. 〈인의 없는 싸움仁儀なき戦い〉(후카사쿠 긴지深作欣二 감독, 1973), 〈인의의 무덤仁儀の墓〉(후카사쿠 긴지 감독, 1975), 〈일본 폭력 열도 교한신 살해 군단日本暴力列島 京阪神殺しの軍団〉(야마시타 고사쿠山下耕作 감독, 1975) 등이 그것이다.

오키나와도 예외는 아니었다. 일본으로 '반환'되었을 무렵의 오키나와는 그야말로 혼란이 극에 달했다. 도에이가 추구하는 전후사의 혼돈, 약육강식의 논리를 전개하기에 안성맞춤인 장소였다. '복귀'한 해 전인 1971년에 제작된 〈박도 외인부대博徒外人部隊〉(후카사쿠 긴지 감독)에서는 세력 확장에 실패한 두목(쓰루타 고지鶴田浩二)이 새로운 조직을 꾸리기 위해 오키나와로 향한다. 그는 혼란하지만 자유로움으로 가득했던 패전 직후의 요코하마橫浜를 떠올리며 과거 함께 했던 동생들을 불러 모아 남쪽나라 오키나와로 향한다. 오키나와에는 이미 와카야마 도미사부로若山富三郎가 연기한 지역 야쿠자들이 터를 잡고 있었다. 두 세력의 피비린내 나는 싸움이 벌어진다. 내지인인 후카사쿠 긴지 감독은 오키나와인을 오로지 치열한 대결의 대상으로만 그린다.

도에이 영화가 본격적으로 오키나와를 무대로 삼게 되는 것은 1976년이다. 그 첫 작품이라고 할 수 있는 〈오키나와 야쿠자 전쟁沖縄やくざ戦争〉(나카지마 사다오中島貞夫 감독)에서는 본토 '복귀'를 바로 눈앞에 둔 오키나와를 무대로 두 조직의 피비린내 나는 싸움이 펼쳐진다. 지바 신이치千葉真一가 연기한 주인공 두목은 부하들에 의해 처참하게 거세된다. 후카사쿠 긴지가 오키나와를 무대로 두 번째 메가폰을 잡은 〈도베르만 형사ドーベルマン刑事〉(1977)에서는 이시가키石垣섬 출신이 형사(지바 신이치)로 등장한다.

〈오키나와 10년 전쟁沖縄10年戦争〉(마쓰오 아키노리松尾昭典 감독, 1978)에서는, 전쟁으로 부모를 잃고 고아가 된 세 명의 소년이 야쿠자 두목이 되어가는 과정을 그리고 있다. 영화 시작 부분에서 소년들은 오키나와 고유의 무덤 양식인 거대한 거북등 무덤亀甲墓 안에 숨어들어가 겨우 목숨을 건진다. 마지막 장면에서 이 무덤을 다시 찾지만 이번엔 뜻을 이루지 못하고 본토 야쿠자들에 의해 무참히 살해당하고 만다.

이야기를 잠시 모리사키 아즈미森崎東 감독의 〈떠돌이 개野良犬〉로 돌려보자. 이 영화는 서민들의 애환을 그린 것으로 유명한 쇼치쿠松竹가 제작했다. 모리사키 감독은 1960년대 말 인기몰이를 했던 〈남자는 괴로워男はつらいよ〉 시리즈의 각본과 조감독을 맡기도 했다.

〈떠돌이 개〉라는 제목에서도 드러나듯 당시 영화계의 거장 구로사와 아키라黒澤明가 1949년에 발표한 같은 제목의 영화를 리메이크한 작품이다. 무대를 '현재'로 옮겨와 구로사와의 문제의식을 완전히 새롭게 재해석한 것으로 알려져 있다. 흥미로운 것은 모리사키 아즈마가 본래 야마시타 고사쿠나 후카사쿠 긴지처럼 액션영화라든가 경찰물, 탐정물에 관심을 가졌던 감독이 아니라는 점이다. 그는 도에이 영화와 일선을 긋는 〈희극 여자는 배짱喜劇女は度胸〉시리즈나 〈남자는 괴로워〉 시리즈와 같이 서민들의 삶에 포커스를 맞춘 쇼치쿠 영화를 주로 제작해왔다. 그런 그가 어떤 연유로 오키나와를 대상으로 삼은 걸까? 또 왜 액션영화인 걸까? 이 두 가지 질문에 대한 답을 찾아보도록 하자.

모리사키의 〈떠돌이 개〉가 오키나와를 다룬 필름들 가운데 빼놓을 수 없는 중요한 작품이라는 것은 그것이 단순히 오키나와를 배경으로 한 영화가 아니라, '복귀' 이후 대거 본토로 이주해 간 오키나와인, 다시 말해 디아스포라 상황에 놓인 오키나와인을 그리고 있기 때문이다.

오키나와인 디아스포라에 대한 모리사키의 관심은 그 후로도 계속되어 〈떠돌이 개〉 제작으로부터 12년이 흐른 1985년에 〈개똥밭에 굴러도 이승이 낫지 죽으면 그만이요 당선언生きてるうちが花なのよ 死んだらそれまでよ党宣言〉(기노시타 영화キノシタ映画)을 내놓는다.

본격적인 분석에 앞서 모리사키 아즈마 감독의 경력을 간단하게 언급해 보도록 하자.

모리사키 아즈마는 1927년 시마바라 반도島原半島에서 해운업을 하는 유복한 가정의 셋째 아들로 태어났다. 열렬한 군국소년이었던 그는 15세에 예비련予備練에 지원한다. 그런데 당시 만주의 건국대학建国大学에 재학 중이던 둘째 형 모리사키 미나토森崎湊의 반대에 부딪혀 단념한다. 미나토는 훗날 특공대원이 되지만, 출격을 기다리던 중 패전을 맞게 되고 부하를 희생시킬 수 없다며 홀로 할복자살을 감행한다. 미나토가 만주국이라는 괴뢰정부에 품었던 이상과 열정, 그리고 그 꿈이 좌절되기까지의 과정은 『유서遺書』(図書出版社, 1971)에 자세하다.

모리사키 아즈마는 17세에 패전을 맞았다. 그 후, 교토대학에 진학해 일본공산당에 입당한다. 아마도 21살 즈음해서 구로사와 아키라의 〈떠돌이 개〉를 접했을 것으로 추정된다. 모리사키는 육전협六全協(일본공산당 제6회 전국협의회의 약칭) 이후 변화된 일본공산당에 실망감을 느껴 탈당한다. 1956년 쇼치쿠에 입사해 교토 촬영소에서 조감독 수련을 거친 후, 오후나大船로 옮겨 야마다 요지山田洋次와 각본 작업을 하기도 한다.

이후 〈희극 여자는 배짱〉(1969)의 감독으로 데뷔한다. 〈남자는 괴로워〉두 번째 작품 역시 모리사키가 감독했다. 〈희극 여자喜劇女〉시리즈를 비롯해 13편 정도를 쇼치쿠와 손잡고 작업했다. 〈떠돌이 개〉는 모리사키 감독의 11번째 작품이다. 이후로도 〈낚시 바보 일지 스페셜釣りバカ日誌スペシャル〉(1994), 〈미식가美味しんぼ〉(1995)를 비롯해, 전중파의 삶을 다룬 〈구로키 다로의 사랑과 모험黒木太郎の愛と冒険〉(1977), 바다를 소재로 한 작품 등을 감독했다.

모리사키의 영화에서는 쇼치쿠 영화의 전매특허라고 할 수 있는 모던하고 경쾌한 소시민들과 변별되는, 사회 최하층에서 그 누구보다 치열한 삶을 살아가는 이들을 주인공으로 삼는다. 순수하고 때로는 교활하기도 한 모습을 긍정적으로 담아내 많은 팬 층을 확보하고 있다. 오늘날 일본 영화계에서 모리사키 감독의 위치는 '도라 상寅さん'을 안전하고 무난하게 국민영화의 반열에 올려놓은 야마다 요지 감독과는 대조되는 곳에 자리하고 있는 것으로 보인다.

모리사키 미나토의 할복자살은 동생 아즈마에게 큰 충격을 안겨주었다. 그는 〈구로키 다로의 사랑과 모험〉에서 일본 육군 포병 대장 역을 맡은 미쿠니 렌타로三國連太郎가 할복자살하는 장면을 삽입한다. 그 장면에서 미나토의 유서를 낭독한다. 아즈마는 그 외에도 나가이 가후永井荷風와 다니자키 준이치로谷崎潤一郎가 어떻게 1945년 일본의 패전을 맞이했는지, 두 문호의 일기를 중심으로 재구성한 텔레비전 프로그램 〈8월 15일 종전일의 2대 문호八月十五日 終戦日の二大文豪〉(〈ニュースドキュメンタリードラマ昭和 松本清張事件にせまる〉시리즈, 신토 가네토新藤兼人 각본)를 연출하기도 하는 등 전쟁과 패전 체험에 일관된 관심을 보여 왔다.

2

젊고 성실한 형사가 실수로 권총을 **빼앗겨** 버린다. 얼마 후 그 권총으로 촉발된 살인사건이 터진다. 사건이 커져버린 탓에 수사는 노련한 노형사에게 맡겨지고, 주인공인 형사는 수사에 관여하지 못하게 된다. 그는 떠돌이 개 신세로 전락한 자신의 처지를 한탄하며 홀로 범인을 추적해 간다. 범인 역시 떠돌이 개 신세의 복원병復員兵이었다. 그런데 복귀하던 길에 짐을 잃어버리면서 사건에 휘말린다. 형사는 무사히 사건을 해결하지만 선과 악을 명확히 구분할 수 없음을 깨닫고 회의감에 **빠**져든다. 여기까지가 구로사와 아키라 감독의 〈떠돌이 개〉(1949)의 대략적인 줄거리다. 배경이 되는 시기는 도쿄가 잿더미로 변하고 패전으로 전쟁이 끝난 지 4년째 되던 해로, 일본 사회는 점령군이 가져다 준 자유와 억압, 그리고 부흥이 혼재했다. 이 영화는 도호쟁의東宝争議[2]로 인해 구로사와가 세운 도호가 아닌 영화예술협회와 신도호新東宝의 공동제작 형태로 제작되었다.

그로부터 24년 후인 1973년, 쇼치쿠의 모리사키 아즈마가 이 영화를 리메이크한다. 혼란을 피하기 위해 원작을 구로사와 판, 리메이크한 것은 모리사키 판으로 구분해 부르기로 한다. 이 무렵 일본 정부는 미국과의 안보조약을 계속해서 유지하기로 합의하고 학생운동은 급속히 후퇴해 갔다. 1960년대부터 고도성장이 정점에 달하면서 일본은 경제대국으로 자리매김해 갔다. 1972년에는 오키나와가 일본 본토로 '반환'되었다. 오키나와의 입장에서는 일본 본토로 '복귀'한 것이 된다. 얼마 후 1975년에 오키나와를 무대로 국제해양박람회가 개최되면서 관광 붐이 조성된다. 관광업 종사자에서부터 야쿠자에 이르기까지 수많은 내지인들이 오키나와를 찾았고, 오키나와인 역시 부푼 기대감을 안고 내지의 대도시로 향했다. '내지'로 향해 간 많은 오키나와인들은 그 이전부터 대도시 주변에 산재해 있던 오키나와 마을에서 저임금 노동자의 삶을 이어갔다. 모리사키 판 〈떠돌이 개〉가 제작될 무렵은 이처럼 일본 사회에 오키나와가 전경화되기 시작한 시기와 맞물린다.

　구로사와 판은 아사쿠사浅草와 우에노上野 등 도쿄의 동쪽 지역, 더 정확히는 3월 10일 미군의 폭격으로 완전히 파괴되어 버린 도쿄를 무대로 한다. 구로사와 판은 암시장이 성행하고 가건물이 즐비한 서민층을 무대로 하고 있는 반면, 모리사키 판은 요코하마와 가와사키川崎, 쓰루미鶴見 등 오키나와 마을을 무대로 한다. 또한, 구로사와 판은 골목마다 모차르트 피아노 선율이 울려 퍼지고 인간미가 넘치는 반면, 모리사키 판은 절망감과 고독감으로 얼룩진 소년들이 부르는 구슬픈 오키나와 민요 소리로 가득하다.

　구로사와 판, 모리사키 판 모두 떠돌이 개가 등장한다. 그런데 묘사 방식이 대조적이다. 구로사와 판에서는 영화 시작 장면에서부터 시커먼 떠돌이 개가 클로즈업된다. 더위에 지친 듯 헉헉대며 불안한 시선으로 주변을 어슬렁거린다. 이어지는 장면에서는 자신이 몸담고 있는 경찰서에 권총을 도난당했다고 보고하는 무라카미村上(미후네 도시로三船敏郎)의 모습을 비춘다. 무더운 여름 날, 경찰 사격장에서 사격 훈련을 마치고 귀가하던 중 만원 버스에서 권총을 도난당한 것이다. 노형사 사토佐藤(시무라 다카시志村喬)가 수사를 맡는다. 그는 젊고 혈기왕성한 무라카미와 한 조를 이루어 범인 수색에 나선다. 〈술주정꾼 천사酔いどれ天使〉처럼 전

전 세대와 전후 세대가 2인 1조를 이루고 있는 것이다.

여기서 떠돌이 개는 권총을 도난당하고 갈 곳 잃은 무라카미 형사의 신세를 대변한다. 권총을 훔쳐 범죄 행각을 벌이는 범인 또한 떠돌이 개 신세와 다를 게 없다. 즉, 형사와 범인, 쫓는 자와 쫓기는 자, 이들 모두는 서로를 비추는 반사경이자 분신이라고 할 수 있다.

그렇다면 모리사키 판은 어떨까. 모리사키 판은 철조망을 클로즈업하면서 시작된다. 카메라는 청소공장 앞 공터로 이동해 헬멧을 쓴 다섯 명의 소년들이 무더위 속에서 작업하는 모습을 비춘다. 작업이 끝나자 소년들은 한가롭게 고속도로 위를 걷는다. 고속도로를 달리던 차들이 경적을 시끄럽게 울려대지만 아랑곳하지 않는다. 소년들은 작정한 듯 위태로운 행동을 이어간다. 이때 무리 중 하나가 주변에 있던 새끼 강아지를 집어 들더니 가드레일 바깥으로 내던진다. 동물학대처럼 보였던 이 행동이 실은 새끼 강아지를 안전한 장소로 옮겨 놓기 위한 것임을 알게 된다. 소년들이 약자 편에 선 따뜻한 성품의 소유자라는 것을 엿볼 수 있다. 소년들은 가드레일을 빠져나와 쓰루미 역에서 전차를 타고 요코하마로 향한다. 가와사키 번호판을 단 차를 나눠 타고 석양이 지는 강가를 질주하며 늦여름 휴가를 만끽한다. 여기서 떠돌이 개는 기댈 곳 없는 약자이자 거대한 위협으로부터 보호 받아야 할 존재를 상징할 것이다. 이쯤해서 관객들은 떠돌이 개를 내세운 이 두 편의 영화가 전달하려고 하는 메시지를 눈치챌 것이다.

참고로 '개정고改訂稿'라고 이름 붙여진 모리사키 판에서는 이 첫 장면을 어떻게 묘사하고 있는지 알아보자. 모리사키가 애초에 구상하기로는 아스팔트가 이글이글 불타오르는 인적 없는 도로 위로 덤프트럭 한

대가 지나쳐가고, 떠돌이 개 한 마리가 한낮 무더위 속에서 공장 쪽으로 난 길 위를 기다시피 걷고 있다. 이 떠돌이 개와 과묵해 보이는 17살 오키나와 소년이 오버랩된다. 다음 씬은 그가 가와사키 역 앞 가드레일에 걸터앉아 작은 펜치를 사용해 라이터에 불을 붙인다. 소년의 번뜩이는 시선이 향하는 곳에 머리를 빡빡 민 또 다른 소년이 있다. 그의 손에는 붕대가 감겨져 있고 피가 스며있다. 두 사람은 아무 말없이 걷기 시작하는데 얼마 후 세 번째 소년이 합류한다. 토요일 해질 무렵의 혼잡한 역 앞에서 또 다른 세 명이 함께 한다. 그들은 역 근처 식당에서 카레라이스를 먹고 도카이도東海道선을 타고 인근 역 가마타蒲田에 내려 번화가로 향한다. 여기서 첫 번째 소년이 야쿠자를 만나 구타당한다. 소년이 손에 든 가스통에 라이터 불을 붙인다. 야쿠자는 타오르는 불길에 놀라 달음질친다. 소년들이 주차되어 있던 차문을 익숙한 손놀림으로 열고 올라타는 장면에서 〈떠돌이 개〉의 타이틀백이 흐른다. 각기 아픈 상처를 지닌 다섯 명의 소년들은 공격적인 성향을 모두 벗어던지고 서로 말하지 않아도 통하는 강한 연대감을 형성한다. 간결하면서도 스릴 넘치는 도입부다. 아무 말없이 소년들이 하나 둘씩 늘어가는 장면은 마카로니 웨스턴macaroni western[3] 류의 영화를 연상시킨다.

그렇다면 모리사키 판에서는 권총 도난 장면을 어떻게 그리고 있을까? 늦은 밤 메구로구目黒区에서 무라카미 형사(와타리 데쓰야渡哲也)가 젊은 여성을 희롱하고 있는 장면을 목격하고 제지에 나선다. 그가 권총을 꺼내 들고 위협하려 하지만 권총을 빼앗겨 버린다. 소년들이 무언가를 외치는데 알아들을 수가 없다. 그중 하나가 여성에게 총을 발사하고 차를 타고 달아나 버린다.

다음 날, 사토佐藤(기시다 신스케岸田伸介)와 무라카미가 한 조를 이루어 수색에 나선다. 그들은 우선 도난당한 차의 백넘버를 토대로 폐차업체를 탐문하고, 소년의 누나가 일한다는 약국을 찾아 그들의 행방을 쫓는다.

두 번째 살인사건이 에토구江東区에 위치한 폐품수거업체 창고에서 발생한다. 바로 현장으로 달려간 사토는 폐지가 산처럼 쌓여 있는 곳에서 사장의 사체를 발한다. 현장에는 가혹한 노동에 시달리던 소년들의 증오가 배어 있다. 사토 형사가 폭염을 뚫고 요코하마, 쓰루미, 가와사키로 수사망을 넓혀 가는 과정은 그 자체로 일본 사회 최하위층 노동자의 삶을 대변한다.

참고로 애초의 각본에는 오키나와에 대한 편견을 드러내는 장면, 이를테면 오키나와에서도 일본어를 쓰냐고 비아냥거리는 (살해당한) 폐품수거업체 사장이나 어린시절 미군 지프차에 치여 의족을 한 소년이 등장하는 씬이 들어 있었다고 한다. 그런데 아쉽게도 모두 편집되고 약국 직원 미도리 마코綠魔子와 그녀의 남동생 이야기로 채워졌다.

한편, 사토는 폭력단의 증언을 확보해 사건 당일 날 밤 소년들과 함께 있었던 아케미朱美(나카지마 마치코中島真智子)라는 이름의 여공을 찾아 나선다. 쓰루미 근처 기숙사로 향하는 그녀를 미행하는데 곧 어두운 공장 속으로 모습을 감춰버린다. 소년들의 아지트로 보이는 그곳에서 사토는 근신하고 있어야 할 무라카미를 만나게 되고 두 사람이 함께 아케미의 행방을 쫓는다. 형사에게 들켜버린 아케미는 방어태세를 취하며 깨진 유리창을 뒤로 하고 오키나와어로 노래를 부르기 시작한다. 그것은 소년들에게 위험을 알리기 위한 일종의 신호였다. 사토는 그녀가 아마도 밤새도록 노래할 것이라는 둥 비둘기도 야생화되면 인간을 공격하는 법이라는 둥 전형적인 권력형 형사의 모습을 보인다.

노래를 이어가던 아케미가 사토의 말에 반응을 보인다. "아저씨들은 일본인?" 당돌한 질문에 당황한 형사들이 답을 찾지 못하자, 그녀는 계속해서 "이런 질문을 받으면 어떤 기분이 드는지 알고 싶었을 뿐이에요"라고 말하며, 오키나와인에 대한 내지인의 뿌리깊은 차별과 편견의 시선에 대해 거침없이 폭로한다. 형사들이 그렇다고 해서 사람을 죽여도 되는 건 아니지 않느냐며 반론을 펴자 그녀는 두 사람을 향해 눈을 흘기며 "이유는…… 아마도, 그 시선이에요" "그런 시선을 늘상 받아야 하는 사람의 마음을 그 사람들은 아마도 모를 걸요"라고 되받아친다. 이때 사토에게 강탈당한 권총으로 세 번째 살인사건이 벌어졌다는 보고가 들어온다. 사토는 무라카미에게 아케미를 감시하라는 말을 남기고 공장을 벗어난다. 아케미는 동료들을 구하려는 마음에 옷을 벗으며 무라카미를 유혹한다. 그러나 조금 전 그녀가 쏟아낸 말에 충격을 받은 무라카미는 유혹에 넘어갈 기력조차 없다.

아케미가 지적한 시선 문제는 미도리 마코가 연기한 약국 직원에게서도 감지할 수 있다. 이 여성은 늘 안대를 하고 있다. 남동생의 폭력으로 한쪽 눈의 시력을 잃었기 때문이다. 모리사키는 그 깊은 상처를 영화 안에 온전히 담아내었다. 차별과 편견의 시선, 그것이 마중물이 되어 자아낸 폭력. 이러한 주제는 아케미의 당찬 목소리를 통해 한층 너 명확하게 전달된다.

참고로 각본 단계에서는 이러한 은유대신 오키나와인 아케미의 입을 통해 직접적으로 쏟아내게 할 작정이었다고 한다. 예컨대, 소년들을 살인자라고 호명한 무라카미에게 아케미는 이렇게 맞받아친다. "살인

〈떠돌이 개〉의 한 장면. 약국 여직원 미도리 마코(왼쪽)와 사토(가운데)와 무라카미.

자, 살인자라는 게 뭔가요, 살인이라면 진저리나게 많이 봐왔어요. 오키나와에서는 몇 명을 살해하든 아무렇지 않게 살인자가 거리를 활보하죠. 지금 당신들처럼 누가 그렇게 난리 치든가요? 모국이라는 둥 조국이라는 둥 허울 좋은 말들을 하지만 일본인은 우리에게 뭘 해주었나요? 전쟁 때부터 쭉 오키나와를 간과해 오지 않았나요? 한두 사람 살해당한 게 뭐가 어떻다는 거죠? 오키나와는 16만 명이나 본토를 대신해서 죽었다구요. 우리 큰언니는 핏덩어리 때 일본군한테 목숨을 잃었어요. 다리를 붙들고 바위에 머리를 쳐서……. 어머니, 아버지가 보는 앞에서……." 아케미는 공장을 그만둔 후 술집을 전전하다 마지막에는 '터키탕'[4]으로 흘러들어가는 것으로 그려진다. 보수 성향이 강한 쇼치쿠 영화는 더 이상 잃을 것도 없는 막다른 곳으로 내몰린 아케미의 절

〈떠돌이 개〉에서 총을 맞고 쓰러진 사토 형사.

규를 생략하거나 미온적으로 처리한 것이다.

영화가 전개됨에 따라 오키나와에서 단체취업으로 내지로 건너온 소년들이 오래 전부터 증오해온 일본인을 살해하겠다는 계획을 도모하고 있음이 밝혀진다. 살해된 폐품수거업자와 공장 관리인은 그들을 저임금 노동으로 내몰고 착취하고 차별적 시선을 보내온 당사자들이다. 형사들은 소년들의 강한 유대감에 놀라면서 점차 그들이 연쇄살인의 공범이라는 사실을 밝혀간다. 그 배후에는 '본토 복귀' 이후 기대와 동경을 갖고 본토로 건너온 소년들이 불과 1년도 채 되지 않아 내지의 생활에 좌절하고 굴욕과 차별을 경험하면서 내면에 엄청난 증오를 품고 공격적으로 변모해 간 불가피한 사정이 자리한다.

여기서 모리사키 감독은 눈부신 해변을 배경으로 포즈를 잡고 있는 수영복 차림의 여성 모델과 '동경＝오키나와'라는 문구가 새겨진 관광 포스터 앞에 웅크리고 앉은 사토 형사의 모습을 은근슬쩍 삽입한다. 평생을 형사라는 직업에 몸바쳐온 노형사가 오키나와의 비참한 현실을 목도하고 고뇌에 빠진 모습으로 말이다. 그런 그도 문제의 소년들 중 하나가 쏜 총에 맞아 길 위에서 운명을 달리한다.

여기서 영화는 소년들로 시선을 옮겨 한 명 한 명 상세하게 묘사한다. 구시켄 데쓰具志堅哲, 자하나 가쓰노리謝花勝紀, 마야자토 다카시宮里隆, 신자토 준新里純, 스즈키 후미오鈴木史男, 이 다섯 소년은 오키나와 색채가 묻어나는 휘파람으로 신호를 주고받으며 복잡한 도심 속에서 서로를 확인하고 재회의 기쁨을 나눈다. 그들이 친근하게 서로를 포옹하는 모습을 카메라는 과잉이라고 할 만큼 부각시켜 연출한다. 길 위에서 총격전이 벌어져 사토는 총에 맞고 스즈키는 경찰에 체포된다. 성姓을 보면 알 수 있듯 네 명은 오키나와인이고 스즈키만 고아원 출신 내지인이다.

모리사키 감독과 네 명이 공동으로 집필한 각본에서는 일본 사법권에 맞서 싸우는 소년들의 호모소셜한 성향이 한층 더 부각되어 나타난다. 그들은 무라카미의 권총을 훔쳐 아케미를 윤간하려 공모한다. 남성들 간의 연대를 강화하기 위한 일종의 통과의례인 셈이다. 그런데 신자토가 권총을 겨눠 실패한다. 남은 다섯 발의 총알로 연쇄살인을 공모하지만 이루어지지 않는다. 공범에 연연해하는 것은 모리사키 감독도 마친기지다. 공들여 촬영한 이 장면은 극장 판에서는 상영되었지만 비디오 판에서는 아쉽게도 삭제되었다.

경찰에게 쫓기다 동료를 놓쳐 버린 세 명의 소년은 쓰루미에 위치한 오키나와 마을 안으로 숨어든다. 폐허가 된 집으로 들어가 호스로 물을 들이키는 장면은 떠돌이 개 같은 소년들의 인생을 다시 한번 환기시킨다. 여기서부터 화면이 바뀌며 소년들이 무슨 연유로 연쇄살인에 가담하게 되었는지 설명하는 내레이션이 흐른다. 소년 중 하나가 "우리들 친형제가 어떤 상황 속에서 살아왔는지. 우리들이 본토에서 어떤 대우를 받았는지 기억하라"며 마지막까지 살인을 주저하는 신자토를 무리하게 설득하는 장면이 비춰진다. 지금 현재 권총을 소지하고 있는 자는 신자토다. 아케미는 신자토를 보호하기 위해 무라카미 형사에게 소년들이 다음 장소로 선택한 곳이 신주쿠新宿라고 알려준다. 이렇게 해서 대낮 가부키초歌舞伎町에서 추격전이 벌어진다. 네 명의 소년들은 형사들에게 쫓겨 번화한 거리를 달음질친다. 마지막에 신자토가 권총을 자신에게 겨눠 방아쇠를 당기며 쓰러진다. 그 총을 잡은 미야자토와 자하나는 지하도 공사를 위해 파놓은 하수도로 잠입해 도망친다. 장면이 바뀌어 신자토의 장례식장에서 오키나와어로 추도사를 하는 자하나를 체포한다. 구시켄도 체포된다. 이렇게 해서 권총을 소지하고 도주 중인 미야자토 이외의 소년들은 모두 체포되거나 사망하게 된다. 내내 불볕더위가 기승을 부리던 날씨가 갑자기 비로 바뀌더니 점차 태풍을 동반한 폭풍우로 발전해 간다.

영화는 경찰서에서 조사를 받던 자하나와 신자토의 유골함을 가지고 오키나와 행 페리호에 탑승한 아케미, 그리고 그의 죽음을 추도하는 무라카미 형사를 나란히 비추는 평행 몽타주로 결말을 향해 치달아간다. 형사들은 자하나에게 마지막 남은 한 명 미야자토를 체포하기 위해 오키나와에 사는 할머니를 찾아가 집요하게 추궁한다. 초조해진 자하나는 "그 녀석은 반드시 우리 손으로 해결하고 말겠어. 기분 나쁜 녀

석……"이라며 무언가를 더 말하려는 듯 입술을 달싹인다. 그런데 소리가 너무 작아 관객들에게는 들리지 않는다. 그는 옆방에서 동료들도 심문당하고 있다는 것을 알아채고 형사의 저지에도 아랑곳하지 않고 필사적으로 벽을 두들긴다. 그것에 호응이라도 하듯 건너편에서 구시켄의 휘파람소리가 들려온다. 두 사람은 오키나와어로 노래를 부르고 "지바이미소리チバイミソリ!"[5]라고 외치며 서로를 격려한다. 취조하는 형사들은 그 말뜻을 알아듣지 못한다.

지금까지 소외당해 온 오키나와어 사용자들이 그 소외되었던 언어로 저항을 시도하는 실로 감동적인 장면이 아닐 수 없다. 그런데 주의를 요하는 것은, 이 심문 광경이 아케미의 도피행각을 비추는 영상과 교차되면서 묘한 긴장감을 전달한다는 것이다. 아케미는 뒤쫓는 무라카미 형사를 따돌리며 버스터미널로 달음질쳐 하루미晴海 부두 행 버스에 올라탄다. 아케미가 탄 버스 차창을 통해 울창한 숲이 펼쳐진 황거가 비춰진다. 이어서 자하나가 심문당하고 있는 경시청 앞을 지나간다. 버스에서 내려 오키나와 행 승객들로 가득 찬 페리에 승선한다. 페리 안 스피커에서 오키나와 민요가 큰 소리로 울려 퍼진다. 같은 시각 경시청 안에서 두 명의 소년이 벽을 사이에 두고 오키나와어로 노래하는 소리가 겹쳐 들린다.

그렇다면 모리사키 판 〈떠돌이 개〉의 결말은 어떨까? 아케미가 유골함을 안고 페리호에 승선하고 무라카미 형사도 뒤쫓아 올라탄다. 그런데 사람들로 혼잡한 탓에 그녀를 놓치고 만다. 귀향하는 사람들, 관광객들이 섞여 혼잡한 선내를 빙빙 돌며 찾아다니다 마침내 갑판에서 마지막 남은 소년 미야자토를 발견한다. 그는 아케미에게서 건네받은 신자토의 유골함을 소중하게 안고 서 있다. 미야자토가 유골함을 열어젖히자 흰색 유골이 흩뿌려지고 검은 권총이 모습을 드러낸다. 권총은 다름 아닌 무라카미에게 협력하는 제스처를 취했던 아케미가 몰래 소지하고 있던 것이다. 미야자토는 "당신을 쏠 생각은 없었어"라고 절규하며 공포에 질린 듯한 표정으로 무라카미 형사를 향해 총을 쏜다. 피로 물든 무라카미는 고통을 참으며 소년을 제압해 체포한다. 이 장면을 승객들은 먼발치에서 응시한다. 미야자토는 경찰들에게 연행되면서 "정말 기뻐. 이제 곧 친구들을 만날 테니까"라고 외친다. 홀로 갑판에 남겨진 무라카미 형사는 바람에 휘날리는 히노마루를 응시하며 눈앞에 펼쳐진 도쿄만東京灣을 향해 들고 있던 권총을 있는 힘껏 내던진다. 오키나와의 일본 '복귀'에 대한 회의감, 형사라는 직업에 대한 회의감이 증폭되는 순간이다. 그럼에도 그는 상사 사토의 뒤를 이어 계속해서 형사로 남을 것을 암시하며 영화는 대단원의 막을 내린다.

지금까지 살펴본 구로사와 판과 모리사키 판 두 편의 차이를 정리하면 다음과 같다.

구로사와 판에서는 범인이 좀처럼 모습을 드러내지 않는다. 이야기는 무라카미 형사가 중심이 되어 권총을 훔친 범인을 잡는 데에 총력을 기울인다. 범인은 군에서 제대한 복원병 출신으로 강도와 살인을 일삼는다. 어디까지나 단독 범행이며, 범죄의 길로 들어선 원인은 빈곤이다. 군에서 제대하던 첫날 소지품을 모두 도난당하면서 사회에 대한 불신감을 갖게 된다. 주인공 무라카미 형사 역시 복원병 출신으로 범인에게 연민의 정을 느낀다. 노련한 형사 사토는 선과 악을 명확히 구별하고, 악인을 체포하는 일이 형사의 사명이라고 굳게 믿는다. 그런데 일등병 시절 전쟁을 체험한 무라카미는 그러한 이원론은 전후 사회에서 더 이상 통하지 않으리라는 것을 몸소 경험한 세대다. 무더위 속에서 땀범벅이 되어 범인을 쫓으며 범인의 모습에서 자신의 모습을 발견해 간다. 떠돌이 개라는 것은 두 사람을 매개하는 은유라고 할 수 있다.

모리사키 판에서는 이야기를 이끌어가는 시선이 서로 교착되고 대립하면서 전개된다. 한편에서는, 권총 도난 사건을 수습하는 무라카미 형사의 이야기가 펼쳐지고, 그 다른 한편에서는, 사토 형사의 가정사가 그려진다. 〈희극 여자는 배짱〉 시리즈에서도 그랬듯, 모리사키는 구로사와처럼 사토의 가정을 규범적이고 노스텔지어로 충만한 공간으로 묘사하지 않는다. 그에게 가정은 대립과 모순으로 가득 찬 세속적인 장소에 다름 아니다.

한편, 무라카미 형사는 범인들이 오키나와 출신이라는 것을 알고 그들의 행방을 쫓는 데 총력을 기울인다. 그 과정에서 그들을 살인자로 몰아가는 상황, 즉 오키나와와 내지의 착종된 관계를 인지하게 된다. 그는 구로사와 판의 주인공처럼 자신과 범인 사이의 격차가 우연히 생긴 것이라고 믿지 않는다. 오키나와인인 범인들과 내지인인 자신과의 사이에 결코 쉽게 메워질 수 없는 간극이 있다는 것과, 지금까지 의식하지 못했지만 자기자신 역시 차별적 시선을 가진 존재라는 것을 자각하게 된다. 사토도 예외는 아니다. 그는 자신을 비롯한 내지인들이 오키나와를 바라보는 시선에 문제가 있음을 자각하지만 그것을 해결하기엔 스스로가 무력하다는 것을 절감한다. 두 형사의 대립은 구로사와 판처럼 순수하게 세대차이만으로 해석되지 않는다. 그들은 모두 형사라는 직업에 회의를 느끼는데 그 이유는 각기 다르다. 무라카미 형사는 권총을 도난당한 것에서, 사토는 일을 위해 가족을 희생시켜야 했던 것에 대한 후회에서 비롯되었다고 볼 수 있다.

모리사키 판의 범인들은 결코 고독하지 않다. 오키나와 출신 소년들과 그들을 동경해 함께 행동하는 내지 출신 고아 소년은 호모소셜한 관계로 단단하게 연결되어 있다. 그들의 살인은 구로사와 판과 달리 사리사욕에 의한 것이 아니다. 단체취업으로 내지로 건너와 받았던 차별과 굴욕, 그리고 과거의 원한을 갚기 위해 권총을 발사했던 것이다. 그리고 기꺼이 공범이 됨으로써 공동체 의식 내지는 귀속감을 강화하려는 목적의식이 분명했다.

그들의 범죄가 가리키는 것은 오키나와란 무엇인가, '복귀'란 무엇인가 하는 문제이다. 그런 점에서 오키나와 행 페리호에 나부끼는 히노마루 장면은 상징적이다. 모리사키 아즈마는 구로사와 아키라가 휴머니즘으로 포장한 스토리를 1972년 오키나와 '반환'이라고 하는 정치적이고 역사적인 장場으로 소환해 재해석하고 있다. 그들에게는 인간성에 대한 보편적 신앙은 더 이상 존재하지 않는다. 존재하는 것은 타자와 마주하고자 하는 용기이며 부당한 대우에 대한 분노이다. 떠돌이 개는 이렇듯 차별과 억압으로 피폐해져 가는 이들에 대한 은유이자, 무리지어 저항하며 여기저기 떠도는 범인을 상징하는 은유로 기능한다.

구로사와 판과 모리사키 판의 또 다른 결정적인 차이는 풍경에서도 찾을 수 있다. 구로사와 판에서는 도쿄의 동쪽 일부 지역, 즉 1945년 3월 10일에 미국의 무차별적 폭격으로 완전히 파괴된 아사쿠사에서부터 우에노에 이르는 서민들의 공간 시타마치下町를 배경으로 하고 있으며 혼란 속에서도 부흥을 이뤄가는 모습도 포착하고 있다. 모리사키 판에서는 요코하마, 쓰루미, 가와사키 지역의 공장지대를 배경으로 하여 그 한편에 숨겨져 있는 오키나와 마을의 빈곤한 모습을 부각시켜 보인다. 난파선, 폐공장, 폐품집하장, 슬럼가, 고철처리장, 옛 군 병사를 개조한 여공 기숙사 등등. 고도경제성장기의 일본에서 버림받은 황폐하고 빈곤한 풍경이 형사와 범인들의 추격장이 된다. 그 중심이 되는 곳은 쓰루미 해안 지역에 자리한 오키나와인 마을이다. '복귀' 이전부터 오키나와인들이 거주하던 이곳을 모리사키 감독은 소년들의 마지막 피난처로 설정하고 있다. 이것은 1970년대 일본 영화에서도 예외적인 사례이며, 지금까지의 오키나와 영화에서도 보기 드문 경우에 해당한다.

그런데 그뿐만이 아니다. 모리사키 판에서 간과해서 안 될 것은 오키나와 소년들의 시선을 통해 그려지는 내지, 그 가운데에서도 정치, 역사의 중심이 되는 도쿄 표상이다. 그것은 앞서 간략하게 언급했지만, 자하나가 경시청에서 심문을 받고 아케미가 무라카미 형사의 추적을 피해 하루미 부두행 버스에 올라타는 장면을 그린 평행 몽타주에서도 선명하게 드러난다.

황거 장면은 아케미가 올라탄 버스 차창으로 드문드문 보이게 배치해 놓고 있다. 그 장면은 찰나적으로 스쳐지나가기 때문에 관객들이 놓쳐버리기 쉽다. 그러나 자하나의 명확하지 않은 대사, 즉 들릴 듯 말 듯한 혼잣말을 배치함으로써 암시하는 효과를 준다. 폐품집하장 사장이나 악덕 관리인처럼 자신들을 차별하고 착취해 온 이들을 살해한 소년들은, 그 역사의 원흉이라고 할 수 있는 존재가 여전히 황거皇居에 거주하고 있다는 사실을 상기시킨다. 그를 증오하며 총부리를 겨누려는 계획도 배제할 수 없음을 관객들은 눈치챈다.

〈떠돌이 개〉가 제작된 1973년을 즈음해 잡지 『영화 비평』을 중심으로 전위적 영화감독과 영화 비평가 사이에서 '풍경론'이라는 용어가 사용되기 시작했다. 이 용어를 둘러싸고 열띤 공방이 벌어졌다. 너무도 자연스럽고 자명한 것으로 치부되어 왔던 풍경, 보편적이고 일상적인 풍경이야말로 실은 역사적으로 구축된 것이라는 인식이 제기된 것이다. 그 배후에 숨겨져 있는 정치적 문맥을 비판적으로 논의하려는 시도가 활발하게 전개되었다. 그 일련의 논쟁을 이론적으로 검증하기라도 하듯 〈약칭 연쇄 살인마略称·連続射殺魔〉(아다치 쇼세이足立正生 외 감독, 1969), 〈도쿄전쟁전후비화東京戦争戦後秘話〉(오시마 나기사大島渚 감독, 1970)와 같은 실험적 영화가 제작되었다. 〈떠돌이 개〉는 결코 이런 류의 실험적 영화가 아니다. 오히려 보수적 성향의 거대 영화사에 의해 제작되었다. 그것도 와타리 데쓰야와 마쓰자카 게이코松阪慶子 주연의 액션 오락 영화로 말이다. 그런데 1970년대에 '풍경'이라는 용어가 서서히 '디스커버 재팬ディスカバー·ジャパン'이라는 관광주의 안으로 잠식해 들어오면서 오늘날 보는 여행 붐과 함께 놀랄 만큼 대담한 영상들이 선보이게 된 것으로 보인다. 〈떠돌이 개〉 전반에 걸쳐 모리사키 아즈마는 오키나와의 풍경이 본토의 관광주의적 시선에 의해 스테레오타입의 영상으로 환원되어 가는 사태에 강한 의문을 표한다. 그것은 여행사 포스터 앞에 웅크려 앉은 사토 형사의 모습에서도 확인할 수 있다. 이 관광주의적 시선이 오키나와인을 둘러싼 차별적 시선과 표리일체를 이루고 있음을 모리사키의 영화는 말하고 있는 것이다. 아케미가 차창을 통해 응시하는 곳이 황거라는 설정은 풍경론의 유행이 한바탕 끝나고 일본인들에게

자명하게 인식되어온 풍경에 대한 급진적 비판이 아닐 수 없다.

3

오키나와에서 단체취업으로 도쿄 요코하마로 건너온 소년들이 경험한 것은 디아스포라 상황에 다름 아니다. 모리사키는 〈떠돌이 개〉 제작으로부터 12년이 지난 1985년에 기노시타 영화에서 〈개똥밭에 굴러도 이승이 낫지 죽으면 그만이요 당선언〉(이하, 〈당선언〉으로 약칭)을 제작한다. 〈떠돌이 개〉와 이 영화가 어떤 관련이 있는지 언급해 보자. 참고로 이 기나 긴 영화 제목은 모리사키 본인의 말에 따르면, 1966년 북경北京에서 문화대혁명이 일어났을 때, 상하이上海의 홍위병紅衛兵 무리가 만든 용어에서 착안한 것이라고 한다.

〈당선언〉의 주인공은 오키나와 출신 두 남녀, 바바라バーバラ(바이쇼 미쓰코倍賞美津子)와 미야자토(하라다 요시오原田芳雄)이다. 미야자토는 1970년 고자폭동 당시 경찰에 쫓겨 여권도 없이 일본에 밀입국해 전국 방방곡곡에 흩어져 있는 원자력발전소를 전전하며 집시라고 불리는 임시공으로 살아간다. 바바라 역시 류큐무용을 전공한 무용수로 폭동 당시 흥분한 군중과 화염에 휩싸인 자동차 연기를 보고 놀랐던 경험을 갖고 있다. 미야자토와 함께 밀항해 일본으로 건너왔다. 그녀는 무용대신 스트립걸로 15년 동안 일본 전국을 누볐다. 두 사람은 보고 싶을 때 언제든 만날 수 있는 지근거리의 함바집과 약국에서 일하며 살아간다.

미야자토는 마스크도 없이 방사능 작업장을 드나든 것이 화근이 되

〈당선언〉의 한 장면. 바바라(왼쪽)와 미야자토.

어 건강에 이상이 생긴다. 살날이 얼마 남지 않았다는 것을 직감하고 야쿠자와 교섭하거나 원자력발전소와 노동자 사이를 오가며 돈 벌이에 열중한다.

정처 없이 떠도는 스트립 걸 생활에 지친 바바라는 오랜 세월 내연관계로 지내온 미야자토가 야쿠자와 관련이 있다는 사실을 알게 되면서 마지막 남은 신뢰마저 저버리게 된다. 이 영화는 모리사키가 1960년대 말에서 70년대 초에 걸쳐 쇼치쿠가 제작한 시리즈물 〈희극 여자는 배짱〉의 연장선상에 있으며, 도에이가 제작한 〈희극 스트립 걸과 정부의 천국喜劇 持出しヒモ天国〉[6](1975)의 코믹한 묘사와도 일맥상통하는 부분이 있다. 다만 이 영화들과 다른 〈당선언〉만의 특징을 들자면, 두 주인공이 고자폭동을 계기로 고향을 떠나 타지를 전전하면서 디아스포라의 삶을 살아간다는 설정이다.

영화의 중심 무대는 나고야名古屋 해안 오키나와 마을에 자리한 '파도 위波の上'라는 술집이다. 단골손님 중 하나인 노선장(도노야마 다이지殿山泰司)이 농담처럼 '오키나와 인민공화국 파도 위 조개지沖縄人民共和国波の上租界'라고 부르는 이곳은 말 그대로 내지에 거주하는 오키나와인 아지트로 기능한다. 이 안에서 여러 일들이 벌어지는데, 술집 2층에 거주하는 바바라가 이제 그만 은퇴하고 결혼하고 싶으니 중매를 서달라고 외치고, 중학생 딸이 임신을 해서 한바탕 소동이 벌어진다. 바바라의 남동생은 나쁜 친구들과 어울려 중학교 수학여행 경비를 강탈하고 그것도 모자라 그들에게 호의적인 담임교사마저 인질로 삼아버린다. 이 모든 것이 텔레비전으로 생중계되었다. 미야자토는 미야자토대로 후쿠이福井원자력발전소에서 노동자를 상대로 몸을 팔던 여성 아이アイ를 빼내온 것이 빌미가 되어 야쿠자와 문제를 일으킨다.

이렇듯 사건사고가 끊이지 않는 술집 '파도 위'로 야쿠자 두목과 중학교 교감, 악덕 형사들이 속속 찾아든다. 그야말로 혼돈의 장소처럼 보이지만 이곳에 모여든 사람들은 태평하게 샤미센을 연주하고 노래하고 춤을 춘다.

빈곤과 고독으로 가득한 〈떠돌이 개〉 속 오키나와 마을은 그로부터 12년 후에 제작된 〈당선언〉에서는 비록 내지의 대도시 주변 마이너리티 존재지만 서로를 위로하고 지켜주는 친밀한 관계로 묘사된다. 그곳은 중공업지대의 살벌한 풍경 속에서 예외적으로 사람 냄새가 나는 속이 꽉 찬 장소에 다름 아니다. 〈떠돌이 개〉가 강력한 남성중심의 호모소셜한 사회상을 담아내었다면, 〈당선언〉은 그와 대조적으로 바바라를 중심으로 한 여성들의 연대를 표현하고 있다. 그곳은 오키나와인을 중심축에 두고 있지만 마음 둘 곳 없는 창부나 여권을 차압당하고 매춘을 강요당해 온 필리핀 소녀까지 보듬고 있는 비밀스러운 공동체인 것이다.

늦은 밤 해안가에 모닥불을 피워 놓고 밤새도록 노래를 부르고 춤을 춘다. 그녀들은 불타오르는 모닥불을 마주하고 앉아 화염에 휩싸였던 고자폭동의 기억을 풀어놓는다. 처음 이야기를 꺼낸 것은 16살 때 고자폭동을 목격했던 바바라였다. 그런데 아이 역시 당시 3살이나 4살 정도의 어린 나이였지만 그에 대한 트라우마를 안고 있음을 알게 된다. 바바라의 남동생 마사쿠도 "어마어마하게 불타오르는 불덩어리"의 기억을 간직하고 있다. 여성들은 밤새도록 민요 〈19세의 봄+九の春〉을 노래하며 태어나서 지금까지 만났던 이들의 이름을 하나하나 부르는 놀이에 빠져든다. 아이가 호명하는 이름 대부분은 별명으로, 재일한국인이나 오키나와 출신으로 보이는 이름들이다. 이 이름들 속에서 그녀들의 디아스포라 인생을 읽어내는 일은 그리 어렵지 않을 것이다. 그렇게 이름을 호명하는 목소리가 교차하는 가운데 화면은 옅은 어둠에 싸인 장소로 이동한다. 그곳은 미야자토와 마사가 철야 작업을 하는 원자력발전소 안이다. 힘든 노동으로 내쉬는 거친 숨소리가 증폭되면서 여자들의 목소리와 겹쳐진다. 어느새 날이 밝아진 해변가에 1,437명의 이름을 호명하고 만족스러운 듯 휴식을 취하고 있는 여성들의 모습 비춰진다. 조금 떨어진 곳 선상에서 이 모습을 바라보고 있는 필리핀 소녀도 비춘다. 마리아マリア라는 이름의 이 소녀는 마사의 손에 이끌려 야쿠자 조직을 빠져 나왔지만 곧 고국으로 강제 송환되어 간다. 배 위에 선 마리아와 해변가의 바바라가 서로를 격려하는 목소리가 울려 퍼지며 영화는 막을 내린다.

〈당선언〉의 클라이맥스는 그 직전 장면, 즉 야쿠자 조직에게 아이가 살해당하고 바바라가 야쿠자와 경찰이 한통속임을 알고 격노하는 장면이다. 미야자토는 '파도 위'를 급습해 들어온 성난 야쿠자를 사살한다. 노선장은 마리아를 피신시키기 위해 정박 중인 배를 풀어 항해 준비를 한다. 그렇게 등장인물 대부분이 배 위로 승선했을 때 악덕 형사 일행이 들이닥친다. 총에 맞은 미야자토는 자신의 죽음을 예감한 듯 〈19세의 봄〉의 곡조를 읊조리며 필사적으로 적에 대항한다. 지금까지 폭력에 비판적이던 바바라도 분노에 찬 얼굴을 하고 죽음을 맞이한 미야자토에게서 총을 빼내 주차해 있던 자동차를 조준해 쏜다. 자동차는 바로 화염에 휩싸인다. 그 화염은 바바라로 하여금 과거 고자폭동의 기억을 상기시킨다. 거대한 화염을 향해 양팔을 벌리고 선 바바라의 모습과 불타오르는 화염을 중첩시켜 반복적으로 보여준다. 이 거대한 화염을 매개로 15년 전 고자폭동과 그 이래 이산과 유랑을 거듭해 온 두 명의 오키나와인의 인생이 겹쳐지는 매우 상징적인 장면이다.

이 글을 발표했던 심포지엄을 마치고 원고를 정리하던 중 필자는 모리사키 감독과의 인터뷰를 시도했다. 〈떠돌이 개〉와 〈당선언〉을 제작한 지 각각 34년과 22년이 흘렀다. 80세가 된 노감독은 지가사키茅ヶ崎 자택에서 새로운 작품을 구상 중이라고 했다. 1945년 학도병으로 동원되었다 귀향한 두 학생이 천황의 자살을 기다렸지만 자살은커녕 아무렇지 않게 맥아더 원수와 나란히 포즈를 취하고 있는 사진을 보고 큰 충격에 빠진다는 내용의 희극이라고 한다. 그리고는 아주 오래 전 제작

한 두 편의 필름에 대한 나의 질문에 답해 주었다.

우선, 1973년 시절만 하더라도 아무도 주목하지 않았던 내지의 오키나와인 마을을 무대로 촬영하게 된 경위에 대해 물었다. 그것도 오키나와 출신이 아닌 규슈 출신 내지인이 말이다.

모리사키 아즈마는 이에 대해 이렇게 답했다.

어쩌면 내가 오무타大牟田라는 탄광촌에서 자랐기 때문일지 모른다. 그곳에는 내지 각지의 광부들이 모여들었고 개중에는 조선인과 요론섬与論島 출신도 있었다. 그들은 각기 자신들만의 마을을 이루어 살았다. 내가 다니던 초등학교에도 요론섬에서 온 친구가 하나 있었는데 늘 따돌림의 대상이 되었다. 그런 탓인지 요론섬에서 온 이들은 뭉쳐 살았고 어린 마음에도 품격이 높다는 인상을 받았다. 그들은 과묵했지만 나는 그들에게 경외에 가까운 마음을 갖고 있었다. 오키나와인에게 또 하나 강한 인상을 받았던 것은 전후 구제旧制 제5고등학교에서 스트라이크가 일어났을 때다. 스트라이크의 리더는 신자토新里라는 동급생으로 그는 예과련予科練 군복을 입고 다녔다. 투쟁 과정에서 여러 차례 회유를 받았지만 신자토는 이에 굴복하지 않았다. 지금까지 자신이 받아온 굴욕과 차별에 대해 눈물로 호소했다. 그는 오키나와 출신이었는데 지금도 강한 인상으로 남아 있다.

쇼치쿠로부터 구로사와 아키라의 명작 리메이크를 제작해 달라는 의뢰와 함께 배우로 와타리 데쓰야까지 섭외했다고 해서 당황했던 기억이 있다. 〈떠돌이 개〉는 좋아하는 영화이긴 했지만 경찰들의 우정 이야기에 치우친 영화라는 생각도 떨칠 수 없었다. 복원병들의 동지애는 묘사되고 있지 않기 때문이다. 그래서 고민 끝에 그것을 뒤집어 버리자

생각했다. 설정을 크게 바꿔 경찰 부분을 복원병으로 바꾼 것이다. 거기서 착안한 것이 어린 시절 봤던 요론섬 출신들이 모여 살던 마을이다. 오사카 고노하나구此花区와 다이쇼구大正区에서 요코하마의 쓰루미까지 보통 일반적인 마을보다 한 단계 낮은 곳에 자리한 마을에 착목하고자 했다. 달리는 버스 창밖으로 보이는 황거 장면은 버스 노선을 따라간 것이다. 정말 짧은 순간 스쳐지나가는 장면이었기에 영화사 측에서도 아무도 눈치채지 못했다. 쇼치쿠의 기도城戸 사장은 전국 배급 영화이니만큼 〈쪽빛보다 푸르게藍より青く〉처럼 전편을 방언으로 하면 어떻겠느냐는 의견을 내기도 했다.

이야기를 조금 바꿔 보자. 오키나와의 '조국 복귀'를 전후해서 내지에 거주하던 오키나와인 청년들은 어떤 의견을 제시했을까?

오키나와에서 내지로 일하러 온 소년들은 고용주에게 여권을 압수당해 이동도 전직도 불가능한 상황에서 가혹한 노동에 시달려야 했다. 또한 생활 전반에서 차별을 받았고, 1970년에는 이에 저항하기 위해 오키나와청년위원회沖縄青年委員会가 결성되었다. 이 청년위원회는 '오키나와 탈환'을 슬로건으로 내걸고 황거 급습을 도모하는 중핵계열과 복귀운동을 비판하고 오키나와의 자립을 꿈꾸는 논섹트 래디컬ノンセクト·ラジカル[7] 계열로 분열되었다.

후자는 이듬해 71년 오키나와청년동맹沖縄青年同盟으로 발전해 멤버들 중 3명이 국회에 난입하는 사건(1971.10.19)을 일으킨다. 그들은 사토佐藤栄作 수상이 오키나와반환협정과 복귀특별법 채택을 위한 연설을 시작한 직후 폭죽을 터트리는 등 소란을 피우며 "모든 재일 오키나와인은

단결해서 결기하라"라는 문구가 적힌 삐라를 뿌렸다. 비스콘티Luchino Visconti의 〈여름의 폭풍Senso〉(1954)의 첫 장면을 연상시키는 이 같은 퍼포먼스는, 이듬해 예정된 본토로의 '복귀'야말로 1879년 오키나와현 설치와 1952년 샌프란시스코 강화조약에 의한 미국의 오키나와 통치에 이은 '제3의 류큐처분'이라는 인식과 궤를 같이 한다. 또한 "오키나와를 둘러싸고 반복되는 병합·분리·재병합이라는 원환 구조에 대응해 감행한 카운터 행위カウンター行為"[8]이자 '재일在日'하는 오키나와인들의 강력한 의사 표현이 아닐 수 없다. 그들의 주장은 한 마디로 말하면, 일본은 오키나와를 재판할 자격 따위는 없다는 선언에 다름 아니다.

그런데 이 오키나와청년동맹의 행동은 거기서 끝나지 않는다. 나카자토 이사오에 따르면 체포된 세 명은 1972년 2월 도쿄지방재판소에서 열린 첫 공판 석상에서 각각 오키나와어, 미야코어宮古語, 야에가키어八重垣語로 답변해서 재판관을 놀라게 했다고 한다. 재판관이 "일본어로 말하세요. 일본어로!"라며 호통쳤다고 한다. 방청석에서는 야유가 터져 나왔고 성난 재판관은 피고, 변호인, 방청객 전원에게 구속과 퇴정을 명했다. 아무도 없는 재판장에서 검사 홀로 기소장을 읽어 내려가는 진풍경이 펼쳐졌다. 세 명의 피고인은 재판소라는 법적 공간에서 언어의 착란을 일으켰을 뿐만 아니라 일명 '오키나와어 재판 투쟁'이라고 불리는 사태를 만드는 데 성공한다. 그 후로도 오키나와 '반환'으로부터 1년이 지난 1973년 5월 20일, 오키나와 출신 28세 청년이 오토바이를 타고 국회의사당 철제 정문을 향해 시속 90킬로미터 속력으로 돌진해 자살한 사건, 1975년 오키나와국제해양박람회에 참석하기 위해 오키나와를 방문한 황태자(아키히토明仁 천황) 부부가 히메유리탑에서 화염병 테러를 당한 사건 등이 일어난다.

　모리사키 아즈마의 〈떠돌이 개〉는 이러한 일련의 사건들이 벌어지는 가운데 촬영되었다. 30년이 지나고 나서 되돌아보니 이 영화에 등장했던 오키나와 출신 소년들의 행동 하나하나가 (권총 강탈과 연쇄 살인은 그렇다 하더라도) 실은 현실의 재일 오키나와인의 삶 그 자체였던 것이다. 영화 속 소년들은 경찰에 체포되어 심문당하는 와중에도 취조실 벽을 사이에 두고 오키나와어로 소통함으로써 경찰을 궁지로 몰아넣었다. 자신들을 무시하고 차별하는 이들을 차례로 복수해 가는 과정은 현실에서는 오키나와어 재판 투쟁이라든가 히메유리탑 사건처럼 저항의 심급이 상승되어 가는 과정과 정확하게 일치한다.

　'떠돌이 개'는 그야말로 이러한 '복귀' 직후 내지에 거주하던 오키나와인을 상징하는 최적의 은유가 아닐 수 없다. 그들은 나고 자란 섬을 뒤로 하고 혹은 쫓기듯 떠나 해안 지대에 자리한 중공업지대 주변에 마을을 이루고 빈곤한 생활을 영위해 왔다. 언어적으로나 문화적으로나 고립된 생활을 벗어나지 못했던 것이다. 모리사키 감독이 영화를 기획하고 제작하던 시절 이 같은 상황을 어느 정도 알고 있었고 영향을 받았는지는 확실치 않다. 또 그런 것은 아무래도 좋다. 영화사에서 중요한 것은 전후 일본 사회에 내재되어 있는 모순을 오키나와인 디아스포라적 상황, 그리고 거기서 돌출되는 공격적 충동에 덧대어 풍부한 상상력으로 스크린을 꽉 채웠다는 사실이다. 모리사키 감독은 여러 고민을 거듭한 끝에 일반 상업영화로 완성시킬 수 있었다. 감독은 더 나아가 12년 후에 다시 한번 오키나와 문제를 다루었다. 〈당선언〉에서는 '복귀'로 인해 은폐되어버린 고자폭동의 기억을 안고 내지 이곳저곳을 전전하며 살아가는 오키나와인들의 삶을 그려내었다. 그들이 모여 사는 마을은 〈떠돌이 개〉와 마찬가지로 일종의 아지트로서 긍정적으로 형상화된다. 이 영화 마지막 부분은 미해결인 채로 배제되고 은폐되어 온 오키나와 문제를 폭력적인 형태로 강렬하게 드러내 보인다. 그것은 고자의 민중봉기를 상기시키는 사태이자 미해결 상태의 고자폭동으로 회귀해야 한다는 메시지로 읽을 수 있을 것이다. 다시 말해, '복귀' 이후 내지와 오키나와 전역을 뒤덮었던 다행증多幸症과 유사한 관광주의에 대항해 과거의 고자폭동을 다시 상기해야 함을 일깨우고 있는 것이다. 그것은 떠돌이 개를 닮은 삶, 혹은 떠돌이 개처럼 살다 가리라는 선언에 다름 아니다.

1970년대 중반을 넘어서면 '떠돌이 개'와 같은 삶을 살던 오키나와인은 동일한 액션영화 장르에서 '도베르만 형사' 캐릭터로 변화된다. 후카사쿠 긴지의 〈도베르만 형사〉에 등장하는 오키나와인은 내지의 쇠락한 문명에 아직 오염되지 않은, 야생적이고 에너지로 충만한 강인하지만 순수하고 긍정적인 인물로 묘사된다. 오늘날 오키나와를 주제로 한 영화, 즉 문명에 찌들지 않은 자연과 위안과 같은 관광주의로 물든 영화들과 사뭇 다르다.

모리사키 아즈마 감독은 인터뷰에서 1971년부터 72년에 걸쳐 오키나와청년동맹 세 명이 벌인 일련의 투쟁을 전혀 몰랐다고 했다. 그는 자신이 감독한 〈떠돌이 개〉가 당시 현실을 정확하게 반영했다는 사실에 다소 놀란 듯했다. 그런데 1973년 이 영화를 발표할 무렵 그가 충격을 받았던 건 정작 다른 데 있었다. 인터뷰가 막바지로 흘러갈 무렵 그는 이렇게 말했다. 〈떠돌이 개〉는 쇼치쿠의 전국 배급 영화였기 때문에

오키나와에서도 상영되었다. 공개 후 얼마 지나지 않아 오키나와에서 간행되는 『푸른 바다青い海』라는 잡지에 영화에 대한 비판 글이 올라왔다. 오키나와 청년들은 살인을 저지르지 않는다며 항의하는 내용이었다. 그는 이 글을 보고 적잖이 놀랐다고 했다.

위의 사례는 서벌턴을 둘러싼 표상 문제와 관련될 것이다. 1952년 루이스 부뉴엘Los olvidados이 멕시코에서 촬영한 〈잊혀진 사람들The Forgotten〉이 칸느 영화제에 출품돼 극찬을 받았을 때에도, 1970년대에 라이너 베르너 파스빈더Rainer Werner Fassbinder가 서독에 거주하는 외국인 노동자와 유대인 야쿠자를 주제로 멜로드라마를 발표했을 때에도 같은 비판이 있었다. 멕시코의 어머니는 그런 식으로 아이를 버리지 않는다거나, 독일 시민들은 그런 식으로 유대인들을 차별하지 않는다고 말이다.

언어와 표상을 빼앗기고 주변으로 내몰린 이들을 카메라에 담아낼 때, 그들의 모순에 찬 상황을 어느 선까지 파고들어가야 하는 걸까. 혹은 거꾸로 그들의 행복하고 평화로운 영상만 발신해야 하는 걸까. 모리사키, 부뉴엘, 파스빈더와 같은 래디컬한 영화작가가 주저 없이 전자를 선택할 경우, 보수 진영의 반발은 예측하기 어렵지 않다. 다만, 전자를 거부하고 후자의 영상만 범람할 경우, 예컨대 작금의 나카에 유지 영화처럼 무모한 행복 환상으로 가득 채워지게 될 것이다.

지금까지 모리사키 아즈마는 쇼치쿠의 숙련된 프로그램 픽처 감독으로 평가받아 왔다. 그러나 모리사키 감독은 오키나와와의 관련성 안에서 논의된 적이 없으며, 일본 영화사에서도 〈떠돌이 개〉와 〈당선언〉을 오키나와와 관련지어 언급한 것은 전무하다.

이 글에서 미처 다루지 못한 모리사키 아즈마 감독의 이야기는 계속되어야 한다. 그가 오키나와에 집착한 이유는 무엇이었을까? 아마도 참혹한 패전 체험, 그리고 전후 체험이 떼려야 뗄 수 없는 불가분의 관계라는 것을 드러내기 위함이 아니었을까. 〈당선언〉에서 하라다 요시오原田芳雄가 연기한 미야자토宮里가 집시인 자신을 옛 특공대에 빗대어 자조했던 것처럼 말이다. 확실치는 않지만 모리사키 감독에게 있어 패전의 의미는 오키나와에 대한 집착과 매우 가깝게 맞닿아 있을 듯하다.

주석

1 야쿠자들의 세계를 그린 영화를 일컫는다. 옮긴이 주.
2 1946년부터 1948년까지 3차에 걸쳐 일본 대형 영화제작사인 도호에서 발생한 노동
쟁의를 일컫는다. 옮긴이 주.
3 이탈리아에서 미국의 서부극을 모방하여 만든 영화를 일컫는다. 옮긴이 주.
4 현 소프 랜드(ソープランド). 여성이 성적 서비스를 하는 특수 욕탕을 일컫는다. 옮
긴이 주.
5 오키나와어로 "힘내라!"라는 의미이다. 옮긴이 주.
6 하야시 세이지(林征二)의 「히모(ヒモ)」를 영화화한 것으로 사회 저변에서 필사적으
로 살아가는 '모치다시(持出し)'라고 불리는 스트립 걸과 그녀에게 기생해서 살아가
는 정부 '히모'의 삶을 그린 포르노 희극이다. 옮긴이 주.
7 특정 정파(섹트)에 속하지 않은 좌익활동가 및 그룹을 일컫는다. 옮긴이 주.
8 仲里効, 『オキナワ, イメージの縁』, 未來社, 2007, 15쪽.

보더 영화 관점에서 본 오키나와 영화

다카미네 쓰요시 작품을 중심으로

고시카와 요시아키

1. 들어가며

보더Border 영화란 무엇일까? 보더 영화는 크게 두 개로 나뉜다. 하나는 지정학적 보더를 무대로 국경의 벽을 돌파하는 영화로, 국경 지대 양쪽의 스테레오타입 문화를 다시 묻는 일, 경제적 글로벌리제이션에 대항하는 것이며, 다른 하나는 공동체의 벽을 돌파하는 영화로, 공동체 내부의 민족, 계급, 젠더의 스테레오타입을 다시 물음으로써 현재의 '식민지주의'를 타파하는 것이다.

이 글에서는 다카미네 쓰요시 감독이 제작한 〈파라다이스 뷰パラダイスビュー〉(1985), 〈운타마기루ウンタマギルー〉(1989), 〈몽환류큐 쓰루헨리夢幻琉球 つるヘンリー〉(1998)를 중심으로 메타픽션과 인터링거리즘Interlingualism에 대해 논의하고자 한다. 그리고 이러한 특수한 방법이 보더 영화 주제와 어떻게 연결되는지 검토한다.

2. '혼혈'과 오키나와인 아이덴티티

다카미네 쓰요시는 오키나와인 아이덴티티를 계속해서 물어왔다. 특히 〈파라다이스 뷰〉와 〈운타마기루〉와 〈몽환류큐 쓰루헨리〉로 이어지는 보더 영화 3부작은 모두 오키나와인 아이덴티티와 혼혈아 문제를 다루고 있다.

다카미네 쓰요시는 혼혈아의 의미를 미군기지에서 파생한 오키나와의 현실인 동시에 오키나와인 아이덴티티를 선명하게 보여주는 기호에서 찾고 있는 듯하다. 특히 〈몽환류큐 쓰루헨리〉는 혼혈아를 본격적으로 다루고 있어 상세한 분석을 요한다. 〈운타마기루〉에서는 도가와 준戸川純이 연기한 배가 불룩한 지루チルー('쓰루'의 오키나와식 발음)가 등장해 자신을 임신시킨 자는 고등변무관[1]이라고 폭로한다.

그렇긴 하지만 다카미네는 리얼리즘만 쫓진 않는다. 오시로 미사코大城美佐子가 연기한 오키나와 여성 '쓰루'와 고등변무관 사이에서 태어난 '헨리'라는 이름의 혼혈아 이야기가 펼쳐지고, 그 안에 영화 속 영화(라기보다 영화 속 연극) 형태로 〈러브의 사랑ラブーの恋〉이 삽입된다. 이 〈러브의 사랑〉의 주인공 제임스 역시 오키나와 여성(다이라 도미平良トミ)과 고등변무관 사이에서 태어난 혼혈아로 설정되어 있다.

이처럼 복잡한 형식을 띤 것을 '연쇄극連鎖劇'이라고 부른다. 내지에서는 다이쇼기에 등장했는데 오키나와에서는 다소 늦게 유행했다. 연쇄

〈운타마기루〉에서 지루 역을 연기하는 도가와 준. 구와모토 마사시(桑本正士) 촬영.

극은 영화와 연극을 연결시켜 상연하는 것으로 오키나와 연극사에서도 찾아보기 힘든 실험성이 풍부한 장르다.[2]

요모타 이누히코에 따르면, 대중연극(특히 변사의 화술)이 일본 영화사에 끼친 영향은 실로 다대하여 관객들은 전통적 대중연극의 연장선상에서 영화를 향유했다고 한다.[3] 일본에 영화가 도입되는 19세기 말까지 로쿄쿠浪曲, 라쿠고落語, 노能, 그 외 대중예술 분야에서 화술話芸이 확립되었기 때문에 영화와 연극을 함께 배치하는 것은 자연스러운 일이었다.

다카미네는 영화 속에 연극을 삽입하고 그것을 다른 카메라로 촬영하는 방식으로 '연쇄극'의 전통을 접목시켰다. 영화 속에 삽입된 흑백 영화도 다카미네 작품에서 자주 사용되는 메타픽션 수법이다. 〈파라다이스 뷰〉에서는 주인공 레이슈レイシュー(고바야시 가오루小林薫)와 지루チルー(도가와 준戸川純)의 '꿈' 장면에서 모놀로그 영화가 삽입된다. 레이슈와 지루는 모두 영감이 강한 사람으로 '마부이오치魂落ち'라고 하여 혼이 나간 상태에서 '꿈'을 꾼다. '마부이오치'란, 이른바 정기正気와 광기狂気 사이의 보더랜드를 헤매는 상태라고 할 수 있는데, 레이슈는 자신이 꿈속에서 관계를 맺은 육감적인 여성이 실은 죽은 선조의 영靈을 기리기 위한 특별한 돼지라는 사실을 알게 된다. 지루의 꿈에서는 기지무나キジムナー(나무의 요정)가 류큐 사무라이의 아내의 혼을 빼내는데, 이후부터 거꾸로 혼이 빠져나간 여자의 집요한 추격을 받게 된다. 어찌되었든 '모아소비毛遊び'[4]처럼 남녀의 성애를 둘러싼 오키나와의 풍습이 부각되어 나타나며, 꿈을 꾼 당사자는 정기正気일 때는 불가능한 세계관, 인간계의 메타레벨에 자리한 영계의 존재로 그려진다.

〈몽환류큐 쓰루헨리〉에서는, 후반부에 이르면 어머니 '쓰루'(오시로

〈파라다이스 뷰〉의 레이슈(왼쪽)와 지루. 무라나카 오사무(村中修) 촬영.

미사코)가 마당에서 담배를 피워 물고 전자기타(60년대 유행한 그룹사운드)를 치는 장면이 등장한다. 이어서 1970년 12월 고자폭동 당시의 흑백 보도 필름이 삽입된다. 흥미로운 것은 그 보도 필름 안에 아들 헨리ᵸ⁻ ᴿ⁻가 화염병을 만들고 있는 생각지도 못한 장면이 아주 짧은 순간 등장하는 것이다. '쓰루'와 헨리 모자의 삶이라는 픽션 안에 고자폭동 관련 흑백 다큐멘터리가 삽입되고, 그 다큐멘터리 안에 다시 픽션이 삽입되면서 픽션과 다큐멘터리의 경계가 애매해진다. 아니, 모두 픽션으로 회수된다고 할 수 있다.

그렇다면 다카미네는 왜 셀프 패러디라고 할 수 있는 메타픽션을 즐겨 사용하는 걸까? 일반적으로 포스트모던의 메타픽션은 작가의 존재를 감추고 자명한 개념들을 흩뜨려 버린다. 현실과 허구, 주체와 객체,

〈몽환류큐 쓰루헨리〉에서 쓰루가 담배를 물고 전자기타를 치는 장면. 나카자토 이사오(仲里効) 촬영.

중심과 주연, 이 세상과 저 세상, 선과 악, 정기와 광기, 가해자와 피해자 등의 경계를 모호하게 한다.

헨리의 경우, 〈몽환류큐 쓰루헨리〉에서는 주인공으로 촬영의 대상이 되고 있지만, 영화 안에 삽입된 연극 〈러브의 사랑〉에서는 카메라를 들고 연극의 주인공 제임스를 촬영하는 역할로 등장한다. 헨리는 영화 도중에 소년 촬영대로 연극 선전 장면을 찍게 되는데, 그 시점부터 헨리는 촬영하는 주체로 변신하며, 마지막까지 카메라를 손에서 놓지 않는다. 그렇다면 이러한 혼혈아 헨리의 이중적 역할은 무얼 의미할까?

오미네 사와는 이 영화의 영상과 음향의 '다층성'이라는 측면에 주목하여 "다카미네는 필름 속 영상 자체를 다층화하는 방식으로 오키나와의 역사를 이야기하며, 다원적 시선과 입장, 그리고 그 입장의 가능성을 증명해 보이고 있다"[5]고 말한다.

본토의 매스컴, 정치가, 관광객들의 마음을 사로잡는 피사체로만 오키나와를 소비한다는 지적은 중요하다. 그런데 다카미네 작품의 '다층성'이나 '다원성'의 의의를 무조건 믿을 것이 아니라 일단은 보류해 두고 싶다. 왜냐하면, 프로든 아마추어든 카메라를 든다는 것은 어떤 면에서 표현의 '특권'을 갖는다는 것을 의미하기 때문이다. '특권'을 갖지 못한 사람들을 촬영 대상으로 삼을 경우 특히 그렇다.

그렇다면 사람들은 어떤 조건과 자격으로 그러한 '특권'을 갖고 또 행사하는 걸까?

아마도 사회적으로 우위에 서 있는 이들이 그러한 '특권'을 향수하고 있으리라. 헨리처럼 사회적으로 열등한 위치에 놓인 혼혈아는 그러한 '특권'과 거리가 멀다. 보통 혼혈아는 오키나와의 특수한 역사 즉 미군기지와 전쟁의 희생자로 표상되며, 카메라 피사체의 경우도 마찬가지다.

그렇다면 다카미네 쓰요시가 의도한 바가 선명해진다. 다카미네는 오키나와 공동체 내부에서 민족과 계급 차별을 받는 혼혈아에게 카메라를 통해 또 다시 폭력이 가해지는 것을 경계한다. 아무런 조건 없이 카메라를 혼혈아에게 맡긴다. 혼혈아는 그 카메라를 사용해 주변인의 시선으로 오키나와 공동체를 파헤친다.

여기서 잠시 이야기를 바꿔 헨리처럼 미국인과 아시아인 여성 사이에서 태어난 혼혈아가 오키나와 역사에서 어떤 의미를 갖는지 생각해 보자. 일본과 동남아시아에 파견된 미군 병사와 아시아인 여성 사이에서 태어난 아이들을 일컬어 아메라시안AmerAsian이라고 부르는데, 지역 주민들의 편견과 차별은 물론이고 태어나자마자 어머니로부터 버림받고 아버지(미군)는 행방불명되는 등 아메라시안을 둘러싼 문제가 적지 않았다.

일본 본토에서는 연합군의 점령으로 혼혈아 문제가 부상하고, 오키나와의 경우 전후 27년 동안 이어진 미 점령기, 거기다 한국전쟁, 베트남전쟁 등 아시아를 무대로 한 전쟁, 특히 베트남전쟁이 격화되었던 60년대 후반에 미군이 대거 밀려들어왔다. 젊은 미군 병사가 오키나와 여성을 성적 배출구로 삼은 탓에 아메라시안 문제가 현재화되었다. 실제로 베트남전쟁 시기에 미군 병사와 사귀는 오키나와 여성들이 급증했다고 한다. 미국인(미군)을 상대하는 여성을 일컬어 '온리ォンリー', '허니ハニー'라고 불렀는데, 이 여성들은 민간인 지구에서 주민들과 어울려 생활하면서 미군과 동거하거나, 미혼모 상태로 아이를 낳아 키우는 경

우도 적지 않았다고 한다. 이 혼혈아들은 일명 'GI칠드런'이라고 불렸다.[6] 변호사 후쿠치 히로아키福地曠昭에 따르면, 오키나와 전역에 약 4천 명(80년대 초)의 아메라시안이 존재했다고 한다.

〈몽환류큐 쓰루헨리〉에서도 쓰루가 가정부 요시코好子를 아무렇지 않게 득의양양하게 '온리'라고 부르는 장면이 등장한다. 또, 쓰루는 "내가 그 영화 속 말론 브란도의 '온리'였다는 소문이 있는데 과연 그런지 아닌지는 말하지 않겠어"라며 허언도 서슴지 않는다. 여기서 '그 영화'라는 것은 〈8월 십오야의 찻집八月十五日夜の茶屋〉을 가리키는데, 요시코는 그 영화는 오키나와에서 촬영된 적이 없다며 쓰루의 말이 거짓임을 꼬집는다. 쓰루의 상대는 아마도 미군 병사나 군속이었을 터다.

그런데 아버지가 고등변무관이든 아니든 아버지 없이 혼혈아로 자란 헨리의 경우 오키나와 안에서도 더 한층 주변화된 존재라는 것은 부정하기 어렵다. 영화 마지막 부분에서 헨리는 우치나구치ウチナーグチ로 이렇게 혼잣말을 한다. "나는 미국인이 아니다. 일본인도 아니다. 오키나와인도 아니다"라고.

그렇다면 헨리처럼 아메라시안 문제를 제기하는 것을 오키나와인들은 어떻게 받아들였을까? 이에 관해 아메라시안 출신인 S·마피·시게마쓰S·マーフィ·重松는, "흔히 차별은 일본이나 미국인이 오키나와인에게 행하는 것이라고 생각한다. 이 구도에서 벗어난 다른 관계를 보는 것은 금기시된다. 그 때문에 아메라시안 논쟁에서 오키나와인 안에 존재하는 편견을 지적하면 그것은 그야말로 금기를 건드리는 일이 된다"[7]고 지적한다.

전후(특히 1952년 이후) 오키나와에서만 실시된 미군통치와 '기지'라

〈몽환류큐 쓰루헨리〉에서 가라테를 선보이는 헨리(오른쪽)와 쓰루. 나카자토 이사오(仲里効) 촬영.

는 역사적 현실을 노무라 고야野村浩也의 주장대로 '식민지 지배'라고 한다면[8] 일본의 '식민지 지배' 하에 놓인 오키나와에서 아메라시안의 존재는 한층 더한 차별로 내몰렸을 것이다.

설령 아메라시안의 차별 — 미야코섬이나 아마미奄美 출신, 그리고 타이완에 대한 편견이나 차별도 마찬가지 — 을 지적하는 것이 금기시되었다고 하더라도 〈몽환류큐 쓰루헨리〉는 그러한 금기에 도전하는 영화는 결코 아니다. 그도 그럴 것이 영화에서 보듯 16세 고교생 헨리는 가라테 보유자인데다 집단따돌림이나 차별의 당사자가 아니었기 때문이다.

그렇다면 어째서 아메라시안을 주인공으로 내세운 걸까? 여기서 환기해야 하는 것은 〈러브의 사랑〉의 각본가이자 감독인 메카루 베친銘刈

ベーチンの 존재이다.

메카루는 각본을 쓰는 한편, 유리병 속에 개미를 키우며 생태연구에 여념 없다. 애인을 쫓아 타이완으로 건너간 후 개미 DNA 교배에 성공했다고 한다. 그의 타이완인 애인 가마도라브カマドラブー는 그가 자신이 개미 생태에 관한 멋진 영화를 찍을 것이라며 공공연히 말했다고 한다. 메카루가 개미 교배에 성공했는지 실패했는지는 모르지만 메카루가 개미 교배에 열을 올리고 있음은 확인할 수 있다. 메카루는 자신의 출신에 대해 매우 자각적이었는데, 그에 따르면 아버지 쪽 선조 중에 류큐왕국 고급관리가 있었으며, 일본으로의 편입을 강제한 '류큐처분琉球処分'에 반대해 중국으로 넘어갔다고 한다. 또 어머니 쪽 선조 중에는 페리 제독(1853년과 54년에 류큐 내방)의 양자가 있었다고 한다. 즉, 메카루에게도 제임스나 헨리처럼 혼혈아의 피가 흐르고 있는 것이다. 그는 이를 '무거운 과거'라고 표현하며 "무거운 과거를 지닌 나는 스스로에게 자기최면을 걸어 내 머리를 혼란 속으로 빠져들게 한다"고 말한다. 메카루 역시 〈파라다이스 뷰〉의 레이슈나 지루처럼 정기와 광기 사이를 오가는 경계인이라고 할 수 있다.

헨리는 메카루와 달리 광기에 빠지지는 않지만, 메카루가 말하는 '무거운 과거'에 휘둘려 제임스에게 쉽게 자신을 투영시킨다. 제임스는 캘리포니아 UCLA에서 영화학을 진공하던 중 고등변무관 출신인 아버지를 찾아 여행을 떠났다가 스캔들이 일어나 오키나와로 강제 송환된다. 그 후 오키나와에서 분신자살한다. 헨리는 영화 속에서 스스로의 몸에 불을 붙인 제임스를 연기하는 한편 그것을 카메라로 촬영한다. 제임스에게 자신을 투영시킨 헨리 앞에 행방불명되었던 어머니(다이라 도미平良

トミ)가 나타나 생각지 못한 비밀을 듣게 된다. 제임스의 아버지인 고등 법무관이 오키나와의 독립을 획책하는 비밀 실행위원에 가담했다는 이유로 본국으로 강제 송환되었다는 이야기다. 그 비밀을 알게 된 제임스 역시 미군에게 세뇌되어 기억을 잃어버린다.

훗날 "연쇄극 안에서 드디어 제임스를 살해하게 되었어"라고 말하는 헨리에게 어머니 쓰루는 "아마도 제임스의 몸에 붙은 불을 끄려고 그의 어머니도 바다로 들어갔을 거야, 하나가 아니었거든"이라고 답한다. 제임스는 메카루와 마찬가지로 '무거운 과거'를 짊어졌지만 외롭게 죽지 않았음을 말하려 한 듯하다.

이 영화가 아메라시안의 헨리를 통해 발신하려는 메시지는 무엇이었을까. 이 영화에서 '혼혈'이라는 것은, 일본에 병합되어 류큐왕국이 소멸되는 1879년 이래 애매해진 오키나와 아이덴티티('무거운 과거')를 나타내는 것이며, '아메라시안'은 그 현대판이라고 할 수 있을 것이다.

앞서 언급한 바와 같이 헨리는 영화 안에서 "나는 미국인이 아니다. 일본인도 아니다. 오키나와인도 아니다"라며 부정하는 방식으로 자신의 아이덴티티를 설정하는데 그러한 부정형으로 표현된 오키나와인 아이덴티티는 쓰루의 대사(메카루 작 〈러브의 사랑〉)를 통해 제임스가 처음 등장할 때 배경으로 흐르는 오키나와 민요에서도 엿볼 수 있다. 민요 가수 가데카루 린쇼嘉手苅林昌가 노래하는 〈시대의 흐름時代の流れ〉이라는 곡이다.

　　당나라 세상에서 야마토 세상으로 야마토 세상에서 미국 세상으로 잘도 바
　　뀌는구나 이 오키나와는[9]

영어판 자막은 다음과 같다.

From China, to Japan, to America
Back to Japan and Okinawa
This island belongs to nobody
What will happen to Okinawa?

다카미네 쓰요시는 가데카루 린쇼처럼 아웃사이더 포지션을 취하면서 애매한 오키나와인 아이덴티티를 민요 속에 은근슬쩍 녹여 버리거나, 정치성을 탈색한 '찬푸르チャンプルー'[10] 같은 어투로 환원해 버리거나 하지 않는다. 메카루는 광기로, 제임스는 분신자살로 내몰아 간다. 지금도 여전히 '기지'의 일상이 지속되고 있으며, 혼혈아 헨리가 놓였던 상황도 변함 없다. 영어자막 세 번째 줄에 "이 섬은 그 누구의 것도 아니다"라는 번역은 가데카루 린쇼의 가사를 의역한 것이다. 즉, 가데카루 린쇼의 노래가 지배자가 바뀔 때마다 바뀌는 오키나와의 모습을 자조적으로 표현했다면, 영어번역에서는 오키나와의 비전을 향한 미래지향적인 질문을 던지고 있다.

2. 인터링거리즘과 '혼혈'

메타픽션과 나란히 다카미네 작품의 특징을 규정하는 것은 복수의 언어의 존재이다. 〈파라다이스 뷰〉와 〈운타마기루〉에서는 우치나구치

(오키나와어)와 야마토구치(일본어)가 혼재되어 사용되며, 등장인물이 우치나구치로 말할 때는 일본어 자막이 붙는다. 언어의 혼재가 가장 돋보이는 작품이라고 할 수 있는 〈몽환류큐 쓰루헨리〉는 일본어와 영어와 우치나구치와 타이완어가 혼재하며, 일본어판에는 일본어 자막(영어판에는 영어자막)을 덧대었다.[11]

그렇다면 다카미네는 어째서 복수의 언어를 혼재시켜 이야기를 복잡하게 만든 걸까. 이것을 생각하는 데에 '인터링거리즘'이라는 개념이 유효하다. '인터링거리즘'은 단순히 말을 이리저리 섞어 놓았다는 '찬푸르'의 의미는 아니다. 복수의 언어를 사용한다고 해서 '인터링거리즘'은 아니다. 특정 언어에 방점을 두고 다른 마이너한 언어를 섞어서 사용하는 경우는 '바이링거리즘Bilingualism'이라든가 '멀티링거리즘Multi-lingualism'이라고 부른다. 이에 반해 복수의 언어를 균등하게 사용하여 한 문단이라든가 혹은 한 단어라도 언어가 바뀔 경우 '인터링거리즘'이라고 칭한다. 자유자재로 코드가 변하기 때문에 이것을 해독하기 위해서는 복수언어의 문법이나 어휘를 이해할 필요가 있다.

이처럼 복수언어의 혼재는 무엇을 의미할까. 포스트모던 시인 알프레도 아르테가Alfred Arteaga는 『치카노 시학Chicano Poetics』(1997)에서 문화적, 민족적 혼재를 강요당한 치카노(멕시코계 미국인)의 시작詩作에 '인터링거리즘'의 특징이 보인다고 말한다. 즉, 치카노의 시는 스페인어, 깔로Kalaw(치카노 슬랭), 나와틀어nāhuatl 등 종래의 치카노들에게 부負의 유산이라고 여겼던 마이너한 언어를 유효적절하게 활용한 것으로, 이 언어들이 코드 변환을 일으켜 사상을 구축해 갔다는 것이다.[12]

'인터링거리즘'의 관점에서 볼 때 가장 급진적이라고 할 수 있는 〈몽환류큐 쓰루헨리〉를 예로 들면, 모두冒頭 부분에서 갑자기 예상치 못한 영어 내레이션이 흐르는데, 비非언어가 표상하는 바도 눈여겨 봐야 할 것이다. 타이완의 어느 시장 같은 곳에서 흑인의 피를 이어받은 것으로 보이는 피부색이 검은 헨리 소년이 가라테 복장을 하고 가라테를 선보이며, 왼쪽에서는 어머니 '쓰루'가 샤미센을 연주하며 노래를 부르고, 오른쪽에서는 중국식 복장을 한 감독 자신이 한쪽 무릎을 꿇고 파이프를 피우고 있다. 영화 첫 장면에서부터 미합중국, 일본, 오키나와, 타이완이 나란히 그려지고 있다. 오키나와의 신체성은 이들 나라의 문화를 관통하며 표상될 수밖에 없음을 다카미네 감독은 꿰뚫고 있다. 그렇다면 필연적으로 영어, 일본어, 우치나구치, 타이완어가 혼재해서 나타날 것이다.

영어 내레이션은 제임스가 미국 유학과 아버지 찾기 등으로 방황했던 청년기를 회상하는 장면이나 연극을 선전하기 위해 외출하는 장면 등 우치나구치가 사용되는 곳에 어김없이 영어자막이 붙는다.

3부작의 첫 작품을 장식한 〈파라다이스 뷰〉에도 '인터링거리즘'의 편린이 엿보인다. 이 작품은 1972년 일본 복귀 직전의 오키나와를 무대로 하고 있으며, 혼혈아 아들 둘을 둔 오키나와 여성이 딸 나비ナビー만큼은 일본인 생물학자인 이토イトウ에게 시집보내려고 애쓰지만 나비는 모아소비로 오키나와 남성 레이슈レイシュー의 아이를 임신한 상태다. 오키나와에 체류 중인 일본인과 오키나와인이 접촉하는 장면에서 '인터링거리즘' 상황이 연출되는데 특히 우치나구치를 둘러싸고 벌어지는 해학적인 장면에 주목할 필요가 있다. 나비의 오빠 둘은 여동생을 임신시킨 레이슈를 응징하려는 계획을 세우고 "죽여 버리겠어"라는 표현을 일본인 앞에서 하는데, 이 말을 들은 일본인은 레이슈를 정말 죽이려는 것으로 오인한다. 료스케リョウスケ는 우치나구치로 '죽이다'라는 표현이 '응징하다'라는 뜻이라는 것을 일본인에게 설명하고 오해를 풀어준다. 그리고 모아소비라는 남녀교제의 풍습으로 인해 마을 젊은 여성 가운데 처녀를 찾아볼 수 없다는 말도 덧붙인다.

이렇듯 복수의 언어가 접촉하면서 웃지 못할 사태가 벌어지기도 한다. 모아소비로 여성을 임신시켰다고 해서 죽이거나 하지 않는다는 사실을 오키나와 문화를 알지 못하는 일본인 이토가 알 턱이 없다. '인터링거리즘'의 삽입, 즉 일본 본토와 오키나와가 서로 이해하는 측면보다 서로 오해하고 어긋나는 상황을 부각시켜 보임으로써, 일본 복귀에 대해 여전히 부정적이고 회의적이라는 것을 드러내고 있다.

또한, 〈운타마기루〉도 비중이 크지는 않지만 중요한 '인터링거리즘' 상황이 연출되고 있다. 거의 모든 장면이 우치나구치로 이루어진 이 영화에서 일본어로 말하는 장면이 몇 컷 등장한다. 요모타 이누히코는 니시바루西原 두목을 대신해 새로운 두목이 일본어를 사용하는 장면에 착목한다. 1972년 일본 복귀 이후, 오키나와다움, 오키나와 고유의 성스러운 여유로움을 일컫는 '지루다이チルダイ'가 사라진 것을 일본어를 사용하는 장면이 상징하고 있다고 지적한다.[13] 여기서도 오키나와의 일본 복귀는 부정적으로 그려진다.

다카미네 쓰요시의 〈오키나완 지루다이オキナワン チルダイ〉(1978)라는 제목의 다큐멘터리에서 이에 관해 다루고 있다. 일본 복귀로 인해 오키나와가 산업자본주의 물결에 휩쓸려 변화해가는 모습을 취재하고 있다.

〈운타마기루〉에서도 오키나와 민요 가수 데루야 린스케照屋林助가 영

화에 삽입된 〈와타부쇼ワタブーショー〉에서 일본 복귀로 인해 세상이 어떻게 변할까요, 사람들에게 온기가 없어지겠죠, 라며 회의적인 내용의 가사를 읊조린다.

다카미네 쓰요시가 이상적이라 여겼던 복귀 전 오키나와에 대한 생각이 〈몽환류큐 쓰루헨리〉에서 다소 변화되고 있음을 엿볼 수 있다. 다카미네 작품에 대한 이해를 돕기 위해 오키나와를 잠시 벗어나 미국 국경지대를 무대로 한 멕시코계 미국인의 보더 영화로 옮겨가 보자.

살펴볼 작품은 그레고리 나바Gregory Nava 감독의 〈엘 노르테El Norte〉(1983)와 치치 마린Cheech Marin 감독의 〈본 인 이스트 L.A.Born In East L.A.〉(1987)이다.

〈엘 노르테〉는 1954년 군사 쿠데타로 조국 과테말라를 떠나 북으로 도망해야 했던 빈농 인디오 남매의 고난의 여정을 그리고 있다. 자매의 여정을 따라가다 보면 언어가 계속해서 변화하고 있음을 알 수 있다. 처음 시작은 과테말라의 스페인어, 그리고 북상해 가면서 멕시코 스페인어, 그리고 국경을 넘으면서 영어로 바뀌어 간다. 그런데 '인터링거리즘'의 힘이 가장 크게 발휘되는 것은 2개국 언어 간의 충돌 지점, 즉 국경지대다. 미국 국경지대에 자리한 국경경찰대 사무소 장면이 그것이다. 국경을 넘는 것을 도와주기로 한 안내인에게 속아 월경에 실패한 과테말라인 남매는, 국경경찰대에 체포되자 경비대원이 알아들을 수 없는 선주민 마야어로 대화를 나눈다. 게다가 남동생은 멕시코 특유의 억양이 섞인 스페인어로 욕설을 내뱉는다. 이렇게 해서 둘은 멕시코인으로 간주되어 과테말라로 강제 송환되지 않고 다시 북쪽으로 국경을 넘는 시도를 할 수 있게 된다. 영화는 여기서 과테말라인에 의한 멕시코 스페인어라는 매우 기묘한 '인터링거리즘'을 삽입함으로써 권력관계의 역전을 시도한다. 막대한 권력을 가진 국경경비대원을 상대로 무력하기 그지없는 불법 이민자가 던진 작은 말 한마디가 승리한 순간이자 보더 영화 가운데 가장 통쾌한 장면으로 꼽힌다.

다른 하나는 보더 문화를 다룬 코메디 작품 〈본 인 이스트 L.A.〉다. 로스엔젤레스 태생의 멕시코계 2세 루디가 주인공이다. 그는 멕시코인의 피를 이어 받았지만 미국식 문화에 친숙하다. 미국 록 음악과 기타를 즐기지만 스페인어는 할 줄 모른다. 인형공장에 들이닥친 이민국 관계자에게 '불법 이민'으로 오인 받아 멕시코 티파니로 '강제 송환'된다. 신분증명서가 들어 있는 지갑을 집에 두고 온 탓에 미국인임을 증명을 할 길이 없어 고향인 로스엔젤레스로 돌아가지도 못한다. 하는 수 없이 티파니에서 탐욕스러운 미국인 이민 관계자의 감시하에 저임금 노동자로 일하게 된다. 그러던 중 아시아 이민자들에게 영어를 가르치는 일을 맡게 된다. 루디의 영어는 촐로cholo라고 불리는 멕시코계 미국인들이 L.A.를 무대로 사용하는 스팽글리쉬Spanglish이자 보디랭귀지다.

이 같은 언어는 미국 영어나 멕시코 스페인어의 규범에서 크게 벗어난 것으로 미국 멕시코계 공동체로부터도 백안시되었다. 영화는 무능한 아시아계 이민자들이 2류 시민으로 내몰린 멕시코계 젊은이들의 '열등한 언어'를 체득함으로써 권력구도를 역전시켜 버린다. 이로써 미국 흑인 지대의 무력한 이민자라는 꼬리표를 떼어내게 된다.

이야기를 다시 〈몽환류큐 쓰루헨리〉로 되돌려 보자. 이 영화에서 주목해야 할 것은 여타 오키나와 영화처럼 일본어에만 기대고 있지 않는다는 점이다. 앞서 언급한 미 흑인 국경 지대를 무대로 한 영화와 마찬가지로 '인터링거리즘' 관점에서 보자면 영화의 후반부부터 무대가 타이완으로 옮겨가며 언어도 타이완어로 바뀐다. 타이완어 발신에서 중요한 것은 오키나와를 정치적으로 상대화하는 남쪽 여성의 시선이다. 예컨대, 메카루와 연인 관계인 듯한 타이완인 가마도라브는 이렇게 경고한다. 동남아시아는 일본의 피난지가 아니다. 우리를 가지고 놀 생각은 말라고 말이다. 여기서 영화는 오키나와가 미국과 일본의 피식민지 존재이면서 동시에 식민지 본국의 주체이기도 함을 날카롭게 간파한다. 그렇다면 복귀 전 오키나와의 모습을 그리는 것은 불가능해진다.

마지막으로 다카미네 작품 속 오키나와 아이덴티티의 위상에 대해 언급해 보고자 한다. 지금까지 살펴본 것처럼 다카미네 쓰요시는 '보더 3부작'을 통해 중국과 일본, 그리고 미국 사이에 선 모호한 위치의 오키나와 아이덴티티를 그려왔다.

프랑스 철학자 장 뤽 낭시Jean-Luc Nancy는 프랑스인인 자신을 '혼혈'로 규정한다. "20세기에 태어난 프랑스인으로, 나는 혼혈이다. 즉 스페인과 바이킹의 피, 켈트족Celt과 로마인, 그리고 가장 중요한 나 자신도 알 수 없는 피가 섞여 있다"[14]라고.

장 뤽 낭시는 '혼혈'을 유럽인(스페인인)과 선주민(인디언)의 혼혈로 보고 있지 않다. 오히려 유럽인(구세계)와 선주민(신세계)을 차이화하고, 혈연이라는 문맥도 빼놓지 않는다. 그것은 자신 안에 자리한 미지의 '타자'의 존재를 인정하는 것에 다름 아니다. 낭시는 그것을 '타자의 도래'라고 표현하며, "혼혈이란 자기자신도 알지 못하는 타자가 도래한 것"이라고 규정한다.

다카미네 쓰요시가 〈몽환류큐 쓰루헨리〉에 등장시킨 혼혈아는 낭시가 말하는 '메스티소mestizo(중남미 원주민과 백인의 혼혈)'가 아닌 아메라시안이다. 분명 국적 관점에서 보면, 미국인과 일본인의 혼혈이지만, 인종(DNA) 관점에서 보면 같은 미국인이라고 해도 하나가 아니다. 미국에는 앵글로 백인계에서부터 아프리카계와 라티노까지 다양한 인종이 존재하며, 〈몽환류큐 쓰루헨리〉의 헨리 아버지로 추정되는 아프리카계 미국인만 하더라도 다양한 피가 섞여 피부색이라든가 머리카락의 특징 등 미묘한 차이가 존재한다. 존 카사베츠John Cassavetes가 〈그림자들Shadows〉에서 그렸던 것처럼 같은 부모 밑에서 나고 자란 아프리카계 형제라고 하더라도 피부색이 백인에 가깝기도 하고 곱슬머리에 검은 피부를 갖고 있기도 하다. 본인들도 알지 못하는 혼혈의 역사가 흐르고 있어 '흑인'이라는 용어 하나로 규정할 수 없는 것이다. 또한 일본인의 경우 역시 야요이弥生 시대 이전 수많은 도래인渡来人이 한반도에서 일본으로 건너왔고, 도래인의 피가 섞여왔음은 인류학이나 고고학 분야에서는 더 이상 새롭지 않다. 일본인이 타민족의 피가 섞이지 않은 단일민족이라는 발상은 환상에 지나지 않는다.[15]

다카미네 쓰요시는 이처럼 메타픽션이나 '인터링거리즘'을 통해 오키나와 아이덴티티의 혼성성을 다루었다. 그러나 그것은 중국과 오키나와, 일본과 오키나와, 미국과 오키나와처럼 단순히 두 나라 간의 문화적 혼효混淆가 오키나와라는 것을 말하려 함이 아니다. 다카미네 쓰요시의 작품은 오키나와 안에 아직 알지 못하는 오키나와가 존재함을, 더 나아가 일본인으로 하여금 '타자'의 존재를 인정하고, 혼혈이라는 자각을 촉구하는 그러한 자극적인 영화라고 할 수 있다.

주석

1 데루야 린스케(照室林助)가 이에 반박하는 논의를 내놓았다. 즉, 지루가 거짓으로 배가 부른 것처럼 보이게 한 '상상 임신'에 불과하다는 것이다. 이렇듯 자명한 사실이 전복에 전복을 거듭하며 관객들은 혼란에 빠지게 된다. 이것이 다카미네 영화의 특징이라고 할 수 있다. 여기서는 고등변무관과 지루 사이에서 혼혈아가 태어나게 될지 어떨지 불투명하게 그려진다.

2 「沖縄芝居」, 『沖縄を知る事典』, 日外アソシェーツ, 2000, 279쪽.

3 四方田犬彦, 『日本映画史100年』, 集英社新書, 2000, 53쪽.

4 초저녁부터 늦은 밤까지 젊은 남녀들이 모여 유흥과 가무를 즐기던 옛 오키나와 풍습. 옮긴이 주.

5 大嶺沙和, 「トワイライトゾーン・ナマ 高嶺以後の表象」, 『言語文化』 第24号, 明治学院大学言語文化研究所, 2007.3, 64쪽.

6 福地曠昭, 『沖縄の混血児と母たち』, 青い海出版社, 1980, 128쪽.

7 S・マーフィ・重松, 『アメラジアンの子供たち―知られざるマイノリティの問題』, 集英社新書, 2002, 200쪽. 시게마쓰는 오키나와인이 식민지배와 차별 구조보다 내부의 차별에 자각적일 것을 촉구한다. 즉, 오키나와인은 늘 스스로를 피해자로 자리매김해 왔는데, 대개의 인간이 그렇듯 어떤 면에서는 가해자일 수 있다는 사유가 아메라시안이라는 존재를 통해 가능해 졌다는 것이다.

8 "일본인은 75퍼센트나 되는 재일미군 전용 기지를 밀어붙이는 것, 즉 오키나와인을 착취하는 것이 가능한 식민지주의 권력인 것이다."(野村浩也, 『無意識の植民地主義 日本人の米軍基地と沖縄人』, 御茶ノ水書房, 2005, 42쪽)

9 『もしもしちょいと林昌さん わたしゃあなたにホーレン草 嘉手苅林昌 唄と語り』(1995)에서 인용.

10 고야(여주), 두부, 갖은 채소를 넣어 볶아 만든 오키나와를 대표하는 향토 요리. 옮긴이 주.

11 언어의 혼재라는 관점에서 보자면, 일본인 관객에게는 영어판 쪽이 보다 자극적일 수 있다. 왜냐하면, 영어자막을 일본어로 번역하면서 감상해야 하기 때문이다.

12 Alfred Arteaga, *Chicano Poetics: Heterotexts and Hybridities*, Cambridge: Cambridge UP. 1977, 10쪽.

13 四方田犬彦, 『日本映画史のラディカルな意志』, 岩波書店, 1999, 162~163쪽.

14 Jean-Luc Nancy, "Cut Through Sun", *An other tongue : nation and ethnicity in the linguistic borderlands*, Ed. Alfred Arteaga, Durham: Duke UP, 1994, 123쪽.

15 도래인이 고대 일본문화와 일본민족 형성에 커다란 영향을 미쳤다는 것은 인류학자와 역사학자들에 의해 이미 고증된 바 있다. 그 가운데 작가 김달수는 일본문화의 고층(高層)에 조선문화(신라, 고구려, 백제, 가야 등)가 자리한다는 대담한 주장을 「일본 속

조선문화(日本の中の朝鮮文化)』라는 제목으로 12회에 걸쳐 전개했다. 일본인의 '피'와
관련해서는『도래인과 도래문화(渡来人と渡来文化)』(河出書房新社, 1990)라는 책에
등장하는 두 권의 문헌을 인용하고 있는데, 하나는 하니와라 가즈로(埴原和郎)의『일본
인의 탄생(日本人の誕生)』(古川弘文館, 1986)이고, 다른 하나는 다나베 유이치(田名部
雄一)의『개로 보는 고대 일본인의 수수께끼(犬から探る古代日本人の謎)』(1985)이다.
『일본인의 탄생』에서는, "야마토 정권의 기초가 만들어지기 시작한 것은 5세기 무렵이
므로, 적어도 이 시기 이후의 도래인은 대륙에서 직접 기나이(機內) 지방으로 들어왔을
터다. 거기서 토착인(조몬[繩文]의 후예)과 농밀한 혼혈이 이루어졌던 것으로 보인
다"(198쪽)라고 주장한다. 그리고『개로 보는 고대 일본인의 수수께끼』에서는 야요이
(弥生) 시대 이후에 "그들(도래인)에 의해 혼슈(本州) 중앙부가 점령되면서 그곳에서
선주민과의 혼혈이 이루어졌다. 이때 혼혈을 거부하며 도망 다녔던 오래된 선주민 몽
고인(조몬인)은 도호쿠(東北) 간토(関東) 방면과 규슈(九州) 방면 두 곳으로 이동해 갔
다. 전자는 에미시(蝦夷), 후자는 구마소(熊襲)와 하야토(隼人)인데 이들도 결국은 혼
혈에 동화되었다"(199쪽)고 주장한다.

오키나와 영화 표상의 안과 밖

오미네 사와

엎어치나 매치나 그녀는 동전의 양면처럼 인사이더/아웃사이더를 하나로 합체시킨 것 같은 불순한 존재로 살아왔다. 왜냐하면 모든 인사이더를 뭉뚱그려 표상하는 본질적 내부와 내부에 존재하는 진짜 인사이더와 외부의 절대적 현실, 그리고 오염되지 않은 대표자로부터 도전받지 않는 또 다른 오염되지 않은 대표자 따위는 존재하지 않기 때문이다.[1]

—트린 T. 민하

1. 들어가며

전쟁이나 테러, 외교문제나 정치문제를 어떻게 생각하고 발언해야 할지 당혹스러울 때가 있을 것이다. 또한, 원폭이나 전쟁으로 국가폭력에 휩쓸린 피해자들의 이야기를 어떻게 받아들여야 좋을지도 말이다. 우리는 세계평화를 염원하며 아프리카 음악을 즐겨 듣고 아랍 건축양식을 좋아하는 등 개인차는 있겠지만 저마다 타자의 세계에 대한 호기심을 갖고 있다. 매해 일본에서 5백만 명의 관광객이 찾는 오키나와 역시 바다와 자연, 음악, 요리 등이 많은 사랑을 받고 있다. 그런데 이 오키나와를 찾는 일본인 가운데 과연 몇 명이나 아시아·태평양전쟁이나 미군기지 문제에 대해 생각할까?

16세기까지 류큐왕국이라는 독자적인 국가를 형성해 온 오키나와는 에도江戸시대 시마즈 번島津藩의 침략으로 일본 안에 강제 편입되었고, 이후 끊임없이 외지 취급을 받아왔다. 예컨대, 에도시대의 도쿠가와 막부로 파견된 류큐 사절단은 일본적인 것을 철저히 금지당하고, 이국풍을 강요당했다.[2] 이 사절단은 이국을 지배하고 있는 도쿠가와 막부德川幕府와 시마즈, 사쓰마 번薩摩藩 영사의 힘을 민중에게 알리는 역할을 맡았다. 당시 막부의 권위를 드높이는 데 이용되었던 것이다. 메이지 시대에 접어들면서 정식으로 일본 내 한 현県으로 편입되었지만, 급격한 개혁보다 기존의 제도를 유지하는 정책이 펼쳐졌다. 그 때문에 오키나와는 일본에 비해 근대화가 크게 뒤쳐졌다. 메이지明治, 다이쇼大正, 쇼와昭和 초기까지는 오키나와의 문화와 풍습이 그림이나 서적, 민속학 등을 통해 일본과 다른 이국적인 것으로 그려왔다. 그것은 다른 문화를 간직한 땅을 빼앗은 일본의 권력을 상징하는 것이자, 일본 제국의 동남아시아 침략을 노골적으로 보여주는 사태에 다름 아니다. 1908년 지방풍속개량운동이 국가 주도로 추진되었고, 1939년 무렵부터 황민화 정책의 일환으로 오키나와의 복장부터 언어(방언)에 이르기까지 급속

한 일본화가 이루어졌다. 1940년대 영화에도 오키나와가 이국이라는 것이 강조되어 나타난다. 특히 〈바다의 민족 오키나와섬 이야기海の民 沖縄島物語〉(1942년, 무라타 다쓰지村田達二)에서는 오키나와의 마쓰리祭り나 옛 풍경 그대로의 빈곤한 어촌 모습을 영상에 담아냄으로써 대동아공영권 획득이라는 목적을 분명히 하고 있다. 국내 속 외지라는 너무도 편의적으로 구획된 지리적·문화적 조건을 갖춘 오키나와는 그 후, 아시아·태평양전쟁 말기 지상전의 장으로 미국에 바쳐졌다. 냉전 종식 이후에도 계속해서 패전국 일본을 대신해 미군기지의 거의 대부분을 짊어지고 있는 상황이다. 그리고 미디어들은 지금도 여전히 오키나와의 이국적인 자연과 옛 문화를 앞다투어 보도하고 있으며, 헤노코 신기지를 건설하려는 움직임도 계속되고 있다. 오키나와는 아열대 기후와 독자적인 문화의 소비지이자, 일본의 안전을 보장하는 최적의 땅으로 기능하고 있는 것이다. 오키나와는 일본인에게 가장 가까운 타자가 자리하는 땅에 다름 아니다.

미디어 매체의 속성이 그렇듯, 영화나 영상 역시 타자를 다룬다. 우리는 영상을 통해 다른 지역의 타자들과 어떻게 마주하고 있을까? 이 글 첫머리에 기술한 트린 민하의 말처럼 인사이더나 네이티브가 본래 존재하지 않는 것이라면, 그렇다면 우리가 다른 세계의 네이티브와 마주할 때 느끼는 당혹감을 어떻게 설명할 수 있을까? 이 글에서는 트린 민하의 타자 표상에 관한 이론을 참고하면서 일본 속 이질적 존재로 표상되어 온 오키나와와 오키나와 영화에 대해 소개해 보고자 한다.

왜 나카에 유지와 다카미네 쓰요시의 작품을 비교하는가

오키나와는 1990년대 후반부터 현재까지 텔레비전, 음악, 영화, 영화사 연구 등에서 다양하게 다루어져 왔다. 특히 1998년부터 2000년대에는 오키나와에서 제작된 영화나 드라마가 급증했다. 이들 영화가 발신하는 오키나와 표상은 크게 두 가지 흐름을 보인다.

하나는, 대형기획사와 미디어가 협력한 로드쇼 작품으로, 여기서는 오키나와를 내세운 필름이 다수 등장한다.[3] 이 작품들은 오키나와의 문화와 역사를 대거 등장시켜 등장인물들이 행복을 되찾고 치유되는 플롯으로 구성되어 있다. 그 대표적인 예가 〈나비의 사랑ナビィの恋〉(나카에 유지中江裕司, 1999), 〈돼지의 보은豚の報い〉(최양일崔洋一, 1999), 〈오갸おぎゃあ〉(미쓰이시 후지로光石富士朗, 2001), 〈호텔 하이비스커스ホテル·ハイビスカス〉(나카에 유지, 2002), 〈달빛月のあかり〉(구라모치 겐이치倉持健一, 2002), 〈흰 백합 클럽 동경에 가다白百合クラブ東京へ行く〉(나카에 유지, 2003), 〈8월의 가리유시八月のかりゆし〉[4](다카하시 이와오高橋厳, 2003), 〈별 모래의 섬, 나의 섬 아일랜드 드림星砂の島,私の島 アイランド·ドリーミン〉(기타 이치로喜多一郎, 2004), 〈니라이카나이에서 온 편지ニライカナイからの手紙〉(구마자와 나오토熊澤尚人, 2005), 〈파도 저편에イツカノ波ノ彼方ニ〉(단노 마사토丹野雅仁, 2005), 〈체케랏초!!チェケラッチョ!!〉(미야모토 리에코宮本理江子, 2006), 〈눈물이 주룩주룩涙そうそう〉(도이 노부히로土井裕泰, 2006) 등이다.

다른 한편에서는, 지금까지 상영 기회가 거의 없던 오키나와 관련 작품(2000년대 작품과 그 이전 작품 포함) 특별상영회가 여기저기서 열렸다. 사회학, 정치학적 입장에서 오키나와와 일본 본토의 관계를 재조명하려는

움직임이 각종 영화제와 지방 소극장, 대학 등 학술 기관을 중심으로 활발하게 추진되었다. 상영작들의 면면은 형식이나 플롯이 매우 다양했는데, 치유의 서사만이 아니라 오키나와의 역사와 문화를 주의 깊게 다루면서도 자신들과 관련된 주제가 선택되었다. 예컨대, 오키나와에서 남미로 이주한 사람들이 오키나와의 문화를 변형시키면서 독자적 사회를 구축해 간 모습을 묘사한 〈히아사사 하이야!ヒア·サ·サーハイ·ヤ!〉(오르가 후텐마オルガ·フテンマ, 1985), 오키나와 방송국에서 특집으로 꾸린 오키나와 전투 이면의 역사를 되묻는 〈배반의 기억裏切りの記憶〉(도에 마키코土江真樹子, 1988), 오키나와 내부의 다양한 시점을 도입한 독립 작품 〈자하나 노보루를 호명할 때謝花昇を呼ぶ時〉(도미모토 미노루富本実, 1976)나 〈야망구누티다ヤマングーヌティーダ〉(자하나 유즈루謝花謙, 1978), 새로운 미디어 콜라주 수법으로 오키나와 전투를 일본과 미국 입장과 거리를 두고 바라본 〈제5단계Level Five〉(Chris Marker, 1996)와 〈오키나와 문화의 고야찬푸르!沖縄·文化のゴーヤーチャンプル!〉(Loic Sturani, 2005), 90년대 이후의 오키나와 문화를 강렬하게 데포르메함으로써 국가비판을 시도한 〈독립소녀 홍련대独立少女紅蓮隊〉(아사토 마리安里麻里, 2004), 사진가 미나토 지히로港千尋가 여행지에서 접한 도자기를 계기로 홋카이도, 한국, 오키나와에 주둔하고 있는 미군, 미군기지까지 시야에 넣어 새로운 공동체 의식을 환기시킨 〈Marines Go Home 헤노코, 매향리, 아우스베ㅆ矢臼別〉(후지모토 유키히사藤本幸久, 2006) 등이 그것이다. 또한 〈시마구투바로 전하는 전쟁島クトゥバで語る戦世〉(2003~)과 〈나나무이ナナムイ〉(2003)의 히가 도요미ㅆ比嘉豊光, 〈1막 1장 오키나와 인류관一幕一場·沖縄人類館〉(1978)과 〈바다는 통곡한다海は哭いている〉(1984~) 시리즈를 제작한 모리구치 가ㅆ森口豁의 존재도 잊어선 안 된다. 그리고 〈사싱과サシングヮー〉(1973) 이후 영화를 통해 오키나와와 마주해온 다카미네 쓰요시高嶺剛가 이들 상영회에서 중요한 역할을 담당한다. 이 세 명의 감독은 전혀 다른 시점에서 자신만의 문제의식을 새로운 기법으로 오키나와 영상 안에 담아내었다.

왜 오키나와에 주목하는가? 최근 영화에서 오키나와는 어떻게 표상되고 있을까? 이 같은 문제의식을 영상으로 표현해 온 다카미네 쓰요시와 다카미네의 영향을 받은 것으로 보이는 나카에 유지, 이 두 감독의 표상방법과 촬영기법을 통해 살펴보자.

우선, 이른바 오키나와 붐[5]에 불을 붙인 것은 나카에 유지의 〈나비의 사랑〉으로 오키나와 안팎에서 큰 사랑을 받았다. 나카에는 오키나와의 자연과 역사가 빚어낸 건축양식과 고유의 촌락 형태를 간직한 곳을 무대로 방언과 민요를 삽입하고, 오키나와 출신 배우, 엑스트라를 기용하여 다카미네 쓰요시의 수법 그대로 밝고 유쾌하게, 일본 본토에서 지친 사람들의 마음을 치유하는 서사의 영화를 연이어 내놓았다. 나카에의 이러한 기법은 이후 오키나와 로케이션 영화에 커다란 영향을 미쳤다. 오키나와 붐을 절정에 이르게 한 2003년에 공개된 〈호텔 하이비스커스〉에서도 나카에는 〈나비의 사랑〉과 유사한 기법을 사용한다. 나카에의 작품은 그야말로 오키나와 붐을 매우 상징적으로 보여준다고 하겠다.

이처럼 오키나와 영화 특별상영회가 이어지던 다른 한편에서는, '야마가타山形 국제다큐멘터리영화제 2003'에서 오키나와영화특집 〈류큐전영열전琉球電影列伝〉이 기획되었다. 이것은 지금까지의 오키나와 표상에 커다란 변화를 불러일으켰다. 〈류큐전영열전〉의 코디네이터는 다

카미네의 영상제작에 깊숙이 관여해온 나카자토 이사오가 맡았으며, 다카미네 작품의 경우 초기작부터 최근작까지 총 8편이 대대적으로 다루어졌다. 다카미네가 오키나와 영화사의 결절점을 이루는 중요한 존재임을 확인하는 자리였다. 이〈류큐전영열전〉이래 특별상영회 때마다 다카미네 감독을 초청해 상영 이벤트를 여는 모습이 빈번해졌다. 이들 상영회에 내걸린 작품들 역시 나카에와 변별되는, 다카미네의 영향이 엿보인다. 한 영화 안에 다양한 미디어를 콜라주하는 기법과 오키나와를 표현 할 때 늘 자신의 위치를 드러내 보이는 것은 다카미네 작품의 특징 중 하나라고 할 수 있다. 그것은 아마도 상영회 주최 측이 다카미네의 영화 제작 초기부터 현재까지의 과정을 꿰뚫고 있고, 이를 모범으로 삼았기 때문인 듯하다. 이 글에서는 다카미네의 모든 작품을 모두 다룰 여력은 없으므로, 1998년에 제작된〈몽환류큐 쓰루헨리夢幻琉球つるへんりー〉와 2003년 텔레비전 다큐멘터리로 방영된〈몽환류큐 오키나와의 시마우타 파리의 하늘에 울려퍼지다夢幻琉球 オキナワの島唄・パリの空に響く〉(이하,〈파리의 하늘〉로 약칭) 두 작품에 주목해 보고자 한다.

이 두 작품은 월경을 테마로 하고 있는 점에서 공통된다. 주인공 대부분이 일본 사회에서 볼 수 없는 특이한 풍습을 간직한 섬으로 건너가 꿈과 죽음의 세계, 가상의 세계를 만난다. 혹은 국경을 넘어 이리저리 지역을 이동하는 내용을 다룬 경우가 많다. 그 이유는 아마도 오키나와가 일본이라는 국가의 틀 안에 있지만, 일본과 다른 역사와 문화, 자연을 갖고 있기 때문이리라. 또, 일본의 상황에 따라 포섭되거나 배제되어온 오키나와의 지리적 위치와도 관련이 있을 것이다.

지금부터 다룰 작품에서는 주인공이 월경하는 것에 그치지 않으며,

여배우가 영화 속 인물과 자신을 구분하지 않고 넘나드는 상황이 펼쳐진다. 이러한 다카미네와 나카에의 제작 기법과 함께 오키나와 붐이 한창이던 때에 오키나와 표상이 어떻게 구축되어 갔는지 분석해 보고자 한다. 구체적으로는 월경의 장으로서 오키나와가 어떻게 그려지고 있는지, 다카미네와 나카에가 어떻게 오키나와를 표상하고 있는지, 또 두 감독의 차이는 무엇인지 살펴보는 일이 될 것이다.

2. 나카에 유지, 강화된 경계선과 고정된 이미지로서의 월경

나카에 유지(1960~)는 도쿄에서 출생해 대학 진학과 함께 오키나와로 건너와 영화제작을 시작했다. 1992년 영화연구회 멤버들과 오키나와 가공의 섬을 무대로 한 단편 3편을 수록한 〈파인애플 여행パイナップルツアーズ〉을 발표한다. 여기에 등장하는 마을사람들의 대사는 모두 오키나와 방언으로 이루어지고 있으며, 옛 정취를 간직한 마을과 풍습에 초점을 맞추고 있는데, 이것은 다카미네 쓰요시가 〈파라다이스 뷰〉(1985)와 〈운타마기루ウンタマギルー〉(1989)에서 선보였던 기법을 상기시킨다. 오키나와에서 인기를 끌었던 우치나 연극ウチナー芝居 배우들을 대거 기용하여 마을 공동체를 복수複数의 시선으로 묘사하는 방식에서도 다카미네의 80년대 작품의 영향을 감지할 수 있다. 〈파인애플 여행〉은 지금까지와 다른 오키나와의 모습을 보여주겠다며 대대적인 선전과 광고를 내세워 폭발적인 인기몰이를 한다. 도쿄에서는 상연기간을 연장했고, 오키나와에서는 상영관이 없는 지방이나 이도의 경우, 공민관公民館 등으로 순

회공연을 다녀야 할 정도였다.[6]

일본의 〈나비의 사랑〉과 중국의 〈티벳 여자 이시의 생애〉 비교

한편, 〈나비의 사랑〉은 숨 막히는 도시생활에 피로를 느낀 주인공 나나코奈々子(니시다 나오미西田尚美)가 오키나와의 이도에 거주하는 조부모 댁을 찾는 장면에서 시작된다. 나나코는 섬에서 누구의 방해도 받지 않고 조부모의 따뜻한 품에서 휴식을 취하며 지친 심신을 치유한다. 나나코의 할머니 나비는 19살 무렵 헤어진 연인 산라サンラ─를 지금도 잊지 못하고 살아간다. 그 산라가 60년이라는 세월이 흐른 지금 다시 섬으로 건너와 할머니 앞에 모습을 드러낸다. 마을 유타(오키나와 무녀)는 산라가 역병을 퍼뜨리는 액병신厄病神이라고 단정 짓고 산라와 나비가 함께한다면 일가가 파멸에 이를 것이라고 경고한다. 또, 나나코가 마을 청년과 결혼하지 않으면 집안이 순탄치 못할 것이라고 경고한다. 그런데 나비는 가족과 친척의 염려를 뒤로하고 산라와 밀회를 이어간다. 나나코도 일본에서 건너온 후쿠노스케フクノスケ(무라카미 준村上淳)와 사랑에 빠진다. 결국 나비는 남편을 버리고 산라와 작은 배를 타고 섬을 떠나고, 나나코 또한 후쿠노스케와 결혼해 단란한 가정을 이룬다. 〈19세의 봄〉이라는 연가 풍의 오키나와 민요가 반복적으로 흐르고 있는 점도 흥미롭다.

요모타 이누히코는 〈티벳 여자 이시의 생애チベットの女 イシの生涯〉(셰페이謝飛, 2000)이라는 작품과 〈나비의 사랑〉의 유사성을 지적한 바 있다(이 책 「오키나와로부터 세계를 보다」 참조). 1942년 북경에서 태어난 셰페이는 문화대혁명 이후 본격적인 영화 제작을 시작한 4세대의 대표적인 존재이다. 베를린 영화제 황금곰상을 수상한 〈향혼녀 호수에 살다香魂女 湖に生きる〉(1992)는 지방도시를 배경으로 하여 중국의 봉건적 관습에 고통 받는 가족들의 모습을 그렸으며, 그 외에도 몽골을 무대로 한 〈초원의 사랑 몽고인 테루草原の愛 モンゴリアン・テール〉(1995) 등 소수민족을 다룬 대작을 제작하기도 했다. 그의 티벳 표상은 〈나비의 사랑〉과 분명 닮아 있다. 〈티벳 여자〉 역시 대도시에서 실연당하고 귀향한 손녀딸이 티벳의 조부모의 품 안에서 서서히 치유해 가는 과정을 담고 있고, 〈나비의 사랑〉의 산라처럼 할머니의 옛 애인이 마을에 나타나는 장면에서 시작된다. 가장 큰 차이는 주인공의 할머니 이시가 회상하는 장면이 영화의 중심서사가 되고 있는 점이다. 이 글에서는 이시의 현재 삶에 초점을 맞춰 보고자 한다. 젊은 시절 한 미모 했던 이시는 지금의 남편을 포함해 3명의 남성들과 관계를 갖는다. 이시의 삶은 결코 순탄치 않았다. 특히 옛 애인 군상クンサン과의 사이에 아들을 두었는데, 군상의 가족들이 아들을 데리고 영국으로 떠나버렸다. 군상과 재회한 이시는 자신의 아들이 영국에서 잘 자랐다는 소식을 듣고 안도한다. 얼마 후, 이시의 남편이 사망해 사무추サムチュ라는 승려가 독경을 해주기 위해 장례식장을 찾는다. 사무추는 다름 아닌 이시에게 〈얀찬갸쓰오 가집ヤンツァンギャツオ 歌集〉이라는 티벳 전통 연가를 가르쳐 주었던 첫사랑이었다. 옛 애인이 훌륭한 승려 되어 나타난 데에 감동을 받은 이시는 장례식을 모두 마친 후 남편을 따라 조용히 숨을 거둔다. "사랑의 기쁨, 사랑의 괴로움, 사랑, 사랑, 이것이 인생이로다"[7]라며 이시의 죽음을 애달파하는 손녀딸의 추도사를 끝으로 영화는 막을 내린다.

이 두 작품 모두 지역 문화, 특히 음악과 건축물, 복장, 민예품, 종교, 자연을 묘사하고 있으며, 잡지에 게재된 관광지 사진처럼 아름답게 묘사되고 있다. 〈나비의 사랑〉에서는 붉은 기와가 그림처럼 묘사되고 있고, 흐드러지게 핀 브겐비리아, 따스한 햇살, 푸른 바다가 어우러져 아름다운 풍경을 연출하고 있다. 〈티벳 여자〉에서는 티벳의 광활한 사막과 티벳 불교의 총본산인 대소사大昭寺(조칸ジョカン)와 자료관을 반복적으로 비춰주며, 티벳 불교에 심취한 이시의 모습을 표현하고 있다. 일본과 다른 오키나와, 중국과 다른 티벳이라는 미화된 이미지가 부각되어 나타나는 것이다. 오키나와와 티벳은 그야말로 낙원으로 그려지고 있으며 관광주의의 시점이 내재되어 있다.

노년 여성의 사랑과 죽음, 그리고 남겨진 이들이 사랑의 위대함을 찬미하고 칭송하며 끝을 맺는 서사라는 점에서 두 작품은 꼭 닮아있다. 순수하고 아름다운 사랑 이야기가 낙원의 이미지 속에 용해되어 나타나는 것이다. 티벳은 중국에, 그리고 오키나와는 일본에 강제로 편입된 지역이다. 달리 말하면, 티벳과 오키나와는 지리적 거리와 고유의 전통 예능과 문화를 갖는, 중국이나 일본과 다른 이국이라는 이미지가 부여되고 있는 것이다. 일본과 중국이 잃어버린, 옛 정이 살아 있는 따뜻한 인간미, 그리고 자신의 감정에 충실할 수 있게 해주는 파라다이스라는 환상을 갖게 한다. 그리고 일본과 중국이 잃어버린 전근대적이고 비과학적이고, 정열적인 모습이 살아 있는 장소로 그려진다. 앞서 유타가 나비와 산라를 떼어 놓으려 했다면, 이시의 경우는 티벳 마을 공동체의 제도와 불교로 인해 세 명의 남자와 관계를 맺는다. 두 경우 모두 오리엔탈리즘적 시선이 감지된다. 마찬가지로 두 작품 모두 역사적 배경이

지워져 있다. 중국과 티벳, 일본과 미국과 오키나와의 관계가 감춰져 있는 것이다. 그리고 사랑을 찬미하며 관광지 CM을 연상시키는 아름다운 장면으로 마무리된다. 〈티벳 여자〉의 팸플릿 마지막 페이지에 티벳 관광회사의 광고가 게재되어 있으며, 〈나비의 사랑〉 DVD 특별판에서는 나비 역을 맡은 다이라 도미平良とみ가 "여러분, 오키나와로 놀러 오세요"라며 미소 띤 얼굴로 말한다. 두 작품 모두 관광지로서의 역할에 충실한 것으로 읽을 수 있다. 더 나아가 도시인의 지친 심신을 치유하기 위한 관광지로서의 기능을 도시에서 멀리 떨어진 지방에 요청한 것이기도 하고, 자본주의, 도시중심주의로부터 여러모로 착취당하고 있는 지방의 현 상황을 드러내는 것이기도 하다.

〈호텔 하이비스커스〉, '일본 복귀'의 재현

〈나비의 사랑〉 개봉 이후 4년이 지나 제작된 〈호텔 하이비스커스〉는 청소년 코믹잡지 〈빅코믹스피릿ビックコミックスピリッツ〉에 연재되었던 나카소네 미이코仲宗根みいこ라는 오키나와 출신 만화가의 작품을 원작으로 하고 있다. 만화의 무대는 기노완시宜野湾市 부근인데 영화에서는 1956년 무렵 나고시名護市에 들어선 미군기지 캠프 슈와브キャンプシュワブ의 번화가 헤노코辺野古를 무대로 한다. 베트남전쟁 시기에 번성했던 그곳은 지금은 쇠퇴하여 비바람에 페인트가 벗겨진 간판과 폐가가 된 건물들이 줄지어 있다. 주인공인 초등학생 미에코美恵子(구라시타 호나미蔵下穂波)는 가족과 할머니(다이라 도미)가 경영하는 호텔 하이비스커스에서 살고 있다. 어머니(요 기미코余貴美子)는 호텔 수입과 아버지(데루야 마사오照屋政雄)

가 경영하는 당구장 수입으로는 가계를 꾸려갈 수 없어 바에서도 일한다. 그리고 오빠 겐지ケンジ(네스미스ネスミス)는 흑인 혼혈이고, 언니 사치코サチコ(가메시마 나쓰키亀島奈津樹)는 백인 혼혈, 미에코는 오키나와인 현남편 사이에서 순수 오키나와인으로 태어났다. 이 호텔에는 일본에서 온 관광객 노토지마能登島(와다 소코和田聡宏)도 가족들과 함께 머물고 있다. 영화판 광고 카피에 "우리는 인터내셔널 패밀리 호텔!"이라는 문구를 새겨 넣은 것도 그 때문이다.

이야기는 주인공 미에코의 시점으로 전개된다. 미에코는 초등학교 친구들과 놀던 중 잘못해서 기지 안의 실탄연습장에 들어가게 된다. 그곳에서 오키나와의 나무 정령精靈(기지무나キジムナー)을 만나거나, 전쟁에서 사망해 유령이 된 아버지의 여동생과 만나거나 하면서 사건 속으로 휘말려 들어간다. 미에코의 오빠와 언니도 각각의 서사를 갖는다. 오빠는 군인인 아버지가 오랜만에 미국에서 돌아와 기지 주변에서 처음으로 둘만의 시간을 갖는다. 언니는 어머니와 미국에 가서 아버지와 재회하고 돌아온다. 이 둘을 맞이하기 위해 가족이 총출동하는 장면에서 영화는 막을 내린다.

피부색이 다른 형제자매와 일본에서 온 관광객을 가족처럼 받아들이고, 기지 수입으로 생계를 이어가는 아버지는 기지의 섬 오키나와 그 자체를 은유하며, 국가가 강제한 식민지적 상황에 대한 비판적 시점을 드러낸 것으로 읽을 수 있다. 등장인물들은 타고 난 밝은 성격으로 가난과 복잡한 가정사를 극복해 간다. 그들은 늘 농담을 입에 달고 살며 밝게 웃으며 대화를 나눈다. 영상은 건강미와 유쾌한 음악으로 넘쳐흐른다. 기지 소음과 실탄 연습 소리까지 모두 품어 안듯 말이다. 물론 이들 가족의 낙천적인 모습에 위안을 받는 사람들도 많을 터다. 또한, 미에코는 정령과 유령을 만날 때 일본어와 방언을 구분해서 듣는 능력을 갖고 있다.[8] 그 외에도 미에코는 오키나와의 신화와 민화에 등장하는 기지무나라든가 오키나와 전투에서 목숨을 잃고 유령이 된 이들과 자유롭게 접속하며 산자와 죽은 자의 경계를 넘나든다. 미에코의 월경은 일본인 관광객들의 상상 속 오키나와를 충족시켜 주는 것이기도 하다.

기지 안으로 침입해 들어가는 두 번의 장면은 그런 의미에서 매우 인상적이다. 게다가 이 장면은 원작과 전혀 다르게 각색되었다. 미에코는 철조망을 뚫고 기지 안으로 들어가 마야 할머니マヤーオバー와 만난다. 이 마야 할머니는 죽은 고양이의 사체를 묻어주는 일을 도맡아 해서 고양이 할머니猫ばあさん(오시로 미사코大城美佐子)라고 불리기도 한다. 미에코가 이곳은 기지라고 알려주자 마야 할머니는 단호한 어조로 "기지라니, 이곳은 예전부터 내집이었다구!"라고 되받아친다. 그런데 미에코가 다시 그곳을 찾았을 때 거기에는 집도 마야 할머니의 모습도 흔적도 없이 사라지고 없었다. 집터조차 말끔하게 사라져버린 옛 마야 할머니 집 앞에 우두커니 서 있는 미에코의 모습과 오시로 미사코의 노랫소리가 오버랩되며 조용히 울려 퍼진다. 관객들은 이 묘한 음향효과를 통해 마야 할머니가 유령이었음을 알게 된다.

이 장면이 촬영된 2002년은 기노완宜野湾에서 헤노코辺野古로 기지를 옮기고 듀공이 서식하는 바다를 메우고 신기지를 건설하겠다는 계획이 미일 양국에 의해 합의되었을 무렵이다. 오키나와현과 일본 정부로 구성된 후텐마기지이설협의회普天間基地移設協議会가 기노완에 자리한 기지를 나고시名護市로 이전하겠다는 기지 재편안이 발표된 것은 1995년이었다.

그로부터 2년 후, 이에 대한 나고 시민의 찬반을 묻는 투표를 진행해 기지반대파가 승리했음에도 나고시는 헤노코 기지건설 계획을 굽히지 않는다. 1999년에는 헤노코 연안으로 구체적인 장소까지 결정되었다. 기지 건설을 위한 시추 공사를 저지하는 연좌농성이 헤노코에서 재개된 것은 2004년 9월이며, 반대운동은 90년대 후반까지 계속되었다.

〈호텔 하이비스커스〉의 무대는 바로 이 헤노코다. 이곳에서 행복하고 씩씩하게 살아가는 가족들의 모습을 한쪽 면만 비출 경우, 헤노코 기지반대운동에 눈을 감아버리게 되는 결과가 될 수도 있다. 마야 할머니가 등장하는 환상 속 장면은 강제 접수된 기지 철조망 너머로는 유령만이 살 수 있는, 더 이상 오키나와 주민들의 땅이 아님을 나타낸다. 1950년대에 패전국 일본이 미국을 위해 건설한 헤노코 캠프가 일본 본토인들의 안전보장과 점령지 확장을 노린 미군의 위험한 땅으로 변모했다는 것, 기지재편을 둘러싼 경위 등이 그려지고 있지만, 다른 한편으로는 그 문제에서 완전히 자유로울 수 있다는 가능성도 내비치고 있다.

나카에는 자신이 기지찬성파라는 것을 영화에 드러내려 했던 것일까? 아니면 애초부터 기지찬성을 염두에 둔 선전영화였을까? 실제로 기지재편을 위해 일본 정부가 퍼부은 경제적 지원은 어마어마했다.[9] 2000년에 규슈·오키나와 서미트[10]가 개최되었고, 최신 설비의 미래형 건물을 갖춘 공업전문학교가 개교하고, 다양한 공공시설이 건설되었던 것은 기지가 자리한 나고시에 대한 경제적 지원의 일환이었다. 그 서미트의 문화 이벤트를 연출한 이가 바로 나카에 유지였다.

〈호텔 하이비스커스〉의 마지막 장면은 가히 충격적이다. 미국에서 귀국하는 어머니와 언니를 환영하기 위해 미에코가 준비한 것은 '오카

오키나와현을 상징하는 깃발

에링고おかえりんご[11]'라고 적은 글씨와 붉은 사과 모양의 그림이 한가운데에 그려진 흰 깃발이다. 흰 바탕에 붉은 원을 중심에 그려 넣은 이 깃발은 흡사 히노마루日の丸를 연상시킨다. 여기서 히노마루가 오키나와에서 빈번히 내걸렸던 시기를 떠올릴 필요가 있다. 오키나와 전투 당시, 일본 복귀를 주창하던 시기, 그리고 국민체육대회가 개최되던 무렵이다. 즉, 오키나와가 일본으로부터 내버려지던 때, 안보를 위해 기지를 남겨두기로 결정하던 때, 기지반대운동을 제압할 때마다 히노마루가 내걸렸다. 헤노코에서 히노마루를 연상시키는 깃발을 들고 서있는 미에코의 모습이 의미하는 바는 무엇일까. 일본이라는 국가에 종속되어 일본을 위해 영구히 헤노코 기지를 받아들여야 한다는 것을 오키나와인들에게 암묵적으로 강요하는 것은 아닐까. 또한 깃발 속에 그려진 사과 안쪽에 새겨진 소용돌이 모양은 오키나와현을 상징하는 깃발과도 흡사하다. 히노마루의 붉은 원이 그 속의 또 다른 작은 원을 같은 색으로 물들이려는 것처럼 말이다. 이것은 일본이 오키나와를 자신들이 원하는 대로 이미지화하려는 것에 다름 아니다.

이 깃발이 기지마을 안에 내걸리는 것 또한 히노마루와 마찬가지로 적지 않은 문제점을 안고 있다. 잘 알려진 것처럼, 오키나와의 일본 복귀가 뜨겁게 주창되던 시대에 오키나와는 일본이라는 어머니(모체)의 품으로 돌아가는(귀속하는) 아이에 비유되어 왔다. 요컨대, 〈오키나와 조국으로의 길沖縄・祖国への道〉(구로사와 쓰요시黒沢剛 감독, 1967)에서 보듯, 일본과 오키나와는 "안아주고, 안기는 어머니와 아이의 관계"[12]로 표현되

는 경우가 빈번했다. 그런 점에서 미에코와 어머니의 재회는 오키나와와의 일본 복귀를 상징하는 것으로 볼 수 있다. 이 작품에서는 미에코가 어머니의 세계로 들어가는 문을 찾지 못하고 바깥 세계와 대치하는 사이 어머니의 세계로 진입해 성인으로 성장하는 것으로 그려진다. 즉, 유년기의 무질서하고 자유로운 세계와 결별하고, 성인의 질서에 길들여져 다시금 어머니와 함께 살아간다는 플롯은 그 자체로 '복귀'를 연상시키기에 충분하다. 일본이라는 방패막이를 잃고 미국에 의해 근대화가 추진되었던 오키나와가 근대-서양중심주의적인 일본 정부로 다시 복귀하게 되었음을 의미한다.

〈나비의 사랑〉 역시 '무언가를 잃고 일보전진한다'[13]라는 식의 일관된 구조, 다시 말해 가족을 잃고, 예로부터 전해내려 오는 마을의 질서를 버리고, 외부인과 연애를 하는 것으로 그려진다. 여주인공은 섬사람들의 충고를 무시하고, 바깥 세계의 사람과 사랑을 맹서하는 것으로 순수와 치유의 섬 오키나와라는 이미지를 획득한다. 나카에가 오키나와 사람들에게 커다란 지지를 얻을 수 있었던 것은 아마도 일본화·근대화되면서 오키나와 고유의 생활패턴을 버리지 않으면 안 되었던 사람들의 모순에 조용한 찬사를 보냈기 때문이 아닐까 한다. 오키나와가 걸어온 일본화·근대화를 스스로가 선택하게 함으로써 해피엔딩으로 끝을 맺는다. 오키나와 사람들이 걸어온 인생을 위무하는 것뿐만이 아니라, 영화 배경음악과 함께 일본이 원하는 오키나와가 되려는 모습이 고양되어 나타난다.

그렇다면 나카에는 일본화되어 가는 오키나와를 왜 이토록 밝게 묘사한 것일까? 혹여 눈물을 유도해 가면서 오키나와 사람들이 안고 있는 모순을 드러내 보이려던 것은 아니었을까? 나카에 유지는 여러 매체를 통해 "나는 오키나와에서 살아가는 이들의 모습을 있는 그대로의 모습으로 그리고 싶었다"[14]라고 밝혀 왔다. 거기에는 타자를 표상할 때 주의 깊게 생각해야 할 문제가 내제되어 있다.

만들어진 인사이더

어떤 한 사회에 대한 이야기를 다른 사회에 전달하고자 할 때, 사람들은 흔히 네이티브(일반적으로 백인의 시선에서 본 토착민·선주민)의 사고방식을 이해하고, 네이티브가 스스로를 어떻게 바라보고 있는지 알아야 한다고 말한다. 지금까지 많은 이들이 '타자' 표상에 진지하게 마주해 왔으며, 네이티브의 관점에서 바라보고자 하는 노력을 게을리 하지 않았다.[15]

트린 민하는 『달이 붉게 차오를 때When the Moon Waxes Red』에서 네이티브 표상, 타자 표상에 대해 흥미로운 논의를 전개한 바 있다. 간단하게 요약해 보자.

어느 특정 토지의 네이티브에 대한 표상은 대개 네이티브의 사고방식이나 세계관을 서양중심적이고 과학적인 질서를 갖는 장場에서 발표하는 행위를 통해 이루어진다. 다시 말해 특정 장소의 문화나 세계관에 대해 표상할 때, 그것이 과학에 입각한 사실임을 증명하지 않으면 안된다. 이를 위해 그 토지의 네이티브, 혹은 인사이더의 증명이 필요하다. 그런데 증명만으로 끝날 경우, 인류학자나 영화제작자에 의해 편집되거나 권력자들의 자의가 개입될 우려가 있다. 그렇다고 해서 인류학자가 네이티브를 이해하기 위해 자신을 네이티브의 위치에 둘 수도 없는 노릇이다. 이 곤란함을 해소하기 위해 특정 네이티브를 그 권력자들이 원하는 관심대상이나 질서에 공헌하도록 훈련시키는 방법도 종종 동원된다. 예컨대, 인류학자가 자신의 지도하에 네이티브 학생을 교육시켜 인류학 관련 학술 발표회 자리에서 이상적인 네이티브 발언을 하도록 만드는 것이다. 트린 민하는 권력자들이 이상적인 '인사이더'를 훈련해 서양중심적이고 과학적인 질서가 요구하는 '인사이더'의 정보를 정확하게 전달하는 공헌자로 이용하고 있다고 지적한다.[16]

나카에 유지와 오키나와의 연기자들, 그리고 오키나와라는 무대와 문화의 관계는 인류학자로 훈련받은 '인사이더'와 닮아 있다. 그는 〈호텔 하이비스커스〉 공식채널을 통해 주연을 맡은 오키나와 태생(당시 초등학생) 구라시타 호나미^{蔵下穂波}에 대해 다음과 같이 말한다.

"아직 아이들이라 각본을 읽고 외워서 연기를 할 만한 수준이 못 되었습니다. 리허설에서 스텝이 세세한 부분까지 지시하는 것이 아니라, 이러이러한 장면이라는 것만 설명해 주고 동작이라든가 대사는 아이들끼리 알아서 하도록 내버려 두었죠. 저는 아이들이 재미있게 연기할 수 있도록 약간의 힌트만 주었을 뿐입니다."[17]

분명 오키나와 억양은 물론 일본어도 유창하게 말하는 구라시타는, 요 기미코의 부자연스러운 방언 연기라든가 성인 연기자들의 내사 전달력보다 훨씬 뛰어났다. 아이들 세계를 생생한 대사로 전달하는 것은 물론 자연스럽게 있는 그대로의 모습을 미에코라는 인물을 통해 보여주었다. 구라시타는 영화 촬영 전까지만 하더라도 수줍음이 많았는데, 촬영이 끝나고 각지를 돌며 무대인사를 하는 모습은 완벽한 미에코의 모습 그 자체였다고 말한다.[18] 이렇게 볼 때, 구라시타는 나카에의 조언대로 미에코 역할을 훌륭하게 완수한 것이 된다. 구라시타 본연의 모습이 미에코에게도 어느 정도는 반영되었겠지만, 나카에의 조언이 개입된 이상 인류학자가 네이티브를 훈련하듯 구라시타 또한 훈련을 통해 영화의 이미지를 만드는 데에 공헌한 것이 된다. 수줍음 많던 구라시타는 미에코처럼 밝고 명랑한 캐릭터로 변화한 것이다. 구라시타는 제작자의 훈련을 통해 미에코라는 인물을 "있는 그대로의 자신, 있는 그대로의 오키나와 아이"를 연기해 보임으로써 나카에의 오키나와 표상이 진짜인 것처럼 증명해 보였다.

　나카에는 평소 자신이 연기지도를 하는 것이 아니라, 오키나와 사람들이 자신들만의 여기를 보여주는 것을 중시한다고 강조해왔다. 예컨대, 〈나비의 사랑〉에서 오키나와 예능계의 중진들의 연기를 있는 그대로 촬영했으며, 샤미센 연주가 도가와 세이진登川誠仁의 경우도 그가 가진 고유성을 헤치지 않으려고 노력했다고 말한다.[19] 〈그리워서恋しくて〉(2007)에 이르면 그러한 경향이 한층 더 강화되는데, 촬영 과정에서 배우들이 등장인물에 동화되어 가는 모습에 대해 구체적으로 발언한 바 있다.[20]

　나카에는 오키나와 배우들과 마찬가지로 풍경과 음악, 요리, 의상, 기지 등의 오키나와 표상 역시 네이티브의 '정당성'을 확보하기 위해 동원했으며, 과학적 질서와 권력자들 입맛에 맞는 '인사이더'의 모습을 투영시켜 왔다. 이 영화에서 오키나와 표상은 대다수 일본인 관객이 공통으로 인식하고 있는 오키나와다운 모습에 다름 아니다. 일본 유일의 지상전이라 일컬어지는 오키나와 전투를 겪고, 기지도 존재하지만, 일본과는 다른 풍습을 갖고 아름다운 아열대의 자연이 있으며, 알아듣지

못하는 언어를 말하는 노인들이 있는 곳. 일본인 관객들의 오키나와 인식을 그대로 따른 구라시타가 연기한 미에코라는 인물은, 오키나와의 역사와 문화 그리고 일본의 역사와 문화를 월경하는 존재이며, 오키나와의 이미지를 일본의 구미에 맞는 스타일로 고정화하고, 관객과 오키나와의 간극을 봉인하기 위한 통역자 역할에 지나지 않는다. 문화를 묘사하는 데 있어서도 나카에의 작품은 일관된다. 주인공 역의 젊은이들은 오키나와의 옛 문화를 몸소 체현하려 하지 않는다. 연장자들이 연주하는 샤미센을 듣고 즐길 뿐이다. 방언을 알아 듣기는 하지만 자신의 입으로 말하지는 않는다. 예로부터 전해 내려오는 오키나와의 문화에 동화되고 있는 모습이 일절 없는 것이다. 나나코가 부르는 〈19세의 봄〉과 미에코가 부르는 〈미루쿠부시ミルク節〉 역시 민요의 민짜도 모르는 이가 부르는 모양새다. 이러한 모습들을 마냥 밝게만 그리는 것을 어떻게 이해해야 할까? 일본화되어 가는 것을 찬미하고, 오키나와의 옛 전통과 생활양식은 그저 웃으며 지나쳐 버리고 있는 것은 아닐까?

나카에는 속물적으로 서사를 날조하지 않으면 영화가 성립되지 않는다고 말하면서도, 로셀리니Roberto Rossellini를 '기록의 작가'라며 상찬하고, 자신이 얼마나 기록을 중시하는지 강조해 왔다. 그런데 오키나와의 정치적, 사회적 상황에 등 돌리고, 오로지 행복과 치유의 공간으로 조형하고, 또 오키나와 배우들을 자신이 만든 각본 속 인물을 연기하는 데 동원해 왔다. 이 안에는 감독 자신의 입장은 전혀 보이지 않는다. 그는 '있는 그대로'의 우치난추, 오키나와의 '인사이더'를 있는 그대로 묘사하겠다는 입장을 취하며 자신의 포지션은 완벽하게 지워버린다. 그 결과, 밝고 행복한 나날을 보내며, 일본인들을 치유하고, 기지를 존속시키는 데 공헌하는 '이상적인' 인물 조형에 성공한다. 더 나아가 나카에는 그러한 표상을 구축하는 과정에 '인사이더'가 함께 했다는 것을 내세워 '진실'을 표방하려고 한다. 나카에의 작품을 접한 대다수의 오키나와 관객들 역시 구라시타가 연기한 밝고, 즐겁고, 행복한 우치난추로, 일본을 치유하고, 기지를 존속시키기 위한 공헌자로, 또 일본이 원하는 네이티브로 훈련되어 가는 모습에 익숙해져 간다. 우리는 오키나와인을 스테레오타입화하는 과정에서 그 정당성을 증명하기 위해 네이티브를 훈련해 가는 포스트 나카에의 존재에 자각적일 필요가 있다.

교토 태생인 나카에 유지는 대학 진학과 함께 오키나와로 건너왔다. 오키나와와 일본 사이에 자리한 자신의 위치와, 서사의 날조와 기록에 의식적인 작가이다. 즉, 인사이더와 아웃사이더, 할리우드식 대량생산에 균열을 넣고자 하는, 중간자, 월경자라는 포지션에 자신을 자리매김하고 있을 터다. 그런데 그는 자신의 그러한 중간자적 입장을 미국이나 일본의 질서 쪽에 예속시킴으로써 자신이 속한 포지션에 권력을 부여하고 과시하고 있는 듯 보인다.

3. 다카미네 쓰요시, 타자와 월경하는 자들

이시가키섬에서 태어나 나하에서 자란 다카미네 쓰요시는, 대학 진학과 함께 교토에서 생활하며 오키나와 관련 영화를 만들어 왔다. 그는 학창시절에 앤디 워홀의 영향을 받아 영화, 회화, 사진 등 특정 장르에 국한되지 않고 자유롭게 창작활동을 하며 자신의 아이덴티티를 모색해 갔다.

그는 자신의 삶의 터전인 교토보다 고향인 오키나와를 택한 것이다.[21] 초기 작품에서는 현실과 환상이 혼재된 풍경이나 개인적인 시선과 공상을 엿볼 수 있다. 다카미네는 정치적 의도를 갖고 '오키나와'의 현실 풍경에 마주하는 것이 아니며, 환상적인 이공간으로서의 '오키나와'를 만들려는 것도 아니다. 자신과 가장 가까운 곳, 자신이 살아왔던 곳에 카메라를 향한 것이다. 〈사싱과サシングヮー〉(1973), 〈오키나완 드림쇼オキナワンドリームショー〉(1974), 〈오키나완 지루다이オキナワン チルダイ〉(1976) 등의 초기 작품은 구조적으로 완전히 다르다. 그런데 초기 작품에서 일관되게 그리고 있는 것은, 일상의 풍경이면서 동시에 거기서 살아온 이들의 다양한 상상을 가능케 하는 공간으로서의 오키나와이다. 다카미네는 이후 80년대에 들어서면서 본격적인 극영화 〈파라다이스 뷰〉와 〈운타마기루〉를 제작했다. 그는 하나의 작품 안에서 다수의 등장인물과 복수의 서사를 이야기하는 방법으로 오키나와의 역사와 문화, 정치적 상황을 연결시켜 간다. 이 두 작품에서는 80년대의 일상적인 풍경이 아닌, 전쟁 전 오키나와 고유의 건축양식과 촌락 형태, 의상, 방언을 부각시켜 보이고, 오키나와 연극인들을 다수 기용했다. 훗날 나카에에게 큰 영향을 미친 오키나와 문화를 전면에 배치하는 방식은 이때부터 등장했다. 90년대 이후에는 다큐멘터리와 극영화, 회화와 노래, 공상과 현실을 담아낸 영상 등, 다카미네 영화는 그야말로 여러 장르의 미디어가 교차하는 장으로 기능했으며, 초기 작품과 그 이후의 극영화를 조합한 새로운 시도가 펼쳐지는 장이기도 했다. 이 안에는 전후 오키나와에 널리 퍼졌던 시멘트 양식의 민가, 방언과 일본어가 섞인 젊은이들의 언어도 등장하며, 현대 오키나와 문화의 면모가 다양하게 드러난다. 1999년에 발표된 〈몽환류큐

쓰루헨리〉(이하, 〈쓰루헨리〉로 약칭)와 그 속편 〈몽환류큐 오키나와 시마우타 파리의 하늘에 울리다〉(이하, 〈파리의 하늘〉로 약칭)는 그러한 방법을 집 대성한 것이라고 봐도 좋다.

역사와 상상력의 경계를 넘다

다카미네는 〈쓰루헨리〉 제작에 앞서 〈러브의 사랑ラブーの恋〉이라는 극영화 각본을 나카자토 이사오와 공동으로 집필하는데, 재정 문제로 중도에 제작을 포기한다. 〈쓰루헨리〉는 주인공 쓰루(오시로 미사코)가 길에 떨어진 이〈러브의 사랑〉의 각본을 줍는 장면에서부터 시작된다. 쓰루는 라디오 방송 '방랑 시마우타 소식放浪島唄便り'이라는 코너에 출연 하는 시마우타 가수다. 이 코너는 실은 쓰루가 오키나와 이곳저곳을 돌 며 이끌어가는 방송이다. 〈쓰루헨리〉 속 〈러브의 사랑〉 각본은 메카루 メカル 감독이라는 인물이 쓴 것으로 설정되어 있다. 쓰루는 이 각본을 영화화하자고 메카루에게 제안하러 가고, 메카루는 그런 쓰루의 모습 에 애정을 느끼지만 타이완으로 떠나버린다. 이에 쓰루는 자칭 고등변 무관이라는 사람과 관계를 맺게 되고 둘 사이에서 태어난 아들 헨리와 함께 〈러브의 사랑〉 제작에 돌입한다. 두 사람은 영화 제작을 위해 메 카루를 만나러 타이완에도 드나든다. 그러나 제작비를 마련하지 못해 영화 제작은 좌절되고 영상과 연극을 융합한 연쇄극 형식의 〈러브의 사랑〉을 상연하게 된다.

다카미네는 오키나와 고유의 문화와 음악, 건물, 의상을 영화 속에 담아내지만 나카에식의 '오키나와다움'과는 거리가 멀다. 쓰루는 류큐

〈쓰루헨리〉에서 '방랑 시마우타 소식'을 방송 중인 쓰루. 나카자토 이사오(仲里効) 촬영.

복장에 검은 선글라스를 끼고, 샤미센이 아닌 전자기타를 켠다. 메카루의 집에는 불단仏壇도 놓여있긴 하지만 오키나와 고유문화가 아닌 이상하게 생긴 인형과 개미집 등 다양한 오브제로 가득하다.

이렇듯 다양한 인물들과 플롯에 오키나와 역사를 겹쳐 보이는 것이 다카미네 극영화의 가장 큰 특징이라 하겠다. 헨리는 자신이 고등변무관의 아들인 점, 사진 속 얼굴이 자신과 닮았다는 점에서 〈러브의 사랑〉의 등장인물인 제임스ジェームズ와 자신을 동일시한다. 메카루 감독 또한 자신을 제임스와 중첩시켜 헨리 제독의 양자와 류큐처분琉球処分에 저항한 니시바루西原가 자신의 선조라고 말한다. 이처럼 헨리는 제임스에게 자기동일화하는 한편, 자신이 일본을 비롯한 외세의 지배를 받아온 역사, 그리고 당나라와 일본, 미국의 혼혈이라는 인식, 더 나아가 현재의 오키나와를 상징하는 존재임을 자각한다. 그들은 자신의 출신과 오키나와의 유사성을 확인하는 순간 자신들만의 새로운 서사를 만들어가기 시작한다. 다카미네는 기왕의 오키나와 역사를 개인의 서사로 다시 메워가는 작업을 시도한다. 그와 동시에 현실 세계에서 〈러브의 사랑〉 각본이 완성되었음에도 영화 제작에 이르지 못한 것은 다카미네나 메카루, 헨리, 제임스 모두 마찬가지다. 그런 점에서 다카미네 역시도 오키나와와 중첩되는 것이다. 제임스는 고등변무관 출신 아버지를 찾아 미국으로 갔다가 어떤 조직에 붙잡혀 기억을 모두 말살당하고 오키나와로 돌아온다. 제임스는 그때의 정신적 충격으로 말미암아 결국 어머니와 함께 바다로 들어가 자살하기에 이른다. 반면, 헨리는 미국행을 택하지 않고 오키나와 해변에서 가라테 연습에 매진한다. 메카루는 각본을 완성한 후 헨리처럼 정신적으로 방황하다 타이완으로 건너가 유

랑한다. 헨리와 메카루의 차이는 곧 다카미네 감독의 오키나와 인식을 나타낸다. 각각의 역사를 짊어진 〈쓰루헨리〉 속 등장인물들은 자기와 타자의 경계 저 너머의 상상력으로 연결되어 있으며, 다시 자기자신으로 돌아오기도 하는 월경자이다. 다카미네 감독은 그들과 함께 월경을 시도하는 존재로 스스로를 자리매김하고 있다.

그런데 그뿐만이 아니다. 90년대 이후의 다카미네는 비디오 편집이 간편해짐에 따라 필름 속 영상과 음악을 다양화하고, 중층적으로 포개기도 하면서 경계선을 자유자재로 넘나든다. 특히 흥미로운 것은, 영화 속 현실, 헨리가 휴대용 카메라를 돌려가며 촬영한 영상, 쓰루가 들여다보는 현미경 영상, 고자폭동[22]을 기록한 영상, 다카미네가 그린 알록달록한 수채화 등 차원이 다른 영상들이 뒤섞여 등장하는 점이다. 이를테면, 쓰루와 헨리와 메카루가 공유하는 현실, 헨리의 꿈, 쓰루의 망상, 제임스가 목격한 폭동, 다카미네와 관객을 사로잡는 환상 등등. 이들 영상은 콜라주처럼 편집되기도 하고, 오버랩시켜 한 화면에 중첩시켜 표현되기도 한다. 그리고 다양한 인물들의 입장과 표현매체, 역사가 액체처럼 용해되는 것이 아니라, 오키나와를 대표하는 음식 찬푸르チャンプルー처럼 각각의 고유의 맛을 간직하면서 섞여들어 간다. 다양한 입장의 사람들이 상상과 공상을 통해 서로의 경계를 넘어 이야기를 나누고, 동화되고, 또 각기 다른 시점을 획득해 가는 모습을 영상이라는 매체를 통해 구현하고 있는 것이다.

차이를 다시 응시하는 사람들, 몇 가지 서사

NHK 에듀케이션이 기획한 오시로 미사코의 파리 라이브 공연에 다카미네 감독이 동행한다. 〈파리의 하늘〉은 그때 만들어진 작품이다. 오시로의 목소리가 어떻게 하면 파리 관객들을 사로잡을 수 있을지, 파리에서 〈쓰루헨리〉를 흥행시켜 보이겠다는 포부가 필름 첫 부분에 등장한다. 편집은 기본적으로 NHK 규정에 따르기로 하고, 영상 기법이나 매체를 다양하게 혼합하는 방식으로 변화를 시도한다. 다카미네 감독이 직접 내레이션을 넣은 점도 주목할 만하다.

〈파리의 하늘〉 전반부에서는 다카미네와 오시로를 둘러싼 주변 풍경을 다큐멘터리 형식으로 촬영하고 있다. 관광객을 싣고 세느강을 순회하는 배 위에서 다카미네와 오시로가 대화를 나누는 장면, 라이브 장면, 와인바에서 즉흥적으로 노래하는 오시로와 그녀 주변에서 춤추며 즐기는 파리 시민들, 시장에서 사람들과 대화를 나누는 오시로의 모습, 이스라엘 재즈피아니스트의 모습 등이 비춰진다.

쓰루가 된 오시로 미사코는 카메룬의 타악기 연주자와 함께 에펠탑 전파를 마음대로 끌어와 〈쓰루헨리〉의 '방랑 시마우타 편'을 제작하기도 한다. 쓰루를 사랑하지만 도망쳐 버린 〈쓰루헨리〉 속 메카루 감독도 이곳 파리에 건너와 있다. 메카루는 가마도 파리カマド・パリー라는 이름의 여성과 연인관계로 설정되었기에 쓰루와 직접적으로 접촉하는 씬은 등장하지 않는다. 그 대신 카메라로 쓰루를 쫓는다. 메카루가 파리에 있다는 것을 알게 된 쓰루는 시마우타를 부르며 파리 이곳저곳을 헤맨 끝에 그와 그녀의 연인이 거주하는 아파트를 찾아낸다. 셋은 다 쓰러져

에펠탑을 배경으로 한 〈파리의 하늘〉의 한 장면. 노무라 게이코(野村惠子) 촬영.

가는 아파트 제일 꼭대기 층 방에서 파리 시내를 내려다보며 이야기를 나눈다. 메카루와 가마도 파리의 관계를 알게 된 쓰루는 충격을 받고, 가마도 파리에게 당신도 곧 버려지게 될 거라고 악담을 퍼붓는다. 그러나 곧 메카루에게 "나는 혼을 잃은 남자, 즉 마치부이 롤링스톤マチブイ ローリングストーン이에요. 나는 마다가스카르로 여행을 떠나겠어요"라며 자리를 뜬다.

다시 파리 거리를 헤매고 다니던 쓰루는 한 영화관 쇼윈도에 붙여진 〈몽환류큐 쓰루 인 파리〉(감독 메카루)라고 적힌 한 장의 포스터를 발견한다. 관객은 쓰루 하나. 이 필름은 메카루가 촬영한 파리 거리 사진을 주제로 한 것이었다. 다카미네의 처녀작 〈사싱과〉와 같은 기법으로 정지영상이 슬라이드쇼처럼 상영되는 방식이다. 〈사싱과〉가 다카미네의 어렸을 적 가족사진이 어둠 속에서 나타났다 사라졌다 하는 방식이라면, 〈파리의 하늘〉에서는 다카미네 가족사진에 더하여 어린시절 다카미네 사진과 오시로 미사코의 사진을 겹쳐 보여준다. 즉, 오시로 미사코가 쓰루와 자신을 동일시하고, 다카미네 자신도 쓰루와 오시로에게 교차시켜 보여주는 방식인 것이다. 파리에서 오시로를 쫓는 다카미네는 파리에서 쓰루를 쫓는 메카루와도 중첩된다. 메카루, 다카미네, 오시로, 쓰루가 서로 교차하며 경계가 혼란스러워진다. 〈쓰루 인 파리〉를 모두 관람한 쓰루는 눈물을 흘리며 〈나쿠니ナークニー〉('아직 정이 남았다면

〈사싱과〉에 등장하는 어린시절의 다카미네 사진. 촬영자 미상.

지옥 끝까지라도 따라가겠어요'라는 내용의 민요)를 노래한다.

이어서 장면이 바뀌며 현실의 오시로와 다카미네로 돌아온다. 오시로의 라이브가 펼쳐지는 가운데 파리 시민들을 인터뷰하는 장면, 세느강에서 다카미네와 오시로가 가데카루 린쇼에 대해 이야기를 나누는 장면, 마지막은 오키나와로 귀국한 다카미네와 오시로가 서로의 영화와 노래에 대해 이야기를 나누는 다큐멘터리 형식으로 끝을 맺는다.

자신의 위치와 대치함으로써 타자를 말하다

앞서 언급한 나카에의 연기지도를 둘러싼 문제, 트린 민하의 타자 표상을 둘러싼 문제를 좀더 생각해 보기로 하자.[23] 훈련된 네이티브 가운데에도 권력자가 요구하는 '인사이더'의 모습에 어긋나거나 튕겨져 나가는 사람도 있을 것이다. 그런 사람은 아웃사이더가 요구하는 '인사이더'의 모습을 하고 있지 않음은 물론이려니와 인사이더와 아웃사이더의 장벽을 넘어선 모습을 보이기도 한다. 일단 외부 세계의 질서에 훈련된 인사이더는 특정 토지에 대해 훈련된 시선으로 바라보기도 하지만, 네이티브 입장에서 내부의 시선으로 보는 경우도 있다. 또 어떤 때는 외부와 내부의 시선과 다른 방식으로 보는 경우도 있다. 이 인사이더는 안과 밖을 넘나들며 개인으로서의 위치와 차이를 주장한다.

트린 민하의 언급을 다시 한번 떠올려 보자. '정당한' 인사이더의 표상과 있는 그대로의 인사이더의 모습이란 애초부터 존재하지 않는다. 거기서부터 출발해 트린 민하는 특정 토지와 네이티브와 타자를 표상하기 위해 필요한 것은 인사이더와 아웃사이더의 표리를 갖는 개인으로서 이들과 마주하는 자세라고 말한다. 그렇다고 해서 개인과 네이티브와 관련된 역사와 문화를 무시하라는 것은 아니다. 개개인의 역사와 출신을 배제하고서는 타자와 만나는 것도, 마주하는 것도 불가능하기 때문이다. 또, 트린 민하는 표상이라는 행위 자체에 안과 밖이 존재하며, 하나의 표상을 산출하는 것은 타자의 이미지를 고정해 버릴 위험성이 있다고 지적한다. 모든 '사私'적인 것의 내부에 '부적절한 타자'[24]가 자리하고 있음을 자각한다면 타자 표상도 가능하다고 말한다.

한편, 〈파리의 하늘〉에는 오시로가 구사하는 방언이 무슨 의미인지 묻는 장면이 등장한다. 다카미네는 줄곧 영상을 찍는 시선으로 말을 걸며, 오시로는 가수의 입장에서 답하는 형식이다. 각자 다른 이야기를 할 때도 있고, 공통된 이야기를 할 때도 있는데, 묘한 공감대와 차이가 부각되어 나타난다. 영상제작자이면서 오키나와에서 태어나 자랐지만 그 문화에 정통하지는 못한 다카미네와 가수이면서 오키나와 문화에 정통한 오시로가 서로를 만나고 있는 것이다. 다카미네는 아웃사이더의 위치에서 오키나와 예능 방면의 인사이더인 오시로와 만나며, 오키나와라는 공통점을 갖는 인사이더로도 만난다. 그것은 흡사 동전의 양면처럼 〈쓰루헨리〉 속 제임스와 헨리, 메카루, 더 나아가 다카미네 자신과도 닮아 있다. 다카미네는 개개인 안에 자리하는 안과 밖을 선명히 하고, 개개인의 주체성을 만든 상황의 차이(공통점, 차이점 포함)를 그려낸다. 오키나와에서 태어나 그곳에 쭉 거주해온 네이티브의 표상은 결코 하나의 이미지로 고정될 수 없다.

나카에 작품 속 인물들과 달리 다카미네 작품 속 젊은이들은 오키나와의 옛 문화를 직접 습득하려는 모습을 보인다. 예컨대, 헨리는 가라테를 배우고, 오시로와 동행한 제자들은 파리에서 오키나와 민요와 샤미센 솜씨를 유감없이 발휘한다. 그런데 다카미네 영화는 오키나와 문화를 습득하는 신체에 머물지 않고, 일본화해 가는 신체 또한 묘사한다. 무엇보다 〈파리의 하늘〉 속 다카미네 자신이 그러하다.

〈쓰루헨리〉와 마찬가지로 자신과 타자의 차이를 응시하는 동시에 동일화하는 장면들이 등장한다. 〈파리의 하늘〉 속 등장인물들은 월경을 통해 비非개인화되고, 폐쇄적이지 않은 공간을 찾아가며, 개인의 역사를 소홀히 하지 않는다. 이스라엘 출신 피아니스트와 카메룬 출신의 타악기 연주자, 그리고 오시로가 함께 하는 장면은 그 좋은 예이다. 각기 다른 리듬과 음계에 당황하기도 하고, 서로 박자를 맞춰 가기도 하며, 기분 좋은 하모니를 이룬다. 위화감을 느끼기도 하고, 동화와 이화가 역전되기도 한다. 이렇듯 자기와 타자의 관계를 왕복하는 듯한 행위는 〈파리의 하늘〉 전반에 걸쳐 펼쳐진다. 관객들은 오시로 미사코가 류큐 복장을 하고 늘 샤미센과 함께 하는 모습이 다카미네의 전략적 연출에 의한 것임을 알아차린다. 그와 동시에 관객들은 영화 속 픽션 장면을 논픽션이라고 착각하기도 한다. 〈쓰루 인 파리〉를 보며 울고 있을 오시로를 상상하기도 한다. 어떤 것이 논픽션이고 어떤 것이 픽션인지 구분이 모호한 채, 그 경계를 넘나들고, 그 차이를 공상하게 하는 장을 관객들에게 마련해 주었다는 데 중요한 의미가 있다. 진실과 공상, 현실과 공상의 세계. 겉으로 드러내기도 하고, 뒤집어 보이기도 하고, 끊임없이 경계를 넘나들면서 서로가 중첩되고, 차이를 발견해 가는 것. 다카미네는 영화 속에서 개개인의 월경을 독려한다.

이 작품은 여타 작품과 마찬가지로 다양한 미디어가 동원된다. 창문,

〈파리의 하늘〉의 한 장면. 비둘기가 노니는 파리의 거리에서 포즈를 취하고 있는 오시로 미사코. 노무라 게이코(野村惠子) 촬영.

쇼윈도, 검은색 피아노에 비추는 오시로를 포착하기 위해 여러 개의 거울과 창이 준비된다. 이것은 네이티브로서의 오시로 미사코가 결코 하나의 표상으로 비춰지지 않음을 의미할 것이다. 〈쓰루헨리〉의 영상에서는 〈쓰루헨리〉 내부의 음성과 자막으로, 〈파리의 하늘〉에서는 다카미네가 〈쓰루헨리〉를 해설하는 음성을 통해서 그야말로 다성적으로 표현된다. 이 작품 안에 있는 〈쓰루헨리〉의 후편이라고 할 만한 극영화와 그 극영화 안에서 촬영되는 〈쓰루 인 파리〉와 그 〈쓰루 인 파리〉 속 〈사싱과〉 등등. 여러 개의 극 중 극(영화 속 영화)으로 연결되어 있다. 하나의 작품이 단순히 한 작품에 머무는 것이 아니라 여러 개의 작품이 연결되어 비로소 완성되는 것이다. 이 착종된 관계 속에서 서로에게 영향을 미치고, 차이를 드러내면서, 서로를 응시한다. 헨리와 제임스의 입을 통해 "나는 오키나와를 군사기지로 삼고 있는 미국을 신용하지 않는다. 조국이라고 부르는 일본도 신용하지 않는다. 나의 거처를 당사자인 나를 빼고 아무렇지도 않게 결정하는 국가에 이제 정말 질린다"라며 울분을 토했던 〈쓰루헨리〉를 떠올려 보자. 〈파리의 하늘〉에도 "이러한 막다른 혼돈을 뚫고 희망을 발견하고 싶다"라는 다카미네의 내레이션과 함께 이 장면이 삽입되었다.

그렇다면, 〈파리의 하늘〉에서 다카미네는 파리를 어떻게 묘사하고 있을까? 우선, 다카미네는 류큐 복장을 한 오시로 미사코를 문화와 영화의 중심지라 할 수 있는 파리로 옮겨 놓는다. 오시로가 메카루를 발견한 아파트 문과 나선형 계단, 오시로와 메카루가 거닐던 파리의 거리들은 장 뤽 고다르Jean Luc Godard와 트루포Truffaux로 대표되는 프랑스 영화에 수도 없이 등장했던 장면이다. 또한, 〈쓰루 인 파리〉를 영화의 메카라 할 수 있는 파리의 영화관에 내건 것에서 다카미네의 작품에 대한 자부심을 엿볼 수 있다. 파리라는 중심지에 주변적 존재를 배치하여 위화감을 자아내지만, 그와 동시에 파리의 풍경과 그들의 삶 속으로 자연스럽게 파고들어가는 오시로의 모습 또한 묘사되고 있다. 다카미네는 파리에서도 동전의 양면을 뒤집듯 영화사의 탈중심화를 꾀했던 것이다.

잘 알려진 관광명소 세느강을 유영하는 배 위에서 오시로와 다카미네가 대화하는 장면은 영화의 첫 부분과 마지막을 장식하고 있다. 이 장면은 이동과 방랑을 거듭해 온 두 사람의 삶을 대변한다. 그와 동시에 이 세느강 크루즈 장면은 "파리는 아시아의 도피처가 아니다"라는 가마도 파리의 발언을 상기시킨다. 오키나와에서 건너온 이들 역시 파리를 향해 오리엔탈리즘적 시선을 거울처럼 비추고 있을지 모르기 때문이다. 모든 '사'적인 것의 내부에 '부적절한 타자'가 자리하고 있음을 자각한다면 타자 표상도 가능하다는 앞서의 트린 민하의 발언처럼 말이다.

오키나와와 일본 등지에서 봐왔던 익숙한 풍경이 아닌 이국적 풍경. 그러나 영화 속에서는 익숙한 향수를 자극하는 풍경. 다카미네가 이 영화에서 그리고 있는 파리라는 공간은, 오시로의 노래에 맞춰 함께 춤추고, 쓰루처럼 메카루에게 한눈에 반하는 사람들이 사는 삶의 현장이자 생활터전에 다름 아니다. 다카미네는 특정 질서에 포섭되는 것이 아니라, 서로의 차이에 대해 예를 갖추고 자신만의 시선으로 파리를 포착하고 있는 것이다.

4. 나가며

나카에 유지는 일본과 미국의 입장에서 볼 때 불편함이 없는 '인사이더'들이 사는 곳으로 오키나와를 묘사해 왔다. 그런 점에서 나카에의 작품 속에 표현되고 있는 월경은 그 경계선이 한층 더 선명해지는 결과를 낳았다. 일본을 위시한 서구중심주의에 포섭된 여러 나라들이, 국가에 종속된 네이티브의 신체를 만들어내기 위해 구축한 경계선을 부각시키는 기재가 바로 월경인 셈이다. 나카에의 작품 속 오키나와는 대개 중국의 티벳처럼 관광지로서의 이미지, 일본인들의 지친 심신을 치유하는 이미지, 안보를 위해 군사기지를 떠안고 있는 이미지, '오키나와다움'을 간직한 월경의 공간으로 표상된다. 이런 류의 나카에 영화가 1999년 이후 대량으로 생산된다. 이러한 이미지로 수많은 일본인 관광객과 이주자들을 오키나와로 불러들였다. 만 명 단위의 이주자와 관광객을 끌어안게 된 오키나와는 지금 호텔 건설 붐을 이루고 있다. 이도離島의 아름다운 산호초 위로 공항이 들어서고, 무분별한 개발에 따른 환경오염은 날이 갈수록 심각해지고 있다. 나카에 영화를 통해 오키나와에 매료된 사람들은 기지문제에는 아무런 관심도 없고, 헤노코 기지 재편은 제어가 안 되고 있다. 기지반대운동 연좌농성 현장에 자위대가 돌입하는 오키나와의 현 상황에 우리들은 눈 감아서는 안 된다.

다카미네의 월경은 어디까지나 개인을 주체로 하는 월경이며, 국경이나 서구중심주의에 매몰된 사유에 의문을 던지는 월경에 다름 아니다. 타자와 자기를 동일시하고, 구별하고, 공감하며 차이를 인정하기 위한 개별적 월경인 것이다. 그래야만 타자와 마주할 수 있으며, 다양한 세계와의 소통도 가능해질 것이다. 그는 오키나와를 관광주의적 시선으로 주시하는 것이 아니라, 개인과 개인의 시선을 교차시킴으로써 경계를 넘어선다. 다카미네의 일련의 작품군은, 작품 속 등장인물 제임스, 헨리, 다카미네가 그러했듯, 일본이 일방적으로 발신하는 오키나와 표상에 의문을 갖고, 국가체제에 이의를 제기하는 개인의 목소리들을 모아 공진하는 장場을 마련하고 있다.

　그렇다면 우리는 일상적인 삶 속에서 타자와 어떻게 관계해야 할까? 우리는 월경이라는 행위 속에 내포되어 있는 복수의 의미를 그냥 지나쳐 오지는 않았을까. 우리가 타자와 관계하는 것은, 타자를 하나의 질서체계에 복종시키기 위함일까, 아니면 서로의 차이를 다양한 형태로 마주하기 위함일까. 예컨대, 〈나비의 사랑〉처럼 할리우드 영화나 프랑스 영화나 고향의 친척집을 찾는 서사는 낯설지 않다. 이를테면, 나 자신도 〈가든 스테이트Garden State〉(Zach Braff, 2004), 〈엘리자베스타운Elizabethtown〉(Cameron Crowe, 2005), 〈팀원L'Équipier〉(Philippe Lioret, 2005)[25] 등의 작품에서 안식을 찾았듯 말이다. 혹시라도 내가 이들 작품을 감상하면서 특정 지방도시에 환상을 품고 편의대로 구획해 버리지는 않았는지 염려된다. 오키나와가 일본에서 건너온 이들을 치유하는 땅이기도 함을 이해하지 못하는 바는 아니다. 다만, 최근 오키나와를 비롯한 지방도시를 둘러싼 환상이 오로지 치유로 수렴되어 버리는 현상은 재고의 여지가 있을 것이다. 여기에는 어떤 정치적 기능이 작동하고 있는 걸까? 향후 이러한 문제와 피하지 않고 마주해야 하며 오키나와 표상에도 보다 자각적이어야 할 것이다.

5. 덧붙이는 말

이 글은 심포지엄에서 구두 발표한 것을 수정·보완한 것이다. 발표에 대한 토론을 맡아준 사이토 아야코斎藤綾子 씨로부터 다음과 같은 질문을 받았다. 교토에서 태어나 오키나와로 건너간 나카에의 타자 표상 문제를 드러내 보여주었으며, 그와 반대로 오키나와에서 태어나 밖으로 나간 다카미네의 네이티브로서의 표상 가능성을 제시해 주었다. 그렇다면 오키나와 출신이 아닌 사람이 오키나와를 다룰 경우 어떻게 해야 하나? 라는 질문이었는데, 이에 대해 모리구치의 예를 들어 간단히 답하고자 한다.

모리구치는 1937년 도쿄에서 태어났다. 그는 다마가와학원玉川学園 시절의 친구이자, 훗날 〈울트라맨ウルトラマン〉 각본을 쓴 긴조 데쓰오金城哲夫의 고향 오키나와를 찾은 적이 있다.[26] 그에게 첫 오키나와 방문이었다. 모리구치는 긴조의 어머니가 오키나와 전투로 다리를 잃었다는 이야기에서부터 기지가 촉발하는 여러 문제를 목도하고 오키나와 문제를 내지 사람들에게 전하는 일에 종사하기로 마음먹는다. 그는 1959년부터 오키나와에 거주하면서 신문기자와 니혼테레비日本テレビ 다큐멘터리 방송제작자로 활동했다. 모리구치는 기지로 빼앗긴 지주들의 투쟁과 히메유리 부대에서 살아남은 사람들, 일본 복귀를 둘러싼 현민의 의견, 재일오키나와인이라는 정체성을 갖고 있는 조각가, 과소화되는 이도 문제 등, 오키나와 곳곳에 카메라를 향한다. 오키나와 이곳저곳을 돌며 다양한 사람들을 취재해 총 28개의 제작물을 완성했고, 그때 만난 사람

들과의 관계가 지금도 계속되고 있다.[27] 모리구치는 다각적으로 오키나와 문제를 제시했는데, 기지나 환경문제 하나만 하더라도 지역별로 다르다는 것, 그 대부분이 일본의 중앙집권적 정책으로 인해 파생한 것임을 밝혀내었다.

모리구치는 텔레비전 다큐멘터리 방송이 즐겨 사용하는 내레이션 영상을 붙여 작가의 시점을 명확하게 하고, 정해진 시간 내에 알기 쉽게 문제에 파고들어간다. 모리구치는 자신이 어떻게 오키나와 문제에 관심을 갖게 되었는지 그 계기를 이렇게 말한다.

"약 40여 년간 오키나와에 관심을 가져오면서 알게 된 사실은 오키나와라는 거울에 반사된 일본과 그곳에 사는 일본인들의 비열함입니다. (…중략…) 일본 안에서는 그 모습이 잘 보이지 않지만, 오키나와가 안고 있는 문제들을 통해 보면 부각되어 나타납니다. (…중략…) 어째서 일본은 오키나와를 전쟁의 장으로 삼았는지, 어째서 시정권까지 다른 나라에 맡기고 군사시설을 밀어붙여야 했는지, 그리고 일본인은 어째서 오키나와에 무관심한 건지……."[28]

오키나와 문제와 마주하는 것이 바로 일본인의 입장을 직시하는 것이라는 사유가 모리구치의 40년간의 활동의 원점이었다. 그는 오키나와를 직시하는 것이야말로 일본인인 자신의 정체성을 확인하는 것이자, 일본을 살아가는 자신의 행동을 좌우하는 문제임을 알게 되었다고 말한다. 자기와 타자가 마주해야 타자 표상도 가능해진다는 트린 민하의 지적처럼 말이다. 모리구치가 오키나와 현장에 계속해서 카메라를 향해 온 것은 텔레비전을 시청하는 평범한 시민들의 행동도 이와 무관하지 않다는 것을 알리려 함이다. 오키나와 전투는 일본이 관여한 아시아·태평양전쟁에서 비롯된 것이며, 오키나와의 미군기지 역시 패전국 일본으로 인해 빚어진 것이라는 것을 말이다. 거실에서 텔레비전을 시청하는 사람들이 무의식적으로 투표를 행사해 온 정치가가 전쟁을 일으킨다거나, 안보유지에 노력을 기울이는 친미가일지 모른다는 사실. 그리고 오키나와의 기지나 차별이 실은 극히 평범한 보통 사람들에 의해 지탱되어온 것일지 모른다는 자각 말이다. 그렇기 때문에 모리구치는 가능한 쉬운 일본어로 친절한 설명을 덧붙여 시청자들을 향해 발신해 온 것이다. 일본이 오키나와에 파생시킨 문제가 해결되지 않는 한 그는 오키나와의 상황을 계속해서 영상화해 갈 것이다.

그렇다면 모리구치의 영상은 오키나와를 어떻게 표상하고 있을까? 〈바다는 통곡한다海は哭いている〉(1984)는 니혼테레비 〈다큐멘트 84'〉 기획 중 하나로 제작되었다. 이시가키섬 시라호白保 공항 건설과 그에 대한 반대운동을 기록한 것이다. 공항 부지로 선정된 곳은 연간 1억 엔의 매출을 올리고 있는 어류가 풍부한 바다, 그리고 섬사람들의 먹거리를 짊어지고 있는 농지이다. 반대운동에 나선 사람들은 전쟁으로 남성들이 사망하고 여성들의 힘으로 농업을 일으켜온 가족들을 취재하기도 했다. 이 모든 것은 오키나와 전투로부터 촉발된 것으로, 일본, 미국, 오키나와의 관계가 맞물려 있다. 이들의 농지는 아시아·태평양전쟁 당시 일본군 기지로 수탈된 채로 있으며, 빼앗긴 땅의 권리는 국가에 귀속되어 있다. 즉, 이들의 땅은 법제도적으로 일본에 귀속되어 있기 때문에 공항 등의 공공시설 건설에 가장 먼저 동원되기 마련인 것이다. 남편이 전쟁으로 사망하고 여자 혼자의 힘으로 아이들을 키웠고, 딸은 미군에게 강간당하고, 죽임을 당했음을 방송은 놓치지 않는다. 일본과

미국 사이에 낀 오키나와의 역사. 이 가족들은 놀랍도록 무참하게 고통받아 왔다. 공항건설을 위해 측량하러 온 경비대와 이에 저항하는 여성들의 모습이 비춰지고 내레이션이 흐른다. 밭일하던 옷차림 그대로 뛰쳐나온 여성들과 완전무장한 경비대가 맞서는 모습은 오키나와 지상전의 기억을 떠올린다. 바로 거기에 모리구치의 연출 의도가 있다.

보통의 제작자라면, 사태의 정당성을 부각시키기 위해 피해 당사자들의 목소리를 삽입하겠지만, 모리구치는 당사자가 아닌 내레이션을 통해 자신의 견해를 밝히는 식으로 영상을 제작한다. 스스로를 타자와 역사 위에 위치시켜 성찰하는 방식인 것이다. 어째서 바다와 농지를 파괴하고 공항을 건설하는가. 모리구치는 내레이션을 통해 끊임없이 질문을 던지며 시청자들에게 문제제기를 한다.

영상에 다 담아내지는 못했지만, 본도의 많은 해안선이 미군기지로 활용되고 있으며, 복귀 이후에는 일본인에 의한 리조트 지대로 탈바꿈당해 왔다. 시라호 공항건설은 사람들의 편의를 도모한다는 명목으로 섬사람들의 어업, 농업을 강제로 탈취하려는 국가폭력의 민낯과 '미국→일본→오키나와→이시가키섬' 순으로 착취되어 가는 구조를 확인시켜 주었다.

모리구치는 공항건설 추진에 앞장선 어업조합장과 이시가키시장을 인터뷰하기도 한다. 공항건설을 내건 선거에서 승리했다는 것은 곧 주민들의 동의를 얻은 것이나 다름없다고 말하는 두 사람의 얼굴을 클로즈업해서 부각시킨다. 식민지 내부의 다양한 계급차이가 시라호 공항 문제를 추적하는 과정에서 선명히 드러난 것이다. 마리즈 콩데Maryse Condé와 프란츠 파농의 포스트콜로니얼 연구에서 중요하게 다뤄지는

'제3세계의 부르주아'[29] 표상을 처음으로 오키나와에 적용시켜 구체적이고 섬세하게 다룬 것이 모리구치라고 할 수 있다.[30] '제3세계의 부르주아'는 오키나와가 국가에 반항하는 모습으로 그려질 때, 그 정당성을 방해하지 않는 존재에 다름 아니다.

'제3세계의 부르주아'란 피식민지에 거주하는 부르주아를 말하며, 지배 측의 권력에 빌붙어 지역을 지배자에게 유리한 쪽으로 움직이게 하는 것, 그리하여 경제적인 이득을 취하는 사람들을 일컫는다. 현지에서 권력을 가진 자들은 그 땅을 지배하고 있는 보다 막강한 힘을 가진 권력자를 위해, 그 권력자의 욕망을 채워주기 위해 노력을 아끼지 않는다.[31] 그들은 현지 노동자들로부터 땅을 빼앗고, 자산을 빼앗는다. '제3세계의 부르주아'가 다양한 층위에 존재하고, 가장 약한 것에서부터 착취가 시작된다는 사실을 모리구치는 예리하게 간파한다. 조합장이나 시장이 '제3세계의 부르주아'처럼 착취의 길로 빠져들게 되는 심리는 어떤 것일까? 그것은 아마도 '일본인=문명인'에 대한 동경이라기보다 일본인으로 인정받고 싶은 심리에 기인한 것이 아닐까 한다. 이시가키 시장이 구사하는 표준어를 통해서도 그 일단을 엿볼 수 있는데, 그들은 지배구조에 편입되는 것이 곧 차별로부터 자유로워지는 길이라고 여겼다. 차별을 온몸으로 겪었던 만큼 일본화에 대한 열망도 그만큼 강하다고 할 수 있다. 보다 강한 권력을 가진 자에게 복종하지 않으면 안 된다고 하는 굴욕적인 사고를 가진 오키나와 현지 부르주아들에게 모리구치는 공항건설의 문제점, 투표의 부당성, 환경파괴에 대한 질문을 던진다. 그에 대한 시장과 조합장의 답변은 모순으로 가득 차 있으며, 답변하던 도중 화가 난 듯 카메라를 거둬 버리기도 한다. 모리구치가 문제의 핵심을 파고들자 억압되었던 울분이 분출한 것이다. 모리구치는 현지 부르주아들의 모순에 카메라를 향하고 비판적인 질문을 던지는 것으로 시장을 비롯한 공항건설 지지자들 역시 억압받고 있기는 마찬가지라는 것을 드러내 보인다. 단순히 자신의 이익을 위해 공항건설을 추진하는 것이 아니라 어쩔 수 없는 억압적 상황이 존재했음을 말이다.

오키나와 일본, 미국의 구조에 의식적인 사람들만 모리구치의 시도를 이해할 수 있는 것은 아니다. 스스로를 일본인의 위치에 자리매김하고, 그런 후에 오키나와를 다룬 영상을 접하게 되면 그 의미가 남다를 수밖에 없다. 현지 부르주아로 자신의 정체성을 획득한 이들의 고통에 찬 표정은 실은 텔레비전 혹은 스크린 앞에 있는 우리들의 얼굴이기도 할 것이다. 공항을 필요로 하는 것은 일본인 관광객들일 것이다. 누군가로부터 인정받고 싶은 욕망에, 위정자들이 가진 권력을 동경해서, 더 나은 삶을 위해서 등등 마이너리티인들의 의사를 무시하면서까지 권력자들 편에 서서 움직이는 자들은 실은 평온한 삶을 추구하는 우리 자신들인 것이다. 공진共振과 상상력의 장이 이 작품에 얼마만큼 마련되었는지는 이제 어느 정도 설명이 되었을 것이다.

모리구치는 텔레비전 다큐멘터리 방송이라는 경로를 통해 오키나와 문제와 다양한 사람들, 그리고 오키나와 현지를 묘사해 왔고, 오키나와에 난제를 밀어붙여왔던 일본의 입장을 거둬들일 것을 촉구해 왔다. 그것은 일본인으로서 오키나와와 어떻게 관계를 맺을 것인가를 둘러싼 그의 끊임없는 고민이 있었기에 가능했을 터다. 타자로서 오키나와를 인식하고, 자신의 입장을 성찰하기 위해 오키나와와 마주하는 일. 오키나와와 자신의 입장을 성찰하기 위해 오키나와를 표상하는 일. 모리구치는 텔레비전 다큐멘터리를 통해 60년대 후반부터 오키나와를 추적해왔지만, 방송국에서 허가가 나지 않아 많은 작품들이 상영되지 못한 채로 묻혀 있다. 비상업적인 학술기관의 요청이 있을 때만 허가를 내주고 있는 실정이다. 그런 탓에 얼마 전 있었던 특별상영회가 더욱 주목받았던 것이다. 모리구치의 작품을 봉인하고 있는 텔레비전 방송국은 조속히 이 큰 재산을 사회에 환원하기 바란다.

주석

1 トリン・T・ミンハ, 小林富久子訳, 『月が赤く満ちる時』, みすず書房, 1998, 108쪽.

2 新城俊昭, 『琉球・沖縄史』, 沖縄歴史教育委員会, 2001, 84쪽. 류큐왕국의 왕조가 바뀔 때마다 도쿠가와가(德川家)에 사은사(謝恩使)를, 도쿠가와 막부군이 새롭게 취임할 때에는 경하사(慶賀使)를 파견했다고 한다. 이들 사절단을 '에도 아가리(江戸上り)'라고 불렀는데, 그들이 지나가는 길마다 일본 본토 민중들이 늘어서서 마치 퍼레이드를 구경하는 듯했다고 한다. 그리고 지날 때마다 사람들에게 류큐와 사절단을 알리는 팸플릿 같은 책자를 나눠줬다고 한다. 『寶永七年 琉球人来聘』, 中原善忠文庫, 琉球大学図書館所蔵 참조.

3 이에 관해서는 『오키나와에 서다─대학을 넘어 심화하는 지(沖縄に立ちすくむ 大学を越えて深化する知)』(岩渕功一・多田治・田中康博編, せりか書房, 2004)에 자세하다.

4 제목의 '가리유시'는 경사스러운 일이나 행복한 일을 가리키는 오키나와어이다. 옮긴이 주.

5 2004년 전후의 오키나와 붐은 위의 주에서 언급한 『오키나와에 서다』에 잘 정리되어 있으며, 이와부치의 논의를 참고 바람. 특히, 90년대 후반 THE BOOM의 '시마우타(島唄)'가 대히트를 하고, 아무로 나미에(安室奈美恵), SPEED 등 오키나와 액터스스쿨 출신 아이돌이 폭발적인 인기를 끌었다. 나카에 유지의 〈나비의 사랑〉이 오키나와에서 기록적인 관객수를 동원하였고, 2001년 NHK 아침 연속드라마 소설 〈추라상(ちゅらさん)〉이 NHK드라마 인기 순위 1위를 차지했다. 2000년을 전후한 시기의 오키나와 붐은 이렇듯 미디어와 연동하는 형태로 전개되었다.

6 〈나비의 사랑〉의 관객수와 상영관 등에 대한 정보는 다음 사이트를 참조 바란다. http://www.shirous.com/nabbie/index01.htm 오키나와에서만 13만 명, 전국적으로는 30만 명의 관객수를 기록했다.

7 〈티벳 여자 이시의 생애〉(bitters end 배급) 팸플릿 2쪽.

8 이에 대해서는 고시카와 요시아키도 지적한 바 있다. 越川芳明, 『トウガラシのちいさな旅 ボーダー文学論』, 白水社, 2006.

9 『Marines Go Home 辺野古・梅香里・矢臼別』上映委員会編, 「『Marines Go Home 辺野古・梅香里・矢臼別』パンフレット」, 10쪽.

10 2000년 규슈・오키나와 서미트에 대해서는 다음 사이트에 자세하다. http://www.pref.okinawa.jp/summit/jarc/intime.html

11 '오카에리(おかえり)'는 집을 나갔다 돌아왔을 때 맞이하는 말 '어서 오세요'라는 의미이고, '링고(りんご)'는 '사과'라는 뜻이다. 이 두 단어의 운율을 살려 재미있게 표현하려 한 것으로 보인다. 옮긴이 주.

12 仲里効構成・編集, 『琉球電映列伝 境界のワンダーランド』, 山形ドキュメンタリー映画祭, 2003, 42쪽 참조.

13 〈그리워서〉에서는 특히 자유분방한 모습으로 그려지며, 섬 출신 연인과의 사랑 대신 도쿄에서 일로 성공하는 것을 택한다.

14 〈나비의 사랑〉 공식사이트, 감독 인터뷰(http://www.shirous.com/nabbie/index 01.htm), 『오키나와에 서다』, 앞의 책, 43쪽 참조.

15 トリン・T・ミンハ, 『月が赤く満ちる時』, 앞의 책, 93쪽.

16 위의 책, 93~105쪽.

17 〈호텔 하이비스커스〉 공식사이트, 감독 인터뷰(http://www.shirous.com/hibiscus/).

18 〈호텔 하이비스커스〉 공식사이트, 상영회 리포트(http://www.shirous.com/hibiscus/05news/030615.html). DVD 『호텔 하이비스커스』 특전영상.

19 〈나비의 사랑〉 공식사이트(http://www.shirous.com/nabbie/index01.htm).

20 〈그리워서(恋しくて)〉 공식사이트, 감독 소개(http://www.koishikute2007.jp/040 000/nakae.html).

21 야마가타 국제 다큐멘터리 영화제 관련 책자 『Documentary box#22 日本のドキュメンタリー作家インタビューNo.20』(http://www.yidff.jp/docbox22-1-1.html)에도 공개되어 있다. 여기서 다카미네는 "제게 교토 풍경은 이국적 정서로 충만합니다"라고 발언한 바 있다.

22 1970년 미군 병사가 일으킨 교통사고로 오키나와현민이 사망한 사건에서 촉발되어, 고자시(현, 오키나와시)에서 현민과 미군 헌병이 충돌하여 발생한 폭력 사태를 일컫는다. 이 폭동으로 미국인 60여 명이 부상을 입고 차량 80대가 전소했으며 가데나 공군기지에 인접한 건물 여러 채가 파괴되었다. 옮긴이 주.

23 トリン・T・ミンハ, 앞의 책, 106~112쪽.

24 위의 책, 113쪽.

25 〈등대지기의 사랑〉 또한 〈이시의 생애〉와 플롯 면에서 크게 다르지 않다. 오랜만에 고향의 작은 섬을 방문한 딸은 어머니의 옛 애인으로부터 보내온 둘만의 사랑 이야기가 담긴 책자를 접한다. 딸은 자신의 어머니가 옛 애인과 지금의 아버지와 삼각관계였고 그럼에도 좋은 관계를 유지해 왔다는 사실에 감동을 받고 팔려던 고향집을 그대로 남겨둔다는 내용이다. 프랑스의 여러 지역 가운데 중국과 티벳, 일본과 오키나와처럼 여러 역사문제를 안고 있는 브르타뉴(Bretagne) 지방을 무대로 하고 있는 점도 특기할 만하다.

26 모리구치의 홈페이지에 오키나와 여행 후 긴조 데쓰오(金城哲夫) 등과 함께 제작한 오키나와 관련 잡지가 게재되어 있다.(http://www.cyber-rabbit.com/katsu/mitekita/index.html)

27 모리구치는 연속해서 같은 문제를 다루었다. 〈분도 오키나와 하토마 문제 애사(島分け・沖縄鳩間問題哀史)〉(1982), 〈새벽이 올 때・오키나와 하토마 문제 10년의 봄(あけもどろ・沖縄鳩間問題10年の春)〉(1984) 등의 다큐멘터리에서는, 섬 공동화 문제,

특히 아이들의 모습을 찾아 볼 수 없게 된 하토마섬에 주목하고 있다. 이러한 문제를 TV드라마 10부작으로 내놓은 것이 〈유리의 섬(瑠璃の島)〉(2005)이며, 이 작품은 『아이가 필요해-오키나와 외딴섬의 세월(子乞い 沖縄·孤島の歲月)』(凱風社, 2005)이라는 제목의 책을 원작으로 한다. 드라마 촬영 당시 모리구치의 영향력과 인맥이 미치지 않는 곳이 없었다고 한다. 또한, 〈오키나와의 18세(沖縄の18歲)〉(1966), 〈뜨겁고 긴 청춘-어떤 오키나와의 증언에서(熱い長い青春·ある沖縄の証言から)〉(1972), 〈1막1장 인류관(一幕一場·人類館)〉(1978), 〈전세의 6월「오키나와의 18세」는 지금(戰世の6月「沖縄の18歲」は今)〉(1983)과 17년에 걸쳐 연재된 시리즈는 프랑수아 트뤼포(François Roland Truffaut)나 앙투완 드완넬(Antoine Doinel)의 시리즈물을 연상시킨다. 고자(コザ)에 거주하는 우치마 야스오(内間安男, 오키나와 극단 '창조(創造)' 대표 역임)라는 인물을 긴 시간축을 통해 쫓고 있는 영상이기도 하다. 1966년에는 복귀를 열망하던 청년이었고, 복귀하던 해에는 기지 반환이 무산된 데 대해 일본에 대한 강한 불신감을 갖는다. 또한, 오키나와의 식민지적 상황을 목도하면서 문화운동을 이어가는 모습을 추적한다. 모리구치와 친분이 쌓이고 영상의 주체가 되면서 우치마는 스스로 행동하는 주체로 변모해 간다. 영화와 개인이 함께 새로운 사회를 지향해 가는 볼리비아 우카마우 집단의 실천과 연결되는 실험적 영화라고 할 수 있다.

28 森口豁, 『沖縄 近い昔の旅 武の島の記憶』, 凱風社, 1999, 9~10쪽.

29 マリーズ·コンデ著·くぼたのぞみ訳, 『心は泣いたり笑ったり』, 青土社, 2002. 여기서 주의를 요하는 것은, 카리브해 프랑스령 과들루프섬 출신 작가인 콩데가 제3세계 부르주아 출신이며, 출신지의 역사를 모르며, 프랑스를 고향으로 여기고, 자랑스러운 프랑스인으로 성장해 온 이력의 소유자라는 점이다. 그것은 지배자에게 불합리한 대우를 받더라도 이에 저항하지 못하며, 지배자의 질서에 순응하거나 지배자의 이해에 휘둘려 제3세계를 팔아넘기기도 하는, 지배자 측에 빌붙어 살 수밖에 없는 상황과 마주할 수도 있음을 의미한다.

30 이외에도 〈시리즈 전후 40년 젊은 오키나와들의 궤적(シリーズ 戰後40年 若きオキナワたちの軌跡)〉(森口, 1985)을 들 수 있다. 여기서는 당시 현지사였던 니시메 준지가 어떻게 반국가, 반미주의에서 일본 정부 쪽으로 돌아서게 되었는지 언급하고 있다.

31 フランツ·ファノン, 『地に呪われたる者』, みすず書房, 1996, 148쪽.

아체의 친구에게 보내는 편지

요모타 이누히코

친애하는 아즈하리

반다아체*バンダアチェ*의 길모퉁이에서 그대와 헤어진 지 벌써 반년이란 세월이 흘렀소. 내가 그곳을 찾았을 때 당신네 마을은 라마단이 한창이었지. 일몰이 시작되자 시장에 늘어선 포장마차로 사람들이 몰려들더니 과일시럽을 얹은 빙수부터 허겁지겁 먹어대기 시작하더군요. 하루종일 굶었으니 얼마나 맛있었겠습니까. 나도 먹어봤는데 상쾌한 맛이 일품이었소. 그나저나 밤이 찾아오기를 이렇게 학수고대했던 때가 언제였던가.

2년 전, 자유 아체운동 독립해방군과 인도네시아 국군 사이에 평화협정이 맺어지고, 오래 지속되었던 야간통행금지령에서 해방되었을 때 당신은 그것을 "밤이 돌아왔다"라는 말로 표현했습니다. 더 없이 환희에 찬 말이었소. 밤이라면 이슬람교에서는 하루를 시작하는 시간이자 신비하고 신성한 시간이 아니오. 또 어둑어둑해진 마을 광장에 하나 둘 가로등이 켜지고, 연극과 인형극이 상연되는 시간이기도 하고 말이오. 밤이 무한히 펼쳐져야 어둡고 울창한 숲에 둘러싸여 그대들의 퍼포먼스가 가능해질 테니. 나는 알고 있소. 아체의 숲은 어둡고, 그리고 깊다는 것을.

나는 이제부터 당신에게 다카미네 쓰요시高嶺剛 감독에 대해 쓰려 하오.

반다아체에 체재할 때, 어떤 말결에 오키나와가 화제가 되었다. 아체에서는 인도네시아와 다른 아체어로 된 영화를 제작한다는 말에 오키나와에도 많지는 않지만 오키나와어로 된 영화가 있다고 말했다. 내가 다카미네 쓰요시라는 영화감독에 대해 말을 꺼내자 그곳에 있던 몇 명이 관심을 보이며 귀 기울이던 모습을 잊을 수가 없다. 오키나와라는 곳에 대해 더 말해 달라고, 거기서 나고 자란 사람은 과연 어떤 영화를 찍는지 알고 싶다고 했다. 그리고 다카미네가 오키나와 민간전승을 개작해서 영화를 만들었다는 것에 큰 관심을 표했다. 나는 도쿄로 돌아와 〈운타마기루ウンタマギルー〉DVD를 보내주겠노라고 약속했다. 무사히 도착했는지 모르겠다.

반다아체 공항에 내렸을 때, 나는 드디어 남쪽 끝에 와버렸다는 느낌이 들었다. 아체는 스마트라 제일 끝 쪽에 자리하고 있으며, 반도의 끝은 안다만해Andaman Sea와 인도양으로 향하고 있다. 일본 측에서 보자면 그 너머는 서쪽 공간이고, 아체 쪽에서 보자면 일본은 북쪽으로 과도하게 치우친 저 먼 끝쪽에 자리한 섬들일 것이다.

반다아체에는 프리쿠라プリクラ(스티커사진)도 있고, 헬로키티도 있으며, 일본 애니메이션이 텔레비전을 통해 방송된다. 그런데 일본인에게 아체는 거의 알려져 있지 않다. 일본인의 인도네시아 인식은 어디까지나 발리섬 비치와 트라자 커피 정도이고, 아체가 20세기에 들어서도 네덜란드의 식민지화를 거부하고 항전했던 왕국이라는 사실도, 지금도 자카르타 언어와 다른 아체어로 영화를 제작하고 있다는 사실도 잘 모른다. 나 역시도 1988년 에로스 자롯Eros Djarot이 감독한 〈쯧냑디엔Cut Nyak Dhien〉이라는 역사 영화를 보지 않았다면 이곳에 관심을 갖지 않았을지 모른다. 영화의 장점은 바로 이처럼 관객들로 하여금 미지의 세계를 경험할 수 있도록 이끌어 주는 것이 아닐까.

이상하게 들릴지 모르지만, 일본인은 오랜 세월 남쪽 지역에 대한 신화적 동경을 품어왔다. 중세 승려 가운데 죽음이 임박해 오면 부처가 탄생한 곳을 찾아 작은 배를 타고 독경을 외며 남쪽으로 향하는 경우가 적지 않았다. 실제로 10세기에 다카오카 친왕高丘親王은 배를 준비해 대항해를 기획했다고 한다. 전해져 내려오는 이야기로 볼 때 당신이 사는 아체 부근까지 다가갔던 듯하다.

19세기 후반부터 20세기 전반에 걸쳐 구미 제국을 모방해 제국주의의 길을 걷게 되고, 식민지 획득에 혈안이 되었던 시기에 일본이 제일 먼저 향한 곳이 바로 이 남쪽이었다. 일본은 우선 남서쪽에 자리한 류큐왕조를 절멸시키고, 그 섬들을 국가 체제 속으로 편입시켰다. 다음은 타이완과 미크로네시아 섬들을 획득했다. 제2차 세계대전이 개시되자 일본군은 먼저 필리핀으로, 인도네시아 반도로, 그리고 네덜란드령이었던 인도네시아로 진격해 갔다. 아마도 아체는 미얀마와 함께 일본군이 점령한 가장 끝쪽에 자리한 곳이 아닐까 한다. 나는 이 같은 남진南進의 배후에 일본인이 신화적으로 품어온 남방이라는 관념이 무의식적으로 작동한 것이 아닌가 하는 추측을 해 본다. 반다아체 마을 외곽에 자리한 네덜란드인 묘지에서 나는 우연히도 한 일본인의 오래된 무덤을 발견했다. 묘비에는 한자로 죽은 이가 아마쿠사天草 출신이라고 적혀 있었다. 이 사람은 대체 어떤 삶을 살아간 걸까?

오키나와는 이 일본 남진 역사에 첫 번째로 희생된 곳이다. 이 섬들은 15세기에 류큐왕국에 의해 통일되었고 명나라와 일본 양국의 권력 사이에 존재하면서 동아시아 교역과 문화에 중요한 요충지가 되었던 곳이었다. 그러던 것이 17세기에 일본의 지방권력에 정복되어 1879년, 부국강병을 내세운 일본에 의해 오키나와현으로 병합되었다. 이때부터 오키나와는 이전보다 더 한층 가혹한 근대 식민지의 역사를 살아가야 했다. 동화주의 교육이 주창되었고, 오키나와어는 철저히 억압되었다. 오키나와인은 값싼 노동력으로 일본 '내지'로 이주해 갔고 그곳에서 차별의 대상이 되었다. 제2차 세계대전에서는 일본과 미국의 격전의 무대가 되었고, 많은 민간인들이 희생되었다. 그런데 오키나와의 수난은 여기에 그치지 않았다. 전후 미군정하에 놓이게 되고 미국의 아시아 침략의 발판이 되어 왔다. 1972년에 일본으로 '반환'되었지만, 미군의 주둔은 여전히 계속되고 있으며 리조트 산업에서 야쿠자까지 일본으로부터 자본이 물밀 듯 밀려들어와 오키나와를 집어 삼켰다. 그리하여 오키나와의 경제를 본토 의존형으로 만들어가는 한편, 관광개발이라는 명목하에 자연파괴도 일삼고 있다.

아체의 역사를 오키나와와 비교해 보면 어떨까?

당신이 태어나 자란 아체는 인도네시아를 구성하는 도서 중 가장 처음으로 이슬람교의 세례를 받았고, 그것을 기반으로 번영된 왕국을 이루어 왔다. 동인도 회사가 향료를 구하기 위해 섬들을 차례로 식민지화해 갔을 때도 아체만큼은 마지막까지 이에 저항했다. 20세기에 이르러서도 그 저항은 계속되었다. 제2차 세계대전 직후 인도네시아가 독립을 선언했을 때도 아체는 그 한 주로 병합되는 데에 불만을 표했고, 70년대에는 무장 독립운동을 벌이며 숲속에서 국군과 격렬한 전투를 벌여왔다. 무려 30년이 넘도록 학살과 고문, 강제연행에 시달려왔지만 이에 대해 아직 명확히 밝혀진 것이 없다. 그도 그럴 것이 외국인이 이 땅을 밟는 것이 오랜 세월 금기시되었기 때문이다.

2004년 12월, 생각지도 않게 이러한 교착상태가 해제되는 사건이 발생한다. 22미터 높이의 쓰나미가 아체의 연안지대를 덮쳐 반다아체에서만 21만 명 중 6만 명이 희생되었다. 곧바로 독립군과 인도네시아 정부는 스톡홀름에서 평화협정을 맺는다. 아체는 독립의 꿈은 이루지 못했지만, 일정 부분 자치권을 보장 받아 풍부한 천연가스의 수익을 인도네시아에 빼앗기지 않을 수 있었다. 주민들은 길게 이어졌던 전투와 대재해로 인한 피로감이 상당했다. 아즈하리, 당신도 집과 가족 모두를 쓰나미에 잃고 천애고아가 되어 버렸다고 했다.

당신은 몇 년 전 극단을 조직해 마을을 돌면서 상연회를 갖고 있다고 했다. 때로는 약장수들과 거리에 천막을 치고 함께 하기도 하면서 연극을 운동으로 끌어가고 있다고 했다. 그리고 또 한편으로는 마을에 전해 내려오는 민간전승을 채집해 책으로 엮어낸다고도 했다. 개구리 얼굴을 한 아이 이야기라든가 7명의 도적 이야기라든가. 나는 프랑스어로 번역된 것을 읽었다. 그래서 나는 지금부터 당신이 추진하고 있는 문화운동에 무언가 도움이 될 만한 제언을 해보고자 한다. 왜냐하면, 다카미네 쓰요시라는 영화감독은 오키나와의 민간전승에서 소재를 얻어 그것을 자유자재로 번안, 변형시켜 새로운 형태의 영상으로 제작해온 인물이기 때문이다.

다카미네 쓰요시의 〈운타마기루〉에 대해 논의하기 전에 우선 운타마기루運玉義留 이야기가 오키나와 민중들에게 얼마만큼 친숙한지 간단하게 소개하도록 하자. 내가 봤던(비록 비디오를 통해서지만) 류큐 연극의 운타마기루에 대한 이야기다. 내가 처음 본 것은 TK의 '연극 벗 모임演劇友の会'이 기획한 〈운타마기루와 안다쿠에 스님運玉義留と油喰坊じゃー〉(오바마 겐신小浜原信, 다마구스쿠 스미오玉城須美雄, 모리타 도요카즈森田豊一 연출)이고, 두 번째로 본 것은 나하의 오키에沖映 본관에서 상영되기도 하고, 오키나와테레비沖縄テレビ에서 방영된 바 있는 〈운타마기루와 안다쿠에 소승運玉義留と油喰坊小僧〉(미야기 시키치宮城嗣吉 연출)이었다. 비디오로 본 것은 언제 상영된 것인지 명확치 않으나, 아마도 1980년대에서 90년대 사이일 것이다.

비디오 판은 음악과 북을 중심으로 한 단조롭고 소박한 무대였다. 첫 장면은 사무라이 지쿠사지筑佐事[1]의 집. 치안을 관장하는 위풍당당한 지쿠사지가 시종 지라チラー의 손에 머리를 깎고 있다. '백성'(민중)의 빈곤한 삶을 호소하며, 자신들 백성은 어찌하면 사무라이 신분이 될 수 있는지 주인에게 묻는다. 지쿠사지는 그를 꾸짖으며 쫓아낸다. 지라는 일단 굴복하며 자세를 낮추지만 지쿠사지가 무대 밖으로 사라지자 격노

하며, 여동생에게 신분제의 철폐를 선언하고 출분한다.

지라는 암석 해변가에서 소년 도카ㅏゕー를 만난다. 도카는 타이완식 머리모양을 하고 붉은 코를 하고 있다. 붉은 훈도시褌(남성의 음부를 가리기 위한 폭이 좁고 긴 천)를 칠칠치 못하게 늘어뜨리고 뒤룩뒤룩 살찐 모습이다. 두 사람은 의기투합한다. 지라가 자신이 작금의 세상을 감짝 놀라게 할 운타마기루라고 이름을 밝히자 도카는 감격한다. 이후, 도카는 스스로를 안다쿠에 스님이라고 칭하며 운타마기루를 따라 다니게 된다. 이 두 콤비는 흡사 돈키호테와 산초판사, 혹은 로렐과 하이디를 연상시킨다. 둘은 악덕 전당포 주인집에 몰래 숨어들어가 깊숙이 숨겨둔 저당 잡힌 옷을 몰래 훔쳐 나온다. 경비들은 도둑이 침입할 경우 벨이 울리도록 장치를 마련해 놓았지만 안다쿠에 스님이 미리 조처를 취해 놓았던 것이다. 다른 부호의 집에서는 운타마기루가 손님들과 환담을 나누는 사이에 안다쿠에 스님이 숨어 들어가 장롱을 부수고 아무도 모르게 보물을 훔쳐낸다.

거듭되는 운타마기루의 악행에 지쿠사지들은 골머리를 앓는다. 얼마 안 있어 훈도시만 걸친 토벌대가 조직되었다. 이들이 한밤중까지 집을 지키고 서 있자 안다쿠에 스님이 지붕 위로 올라 항아리에 담긴 물을 쏟아 붓고, 운타마기루가 그 아래에서 우산으로 쏟아져 내리는 물을 받는다. 태풍이 불어 닥칠 것으로 착각한 사무라이들은 도둑 들 염려가 없다고 판단하고 안도하며 깊은 잠에 빠진다. 이 틈을 노려 사무라이가 베고 자던 순금 배게를 절취한다. 그런데 지쿠사지에게 들통나 해변으로 달아나던 운타마기루는 관리에게 체포된다. 함께 쫓기던 안다쿠에 스님도 저항해 보지만 역시 체포된다.

오키나와테레비 판에서는 사쓰마 번주가 류큐 중산왕中山王에게 선물로 보낸 호화로운 왕관이 도착해 붉은 태양이 그려진 휘장(일본 히노마루를 상징하는 것으로 보이는)을 배경으로 화려한 의식이 행해지는 장면이 비춰진다. 그리고 이어서 그것과 대조적으로 굶주림에 지친 노파와 손녀가 남의 물건에 손을 대 마을사람들에게 폭행당하는 장면이 등장한다. 마침 그곳을 지나던 운타마기루가 말려보려 하지만 둘은 관청으로 넘겨져 버린다(참고로 이 운타마기루를 연기한 사람은 오시로 미쓰코大城光子라는 유명 여배우다). 운타마기루는 지쿠사지의 머리를 다 깎고 나서 두 사람의 구명을 위해 힘써 줄 것을 부탁하지만 신분이 다르다는 이유로 들어주지 않는다. 이에 분노한 운타마기루는 "다섯 손가락의 길이를 같게 해보이겠다"고 선언한다.

이렇게 해서 운타마기루는 부자들에게서 훔친 물건을 모두 가난한 이들에게 베풀며, 거지몰골의 초라한 행색을 하고 민정을 살피는 일에 힘쓴다. 그러던 중 관리에게 쫓기던 소년이 운타마기루 쪽으로 달려온다. 소년은 거지가 바로 그 운타마기루라는 것을 알아채고 크게 기뻐하며 안다쿠에 스님이라는 이름으로 행동을 함께 하게 된다. 둘은 그 후 순금 베개를 비롯해 통쾌한 절도를 계속해 가다가 마침내 사쓰마에서 류큐왕에게 선물했다던 왕관까지 궁전에서 훔쳐내는 데 성공한다. 이에 창槍의 명인인 기보直保의 부름을 받고 운타마기루를 처치하러 간다. 기보는 궁전 연못에 숨어 있던 운타마기루를 발견하고는 창으로 일격을 가한다. 그 때 운타마기루의 도움을 받은 적이 있던 기보의 딸이 나타나 아버지의 행동을 만류하려 그만 스스로 목숨을 끊고 만다. 그런데 기보는 딸의 죽음에도 아랑곳하지 않고 운타마기루를 창으로 명중시킨다. 이로써 운타마기루는 체포되고, 이를 지켜보던 안다쿠에 스님도 자수함으로써 사건은 일단락된다.

이 두 편을 비교해 보면, 규모라든가 세부적인 내용 면에서는 다소 차이를 보이지만, 신분제의 부조리함을 타파하고 빈곤한 민중들에게 힘을 실어주기 위해 부유한 권력자들의 재물을 훔쳐 나눠주고, 마지막에 체포되는 것으로 막을 내리는 스토리라인은 공통된다. 그러나 내가 본 것은 빙산의 일각일 게다. 더 많은 운타마기루 연극들이 상연되었을 테고, 그 내용은 아마도 대동소이할 것이다.

이 밖에도 운타마기루 만화 버전도 찾아 볼 수 있다. 신자토 겐신新里堅進이라는 오키나와 출신 만화가가 그린 〈운타마기루運玉義留〉(젠쿄全教출판, 1983)가 그것인데, 무대 배경은 1853년으로, 때는 미국의 흑선黑船이 류큐왕국에 도래해 주인공이 페리 제독과 사쓰마 무사 사이에서 활약하는 내용이다. 그는 중국 권법의 달인과 결투를 벌인 후, 흑선 안으로 잠입해 지구본을 만나면서 이 세상이 얼마나 큰지 깨닫게 된다. 그리고 살인사건에 휘말려 의도치 않게 권총으로 진범을 사살해버리고 만다. 이 엔터테인먼트로 충만한 만화에서는 심복인 안다쿠에 스님이 실은 왕가의 후계자라는 사실이 밝혀지면서 조금은 다른 해피엔딩을 맞는다. 이처럼 자유자재로 연출 가능한 데에서 나는 운타마기루 서사가 갖는 강인함과 부드러움을 동시에 감지한다.

영화사적으로도 운타마기루의 서사는 매우 중요하다. 그도 그럴 것이 1930년대 들어서 오키나와 출신 감독이 영화제작을 막 시작했을 때도 이처럼 의적을 다룬 영화가 적지 않았기 때문이다. 30년대 후반에 미야히라 가후宮平雅風가 개인 프로덕션을 차려 〈신설 운타마기루新説·運玉義留〉라

신자토 겐신의 만화 〈운타마기루〉.

는 필름을 감독·제작했다. '신설'이라는 용어에서도 운타마기루 서사의 인기를 가늠할 수 있을 것이다. 이 필름은 안타깝게도 남아 있지 않지만, 이 영웅이 오키나와인들에게 얼마나 사랑받았는지, 그들의 연극적 상상력의 근저에 얼마나 뿌리 깊게 남아 있는지 상상하기 어렵지 않을 것이다.

다카미네 쓰요시가 1989년에 발표한 영화 〈운타마기루〉는 이발소 안마당에 모여든 사람들이 유쾌하게 노래하고 춤추는 장면에서 시작된다. 무대는 1972년, 오키나와가 일본으로 '복귀'되기 바로 전으로 설정되어 있다. 미국에서 새로 부임해온 고등변무관이 오키나와 민간전승에 등장하는 무뚝뚝한 남자 가마지사カマジサー라는 소문이 돌고, 그를 놀리고 희화화하는 노래를 부르고 춤을 추는 장면이 펼쳐진다. 현실에서 벌어지고 있는 여러 정치적 사건을 이 황당무계한 소문과 민간전승이라는 원근법을 통해 바라보려는 자세가 엿보인다. 이어서 산호초로

덮인 해안을 힘없이 방황하고 있는 영웅 운타마기루ウンタマギルー[2](고바야시 가오루小林薫)의 모습이 비춰진다. 여기서 타이틀이 올라가고 찌는 듯한 무더위를 견디며 설탕제조공장에서 힘들게 일하는 청년 기루의 현실을 이야기한다.

공장 주인 니시바루는 맹인이며, 어떤 연유인지 몰라도 '거세'당한 신체를 갖고 있다. 그는 종업원들을 향해 "지금은 일본 복귀든, 현상 유지든, 독립이든, 이른바 역사의 변곡점에 서 있다"라며 오키나와어로 성토한다. 그런데 기루는 애초부터 그런 것에는 관심이 없다. 나른한 오후 오수를 즐기던 기루는 니시바루가 아끼는 사랑스러운 돼지 마레マレー가 인간 여자로 변해 풍만한 육체를 뽐내는 꿈을 꾼다. 마레는 니시바루가 바다에서 찾아오는 니라이카나이ニライカナイ[3]의 신에게 바치려던 돼지인데, 풍만한 육체를 가진 여자로 변신하기도 하는 등 동물과 인간의 경계를 자유로이 왕래한다. 여자를 밝히는 기루는 마레를 유혹해 순결을 빼앗아 버린다.

이 사실을 알게 된 니시바루는 격노하고, 기루는 설탕공장을 방화했다는 누명을 쓰고 도망자 신세가 된다. 그는 운타마ウンタマ 숲으로 도망가 그곳에서 예전부터 알던 기지무나キジムナー[4]라는 숲의 정령을 만난다. 기지무나는 물에 빠져 죽을 뻔한 아들을 구해 준 적이 있는 기루에게 초자연 능력을 부여하는 것으로 은혜를 갚는다. 기루는 이마 한가운데에 신성한 돌을 채워 넣고 자유자재로 공중부양하거나 손을 사용하지 않고 물건을 옮기는 능력을 갖게 된다. 또 그의 어머니는 폭식증이 있어 숲속 흙을 돼지고기로 착각한 듯 연신 입으로 가져간다.

한편, 기루는 '한쪽 불알キンタマ'만 가진 안다쿠에 스님을 데리고 다

니며 전설의 운타마기루처럼 의적 활동을 개시한다. 그는 부유한 집 창고에서 아와모리를 액체 상태로 공중부양시켜 훔쳐내거나, 미군기지에서 무기탄약을 빼내 독립운동가들에게 나눠준다. 운동가들은 오키나와어로 '인터내셔널'이라는 구호를 외치며 경관과 대치한다. 기루의 평판이 널리 퍼져나가 이윽고 그를 찬미하는 연극이 마을 무대에 올라가게 된다. 마을사람들이 연극 연습을 하고 있는 곳을 우연히 지나던 기루는 그렇다면 자기가 직접 연기해 보이겠노라고 큰소리친다. 그런데 숙적 니시바루가 객석에서 그를 공격하기 위해 기다리고 있다. 그는 맹인임에도 공중에 떠 있는 기루를 향해 창을 겨눈다. 창은 기루의 이마에 명중하고, 그 바람에 기지무나가 부여해준 공중부양 마법이 풀리며 땅으로 떨어지고 만다. 이후 기루는 마부이(혼)가 빠져나간 채로 죽지도 못하고 인적이 드문 해변가를 방황하게 된다.

여기까지가 기루의 꿈이라는 것을 알 수 있다. 꿈에서 깨어나 보니 그는 여전히 가난한 사탕수수 밭에서 일하는 노동자이고, 오후 작업을 하던 중 꾸벅꾸벅 오수를 즐기고 있었을 뿐이다. 그런데 어느 틈에 오키나와는 일본으로 '복귀'해 있었던 것이다. 니시바루는 사랑하는 돼지를 껴안고 다이나마이트로 장엄하게 자살해 버린다. 새로 온 주인이 유창한 일본어로 "이제부터 오키나와는 일본이다"라고 선언한다. 사탕수수 공장 주변 분위기도 완전히 바뀌었다. 그런데 기루를 둘러싼 환경은 예전과 변함없이 여전히 빈곤한 노동자일 뿐이다.

다카미네 쓰요시의 영화 〈운타마기루〉는 지금까지 민중에게 사랑받아온 운타마기루 서사와 어떻게 다를까? 크게 다섯 가지를 꼽을 수 있다. 하나는, 19세기 중반 무렵 류큐왕조가 사쓰마 번薩摩藩의 지배를 받던

영화 〈운타마기루〉에서 이마에 창이 관통한 채 해안을 방황하는 기루. 구와모토 마사시(桑本正士) 촬영.

시대에서 1972년으로 바뀌어 있는 점을 들 수 있다. 앞서 언급했지만, 이것은 오키나와가 미군정으로부터 벗어나 다시 일본에 귀속되었던 시대였다. 오키나와에서는 본토로 복귀할 것인지, 지금 상태를 유지할 것인지, 아니면 독립할 것인지를 둘러싸고 다양한 목소리가 제기되었다. 결국 일본 사토 에이사쿠佐藤栄作 수상에 의해 '반환'이 실행되었다. 물론 오키나와의 운명을 결정하는 것은 일본이 아니라고 주장하며 이에 저항하는 움직임도 오키나와 내부에 존재했다. 그런데 그것들은 모두 봉인된 채로 '반환'이 이루어졌다. 오키나와 출신인 다카미네는 1968년에 '유학생' 신분으로 내지로 건너와 교토에서 이 '반환'을 목도했다. 그는 대학에서 미국 팝아트를 전공했는데, 급속한 변화로 신기루처럼 사라져 가는 오키나와의 옛 가족의 기억을 영상으로나마 남겨두고 싶다는 소박한 생각에서 개인 영화를 제작했다. 1972년 오키나와가 일본으로 다시 귀속되는 사태가 다카미네로 하여금 영화감독의 길로 들어서게 한 것이다.

두 번째는, 주인공이 대결하는 권력층이 다른 점을 들 수 있다. 앞서 살펴본 것처럼 본래 류큐 연극에서는 주인공이 대적하는 상대는 빈곤한 민중의 숨통을 조이는 전당포 주인과 같은 악덕 상인이며, 그들을 억압하는 권력층은 사족이다. 운타마기루는 백성과 사족 사이의 불평등과 빈부 격차에 분노하며 의적으로 활약한다. 그는 시마즈島津 제후가 중산왕에게 선물로 보낸 왕관을 훔쳐내는 것으로 민중을 지배하는 권력을 조롱하고 조소하지만, 그렇다고 오키나와의 현 상황을 운타마기루가 활약한 시대에 빗댄 단순한 우의적 서사는 아니다.

다카미네의 필름은 적이 일본의 국가권력과 미국의 군사권력임을 매우 분명한 형태로 드러낸다. 고바야시 가오루가 연기한 주인공은 미군기지에서 빼낸 무기탄약을 독립파 무장조직에게 유포하고, 경찰과 대치해 농성을 벌이는 등 과격한 행보를 보인다. 1972년은 오키나와 현대사의 분기점으로 오키나와 민중으로 하여금 누가 적군이고 누가 아군인지 분명하게 보여준 해였다.

세 번째는, 결말 부분의 차이다. 류큐 연극에서는 주인공이 예전에 모셨던 사무라이에 의해 붙잡힌다. 늘 붙어 다니던 안다쿠에 스님도 자진해서 체포당한다. 객석 관중들은 그 장면을 비통한 마음으로 바라본다. 또 다른 관전 포인트는 니시바루가 과거 운타마기루에게 입었던 은혜를 뒤로 하고 그를 창으로 찌르는 장면이다. 이처럼 류큐 연극은 권선징악적 형태를 띠지만, 그 다른 한편에서는 의적을 향한 연민과 동정이 표출되고 있다.

그런데 다카미네의 필름은 의리와 인정이 복합적으로 얽힌 감상적인 해결책을 제시하고 있진 않다. 영화 속 운타마기루는 니시바루의 창에 이마를 맞고 땅으로 낙하하는데, 이 같은 니시바루의 행동에 명분을 실어 준 것은 권선징악적인 도덕도 아니며 권력층의 강압적 요청에 의한 것도 아니다. 그가 사랑하는 돼지의 처녀성을 빼앗았다는 데에 증오를 느껴 운타마기루의 목숨을 노린 것이다. 영화 〈운타마기루〉는 기존의 유교적 세계관에서 완전히 벗어나 크고 작은 욕망에 흔들리는 다양한 인물들의 심리에 초점을 맞추고 있다.

이때 중요한 것은 니시바루의 창에 맞은 운타마기루가 마부이(혼)를 잃고 창이 이마에 박힌 채로 영원히 방황하지 않으면 안 되게 되었다는 점이다. 〈운타마기루〉에 앞서 제작한 〈파라다이스 뷰〉에도 유사한 장면이 등장한다. 고바야시 가오루가 연기한 인물인데, 돼지의 생간을 먹은 후 마부이가 빠져나가 산으로 들로 헤매고 다니는 신세가 된다. 〈운타마기루〉는 첫 장면과 마지막 장면에서 주인공이 산 것도 죽은 것도 아닌 공중에 뜬 상태로 방황하는 장면을 삽입하고 있는데, 이는 1972년 '반환' 후의 오키나와를 은유하고 있는 것으로 읽을 수 있다. 오키나와는 결코 소멸하지 않았다. 다만 마부이를 잃어버려 살지도 죽지도 못하고 불모의 도행을 계속할 뿐이다.

앞서 니시바루가 거세된 신체라는 것을 언급했다. 이 니시바루는 어떤 의미에서 전후 오키나와를 은유한다. 자신의 거세된 신체로는 불가능한 것을 운타마기루가 했다는 데에 앙심을 품었던 것이다. 이 그로테스크한 설정은 그 자체로 오키나와의 전후사를 상징하는 것이 아닐까. 운타마기루를 둘러싼 다카미네 감독의 해석은 매우 참신하지만, 류큐

영화 〈운타마기루〉 속 '기루'가 연극 〈운타마기루〉에 개입해 주인공 운타마기루 역을 연기하는 모습. 구와모토 마사시(桑本正士) 촬영.

연극의 멜로드라마적 성격에 익숙한 관객들에게 적잖은 당혹감을 안겨 주었으리라. 무엇보다 바뀐 결말부는 다카미네 감독의 오키나와 인식을 잘 드러낸 것이라 하겠다.

　네 번째로, 필름 속에 등장하는 다언어 상황이다. 류큐 연극에서는 통상적으로 오키나와어만 사용된다. 이것은 류큐 연극의 역사적 기원이나 청중을 생각할 때 당연할지 모른다. 〈운타마기루〉에서는 보다 의식적으로 언어를 사용하려는 감독의 의도가 엿보인다. 주인공이 꿈속에서 초인적인 의적으로 활약하는 장면에서 모든 등장인물은 순수 오키나와어를 사용한다. 그런데 그가 꿈에서 깨어나 자신이 잠자고 있는 사이에 오키나와가 일본으로 '반환'되었다는 사실을 알게 된 순간부터 영화 속 언어는 곧바로 일본어로 바뀌고 오키나와어는 흔적도 없이 사라진다.

　말할 것도 없이 이러한 극단적 사태는 1972년 현실에서는 일어나지 않았다. 오키나와에서는 이전과 마찬가지로 오키나와어가 사용되었고, 젊은 세대의 경우는 대부분이 오키나와 엑센트가 조금 섞인 표준어를 구사했다. 다카미네 영화에 묘사된 것처럼 일상에서 모두가 순수 오키나와어(내지인 배우의 다소 어색한 발음이지만)를 사용한 것은 아니다. 〈운타마기루〉가 공개되었을 때, 오키나와의 현 언어상황을 정확하게 전하고 있지 않는다는 비판이 나오기도 했다. 일상적이지 않은 오키나와어로 전편을 관통하게 한 것은 오키나와다움이라는 기호를 부자연스러운 형태로 강조한 것이며, 이국정서를 연출하기 위함이라고 말하기도 했다. 더 나아가 사이드가 말하는 오리엔탈리즘의 자기투영이라는 비평도 있었다.

나는 이러한 의견에 동의하기 어렵다. 작품 구도를 전체적으로 간파하지 못한 잘못된 평가라고 생각한다. 그도 그럴 것이 다카미네 감독은 본토로의 '복귀' 이전과 이후를 완전히 단절된 형태로 그리고 있고, 오키나와어는 '복귀' 이전을 나타내기 위한 그만의 전략이기 때문이다. 그것은 끝도 없는 순환을 거듭하는, 진보도 변화도 없는 무無시간 상태와 깊은 관련이 있다. 다카미네는 또 다른 영화에서 이를 '지루다이 チル ダイ'라는 오키나와어로 표현한 바 있다. 나른함, 무기력, 정체의 의미를 담고 있는 용어다. 오키나와에 있어 일본 '복귀'라는 사태는 이 '지루다이'를 상실하는 것에 다름 아니다. 오키나와어가 내지의 일본어로 대체되는 시대, 즉 두 개의 언어를 통해 1972년의 단절을 드러내고자 한 것이다. 적어도 이국정서를 관광주의 시선으로 연출하기 위해 오키나와어를 도입한 것은 아니라는 것이다.

마지막으로 이 〈운타마기루〉라는 영화가 지금까지의 운타마기루 서사를 비판적으로 다룬 이른바 메타레벨 서사로 기능하고 있는 점을 들수 있다. 이는 주인공이 마을에서 열리는 연극에 직접 관여해 흥을 돋우고 자신을 모델로 한 역할을 직접 연기해 보이겠다고 제안하는 장면에서 잘 드러난다. 이어서 제작한 〈몽환류큐 쓰루헨리〉에서도 유사한 장면이 연출된다. 이에 관해서는 다음 기회에 논의하기로 하자. 〈운타마기루〉의 주인공 운타마기루는 자신의 역을 맡은 초짜 배우의 연기가 좀처럼 마음에 들지 않는다는 소문을 접하고 배우를 바꿔줄 것을 요청한다. 그는 득의양양하게 공중부양을 해보이지만 그것이 화근이 되어 니시바루의 창에 맞는다. 민간전승으로 사랑받던 서사가 자신의 꼬리를 끊어먹는 뱀처럼 반전을 이루고, 그 반전을 통해 원작 서사의 결말을 변주하는 형식인 것이다.

다카미네의 필름은 이렇듯 민간전승으로 사랑받아온 원작을 현실에 맞게 바꾸고, 현 오키나와를 둘러싼 우의적 의미를 전면에 내세우고 있다. 권력자가 누구인지, 시대의 변화, 언어의 역사적 변화 또한 감지할 수 있다. 이 영화는 메타픽션이며, 기존의 서사 구도를 비판적으로 번안한 것이라고 할 수 있다.

아체에서 당신이 나에게 보여준 것은 두 가지였다.

하나는, 당신들 극단의 순회 공연물인 TV쇼. 베니아판으로 만든 커다란 TV 모형 안으로 희극 배우가 들어와 화면 속에서 관객석을 향해 말을 걸기도 하고, 관객을 화면 속으로 불러 들여 녹화를 하는 시늉을 한다. 당신들은 계엄령이 한창이던 때에 공연을 했고, 국군 병사들의 수사를 받는 일도 빈번했다. 그때 누군가가 기지를 발휘해 병사들을

TV 화면 속으로 불러들여 게스트로 분한 사이에 무사히 위기를 모면하기도 했다. 일반적인 TV 매체의 속성에서 벗어난 이 기묘한 발상에 관객들은 아낌없이 박수를 보냈다.

또 다른 하나는, 쓰나미로 인해 마을이 파괴되고 난 직후 아체어로 제작한 필름이다. 내가 본 것은 〈Eunpang Breu〉라는 코미디 시리즈 제3편으로, 지역 희극인들이 총출연해서 만든 작품이다. 원제는 아체어로 대나무잎으로 싼 밥의 의미라고 한다. 한 청년이 마을 여성에게 연모의 정을 품는데, 엄한 아버지 탓에 곁에 다가갈 수 없었다. 만나러 갈 때마다 발각될까 숨바꼭질이 벌어진다. 어느 날 청년은 가발과 의상을 준비해 오사마 빈라덴의 남동생을 자처하며 여자의 집을 찾는다. 아버지는 감격해 마지않으며 융숭한 대접을 하는데 도중에 그만 가발이 벗겨지고 만다. 다시 쫓고 쫓기는 숨바꼭질이 시작된다. 인도영화나 할리우드 무성영화처럼 우왕좌왕하는 모습이 관객으로 하여금 큰 웃음을 자아낸다.

TV쇼와 우왕좌왕 정신없는 영화. 후자는 마냥 웃으면 되지만, 전자의 경우는 관객을 TV 안으로 끌어들여 당황하게도 하고 큰 웃음을 선사하기도 한다. 이 두 개의 연극을 관통하는 것은 대체 무엇일까?

나는 현 시점에서는 민간전승의 힘을 빌리는 것이 최선이라고 생각한다. 다카미네 쓰요시가 오키나와인이라면 누구나 알 만한 운타마기루 이야기를 자유자재로 각색해서 기존의 운타마기루와 다른 새로운 버전을 제작했음을 다시 한번 상기해 보자. 민중 사이에 깊게 뿌리내려온 이야기가 오늘날 무대에 올려지고, 때로는 사색하게 만들고, 때로는 시니컬하게 각색되었다. 관객은 때로는 위화감을 느끼고, 때로는 흥분하며 박수를 보내기도 했다. 그 상호작용 속에서 오키나와가 껴안고 있는 정치적, 역사적 상황이 부상해 온다. 다카미네가 메타픽션 형태를 취한 이유는 바로 여기에 있다. 연극 상연 기간 중에도 계속해서 민간 전승 채집을 했던 것이 큰 성과를 이룬 것으로 보인다.

나는 몇 년 전에 한국의 한 대학에서 다카미네 쓰요시의 〈운타마기루〉를 주제로 강연을 한 적이 있다. 일본문화의 다양성이라는 측면에서 오키나와 필름을 소개했다.

한국 역시 옛 오키나와와 마찬가지로 일본의 식민지였던 시기가 있었고 지금은 독립국가로서 언어도 문화도 모두 회복했다. 그러나 한국인의 일본관은 지극히 단편적인 선에 머물고 있다. 일본 영화 가운데에도 일본어 자막을 달지 않으면 이해하지 못할 필름이 있다는 것을 한국인 학생들에게 알려주고 싶었다.

그런 점에서 영화 〈운타마기루〉는, 1980년대부터 90년대에 걸쳐 세계 이곳저곳에서 제작되었던 바이알어(타이완 산악), 아스테카어(멕시코), 베루즈어(영국), 구루지아어(이스라엘)와 같은 소수언어를 차용한 영화사 안에 자리매김될 수 있을 것이다. 한국인은 종종 일본을 스테레오타입으로 보려는 경향이 있는데, 일본은 결코 단일하지 않다. 예컨대, 오키나와에는 고유한 문화와 역사가 있고, 일본과 다른 세계관과 가치관을 갖는다. 내가 다카미네의 영화 〈운타마기루〉를 상영한 것도 그러한 사정을 알리기 위함이었다.

그런데 아체는 나에게 전혀 다른 세계를 알려주었다. 독립전쟁과 쓰나미로 피폐해진 곳에서 필요했던 것은 다름 아닌 민중을 위한 연극과 영화였다. 영화 〈운타마기루〉가 제시한 민간전승을 차용한 전략이 아체에서 공연을 이어가고 있는 당신과 당신 극단 멤버들에게 무언가 힌트가 되기를 바란다.

　친애하는 아즈하리

　남쪽 끝 아체에서 모든 것을 잃고 이 마을에서 저 마을로, TV세트를 이리저리 옮겨 다니며 연극을 계속하고 있을 아즈하리여.

　지금까지 나는 당신에게 일본의 최남단에서 민간전승을 이리저리 바꿔 독해해 온 사정을 이야기 했소. 언젠가 다카미네 쓰요시가 당신을 찾을지도 모른다는 기대를 하며 이만 여기서 펜을 놓으려 하오. 그런데 그에게는 결코 쉬운 여행이 아닐 수도. 그도 그럴 것이 엄격한 이슬람 사회인 아체에서는 다카미네 감독이 평소 즐겨 마시는 아와모리는커녕 알코올이 들어간 음료 자체를 손에 넣기 어렵기 때문이오.

　이만 안녕히.

주석

1   류큐왕조 시대의 하급 경찰관을 일컫는다. 옮긴이 주.
2   영화 〈운타마기루〉 속 주인공은 '기루(ギルー)'로 구분하기로 한다. 옮긴이 주.
3   오키나와에 전해 내려오는 바다 저편의 상상의 낙원을 일컫는다. 옮긴이 주.
4   오키나와에 전해 내려오는 요괴로 수목의 정령. 인간과 유사한 생활 습관을 가지고 있
    으며, 인간과 공존하는 형태로 묘사된다. 옮긴이 주.

지정학적 상상력과 폭력의 심급

〈바다제비 조의 기적〉과 '남南'을 향한 전진

나카자토 이사오

'안남安南'과 '트와일라잇 존Twilight Zone'

지세학地勢学적 상상력에 대해 생각하는 것으로 이야기를 시작해 보고자 한다. 왜냐하면 오키나와를 배경으로 한 영화나 오키나와를 둘러싼 표상에는 권력과 시선이 뒤엉켜 있는 것이 보이기 때문이다. 의식적이든 아니든 표현자의 시선은 방위方位 문제를 유발한다. '왜 오키나와인가'라는 물음과 그에 대한 응답 안에는 다름 아닌 이러한 지세학적 상상력의 정치성이 따라붙기 마련이다.

이러한 물음에 제대로 응답한 두 사람이 있다. 한 사람은 표현행위의 근간에서 활동하는 사진가이고, 다른 한 사람은 상황을 교반攪拌시키고, 쇄신하는 환기력 있는 언어를 남긴 신체 표현자이다.

그 사진가라는 사람은 도마쓰 쇼메이東松照明다. 1969년에 처음으로 오

키나와를 방문했고 이후 빈번히 오키나와를 찾았다. 베트남전쟁과 직결된 서태평양의 요석要石 오키나와의 격동을 아레·브레[1] 기법을 차용한 〈OKINAWA 沖縄 OKINAWA〉(1969)를 비롯해 섬의 자연과 사람들의 모습을 깊이 있게 포착한 〈태양의 연필太陽の鉛筆〉(1975)로 나타내 보였고, 내면을 강화한 모노크롬monochrome에서는 표현 불가능한 외부를 아열대의 빛 안에서 발견하여 필름을 컬러로 바꾸었다. 그 후 두 번 다시 모노크롬으로 되돌아가지 않았다. 이것은 단순히 소재의 문제가 아니라 탁월한 표현력을 보여준 〈빛나는 바람 오키나와光る風・沖縄〉(1979) 등을 전후 사진사写真史에 남기는 일이기도 했다. 이와 함께 도마쓰 쇼메이의 작품군에는 지세학적 상상력의 징후들이 엿보인다.

　도마쓰는 자신이 오키나와에 관심을 갖게 된 이유를 다음과 같이 두 가지로 들었다. 하나는, '일본인 시리즈' 작업을 하는 과정에서 만난 야나기타 구니오柳田国男의 『해상의 길海上の道』의 영향을 들 수 있다. 『해상의 길』은 동화銅貨가 사용되기 전 고대 중국에서 보물로 중시되던 시프레아 모네타Cypraea moneta로 불리는 어패류의 일종인 자패子安貝가 미야코宮古섬 바다에 풍부하다는 것에 착안하여 시프레아 모네타의 희소성을 탐구하기 시작한다. 여기에 벼농사의 기원까지 시야에 넣어 바닷길이 남쪽에서 북쪽으로 이동해 가는 이른바 '민족기원의 북상설'을 주장한다. 야나기타의 『해상의 길』이 도마쓰의 '일본인 시리즈'가 '남南'을 발견하는 데에 중요한 산파 역할을 했던 것이다. 또 다른 하나는, 도마쓰 쇼메이 세대의 원체험이자, 일본 전후 사회에 파고든 미국화에 대한 관심에서 시작된 '점령 시리즈'를 검증하는 마지막 장소로서 오키나와를 포착하게 된 것을 들 수 있다. 즉, 오키나와라는 지세가 '일본인 시리즈'와 '점령 시리즈'의 접점을 이루며 전후 사진가의 시야 속으로 들어오게 된 것이다.

이렇게 해서 사진가로 하여금 방위로서의 '남'을 획득하고, 오키나와로 향하게 했다. '일본 복귀'를 전후한 4년간을 오키나와에서 체재해 왔다. 처음은 기지 주변에서 이후는 오키나와 본섬 이외의 미야코, 야에야마八重山 등의 이도에 매료되었다. "오키나와 안에 기지가 있는 것이 아니라, 기지 안에 오키나와가 있다"라고 일컬어질 정도로 미군기지의 억압적인 점유가 계속되고 있음에도 불구하고, 거기서 한 발 떨어져 주변 섬들로 발길을 옮겨보면 미국화의 침투를 받지 않고, 아니 그것을 거부하는 섬들의 모습을 발견할 수 있다. '그리움懷かしさ'이라는 것이 그곳에 자리하고 있는 것이다. 그러한 '그리움'에는 사진가가 그것을 발견하고 흥분을 감추지 못했던 야나기타 구니오의 상상된 일본像 또한 엿보인다. 그 시선이 어느 방향을 향하고 있는지에 주목해야 할 것이다.

사진집『흐드러진 붉은 꽃朱もどろの華』에 수록된「오키나와 일지沖繩日誌」(1976)를 보면 사진가가 이동을 거듭해 가며 만들어간 지세학적 상상력의 궤적을 엿볼 수 있다.

1969년(쇼와 44) 2월, 패스포트 같은 신분증을 지참하고 오키나와로. 2달 체재.

1971년(쇼와 46) 7월, 두 번째 오키나와 방문. 1달 체재.

같은 해 12월, 세 번째 오키나와 방문. 하테루마(波照間)섬 방문. 1달 체재.

1972년(쇼와 47) 4월, 네 번째 오키나와 방문. 나하(那覇)에서 복귀(復帰)의 날을 맞이하고 계속해서 체재. 1년 체재.

1973년(쇼와 48) 3월, 미야코섬으로 이주. 7달 체재.

같은 해 11월, 동남아시아를 돌고 귀경.

이상의 족적은 그 자체로 사진가의 시선과 사진 모티브를 심화시킨 다큐멘트라고 볼 수 있을 것이다. 더 나아가 오키나와 열도를 남으로 거슬러 내려가 마지막에는 국경을 넘어 남쪽 아시아로 월경해 가는 시선의 흐름 또한 감지할 수 있을 것이다.

이 「오키나와 일지」에 기록된 '남'으로 향해가는 시선에 주목해 보면 일종의 도약점이 자리하고 있음을 알게 된다. 〈태양의 연필〉은 모노크롬 「오키나와 편」과 컬러 「동남아시아 편」 두 편으로 이루어져 있는데 굳이 두 편을 한 권으로 엮은 것은 사진가로 하여금 오키나와로 향하게 한 지세학적 상상력이 바로 그 오키나와로 인해 변화가 불가피해졌음을 나타낸다. 이 변화는 단순히 모노크롬에서 컬러로의 변화를 의미하지 않는다. 오키나와와 관련된 모티브, 즉 '일본인 시리즈'와 '점령 시리즈'의 접점을 발견하고 이를 통해 오키나와관觀에 전위轉位가 발생했음을 의미한다. 그것은 오키나와 이도로 흘러들어 서로 뒤엉킨 여러 개의 '남' 아시아성을 발견한 것에서 비롯되었다. 「오키나와 편」과 「동남아시아 편」 사이에 삽입된 「그리고 동남아시아로」라는 에세이는 이러한 사정을 뒷받침한다. 예컨대, "지금까지 돌아본 섬 중에 특히 야에야마 섬들의 풍속이라든가 전설이 일본의 그것과 다르다는 것을 느꼈다. 남방적 요소가 매우 강하게 나타난다"라고 말하며 '남방적 요소'에 대해 기술하는 것이 그러하다. 구체적으로는 타이완의 원주민과 홍터우위紅頭嶼의 아미족, 자와, 뉴기니아 등 남양군도 부족과의 관련성으로 보

이는 요나구니与那国의 '쿠마쿠먀ー'[2] 풍속, 구로시마黑島에 남아 있는 안남의 귀부인을 의미하는 '안남타마자라アンナンタマザラ'의 전설 등 야에야마 섬들 이곳저곳에서 접하는 '안남'이라는 용어에 주목한다. 여기서 말하는 '안남'은, 실체적 지리공간으로서의 베트남 중부에 한정되는 것이 아니라, 중국대륙과 남양군도를 포괄하는 남방을 가리킨다.

이에 더하여 주목해야 할 것은, 북으로부터 가혹한 수탈을 당해온 하테루마波照間와 요나구니与那国섬 사람들이 바다 저편의 남쪽을 낙토로 삼는 '파이파테로마パイパテローマ'(남 하테루마)와 '파이두난パイドゥナン'(남 요나구니)에 대해 언급하고 있는 점이다. 예컨대, "파이파테로마라든가 파이두난 등의 섬 이름은 지도에는 나오지 않는다. 그런데 섬을 빠져나가는 이들이 향하는 곳은 일관되게 '남'쪽이다. '에도막부江戸幕府 – 사쓰마번薩摩藩 – 슈리왕부首里王府 – 미야코·야에야마' 순으로 높은 세금의 중압감을 피해 농민들이 북에서 남으로 도피해 간 것이다. 이렇게 탈출한 이들이 정착한 곳은 어디일까? 남해의 낙원을 찾아 배를 타고 떠돌다 목적지에 이르지 못하고 바다의 해초로 사라졌거나, 환상의 섬에 정말 도착했는지는 명확하지 않다"고 말한다. 여기서의 '파이파테로마'라든가 '파이두난'은 타이완 남부지역이나 홍터우위를 가리킨다. "섬을 빠져나간 이들이 향하는 곳은 홍터우위일지, 아니면 다른 섬일지 모른다. 어찌되었든 옛 야에야마 사람들 머릿속에 그려온 남해의 낙원은 환상의 섬이 아닌 실재하는, 예전에는 계절풍을 타고 오가기도 한 이른바 안남임에 틀림없다"고 할 때, 그 '안남'은 한 사진가가 '일본인 시리즈'와 '점령 시리즈'의 접점으로서 오키나와로 향했던 시선의 방위를 바꿔 남으로 향해 간 곳이기도 하다. 〈태양의 연필〉이 모노크롬에서 컬러로

바뀌고, 오키나와와의 만남을 통해 필름의 서사와 렌즈의 문체를 갱신하고, 「오키나와 편」에서 「동남아시아 편」으로 페이지가 바뀌는 지점에 「그리고 동남아시아로」를 삽입할 수 있었던 이유다.

덧붙여 말하면, 섬들의 시공時空으로 흘러들어와 '남'을 발견하는 일은 국경과 국가의 벽을 인식하는 것이기도 했다. '안남'의 발견으로 다시 한번 '북'이 조명되고, 그곳에 생생한 정치적 현실의 요체要諦가 부상하게 되는 것이다.

「그리고 동남아시아로」에 다음과 같이 쓰고 있다.

> 사람은 어머니의 뱃속에서 나오면서부터 특정 나라의 국민으로 등록된다. 그리고 대부분의 사람은 자신의 의지로 선택하는 것이 아님에도, 그 국적을 운명적으로 짊어지고 일생을 살아간다. 오키나와에 살자면 국가에 둘러싸인 개인의 부자유함에 대해 생각하지 않을 수 없다. 사람은 누구든 행복하기를 원하며 그러한 삶을 사는 길을 모색한다. 그 과정에서 국가라는 두터운 벽에 부딪히게 된다.
>
> 만약 자신에게 맞는 국가를 자유롭게 선택할 수 있다면, 오키나와인은 과연 복귀 후 1년쯤 지난 지금의 일본을 다시 선택할까? 이런저런 생각이 떠올랐다 사라졌다 한다. 바로 그때 안남(ア・ン・ナ・ン)이라는 용어가 슬그머니 리얼리티를 띠며 내 안에서 되살아났다.

한 사진가의 지세학적 상상력의 전환이 국가라는 벽에 부딪혀 버렸지만, 오키나와라는 지세는 여전히 안남의 공간으로 기능한다. 안남이란, 특정한 실체로서의 지리공간인 것은 물론 아니다. 그곳은 국가에

포위되어 더 이상 도망갈 곳을 찾지 못한 '밝힐 수 없는 공동체La com-
munauté inavouable'로서의 복수複数의 아시아에 다름 아니다. 바로 여기에
「오키나와 편」에서 「동남아시아 편」으로 이행해 가는 과정에서 「그리
고 동남아시아로」가 배치될 수밖에 없었던 이유가 자리하며, '그리고'
라는 접속사가 붙게 된 것이리라.

　사진가는 '안남'으로 여행을 떠난다. 기점은 오키나와이며 '남방적
요소'를 지렛대로 삼았다. 그 '남방적 요소'를 지렛대로 삼게 되면 동남
아시아는 땅으로 연결될 것이라는 확신이 있었다. 그것은 모노크롬
「오키나와 편」과 컬러 「동남아시아 편」이 서로의 거울이 되기도 하고,
월경하기도 하고, 때로는 겹쳐지는 모양새로 나타난다.

　그렇게 해서 국경을 넘을 수 있었다. 모노크롬에서 컬러로 필름의 서
사 방식에도 변화가 생긴다. 오키나와의 '남방적 요소'를 지렛대로 삼
으면 땅의 연속성이 보인다는 발상은 그야말로 낙관적이라고 할 수 있
다. 그런데 여기서 주목하고 싶은 것은, 타이완의 지룽基隆, 단수이淡水,
우서霧社, 필리핀의 삼보앙가, 마닐라, 인도네시아의 발리, 자카르타, 말
레이시아의 마라카, 탄핑, 남베트남의 사이공, 타이의 랑방, 첸마이, 아
유타야, 싱가포르 등의 나라들과 지역 '사이'에 오키나와 사진이 이상
블라주 되고 있는 점이다. 이것은 '안남'을 통해 가능해진 아시아 여러
나라의 공화共和지대인 것이다. 여기에 국가라는 이름의 영토로 둘러싸
인 '일본 남쪽 경계'로서의 오키나와로부터 군도로 흘러들어간 '안남'
이 개입하면서 '아시아의 북쪽 가장자리'로서의 오키나와로 지세학적
상상력이 변환해간다. 이렇게 볼 때, 〈태양의 연필〉은 류큐호琉球弧[3] 섬
들 속에 아이콘처럼 내장된 아시아와의 교통과 방위로서의 '파이'의 혼

적을 발견하는 일이기도 하다.

오키나와를 기점으로 국가의 울타리를 월경해 간 도마쓰 쇼메이. 가라 주로唐十郞는 여기에 또 하나의 지세학적 상상력을 덧댄 '오키나와론'을 통해 한층 더 예리하게 파헤친다. 그는 '피'를 아나키즘 문맥으로 독파하기도 한다. 가라 주로는, 「아아! 동지나해 – 나의 오키나와론ぁぁ!東シナ海 ぼくの沖縄論」(『映画芸術』 256호, 1968.12)에서 '동지나해'라는 바다 문맥과 오키나와 전후의 적자라고 할 수 있는 '혼혈'에 착목한다. 이것은 이마무라 쇼헤이今村昌平가 각본을 쓰고, 이소미 다다히코磯見忠彦가 감독한 〈동지나해〉에서 볼 수 있는 북으로 향하는 방위의 정치로서의 "아아, 본토 복귀ぁぁ,本土復帰"와, "다코쓰보 가계와 다코쓰보 사회タコツボ家系とタコツボ社会"[4]를 그린 이마무라 쇼헤이의 〈신들의 깊은 욕망神々の深き欲望〉에 대한 매우 이른 시기의 비판이라고 할 수 있다. 그 때문에 오독도 있었지만 급진적 아나키즘 성향은 '조국 복귀'를 외치는 오키나와 정신의 북상형과 그에 대응하는 내지 일본인의 의사疑似 남하로부터도 소외된 '트와일라잇 존'에 거주하는 '혼혈'을 통해 오키나와를 둘러싼 지세학적인 상상력을 쇄신하려 한 것이다. 이때의 '혼혈'은 교통의 신체화이며, 월경이라는 의미도 내포되어 있다.

가라 주로가 말하는 '황혼 지대'란, 법과 질서의 주변을 의미한다. 주민들이 입에 올리는 "스테이트state로 돌아가자"라는 말에 귀 기울여 보면, '황혼 지대'에는 "혼혈아, 필리핀, 타이완, 조선계가 뒤엉켜 있으며, 그리고 이들에게 일본인이라는 의식이 있을 리 만무하며, 그저 '스테이트로 돌아가자'라는 목소리만 높일 뿐"이라는 것이다. 또한, 거기에서 한 발 더 나아가 "스테이트로 돌아가자"라는 말조차 상실한 불행의 끝에 서 있는 이들에게 방위를 편취당해 "'본토 복귀'를 외치는 딸의 내면이 정신적 북상형이라면, 실어증에 걸린 여성들은 세로로 자른 암부暗部를 통과해 남하해 가는 것"이라고 주장한다. '본토 복귀'를 외치는 딸은 이소미 다다히코의 〈동지나해〉에 등장하는 인물 중 하나인데, 가라 주로는 "스테이트로 돌아가자"라는 목소리를 의식적 영구 남하를 지향하는 것으로 해석하며, 언젠가 동지나해가 붉게 물들게 되리라는 반국가적인 비전 또한 예감하고 있다.

이 가라 주로의 '트와일라잇 존'과 '동지나해'는 도마쓰 쇼메이가 야에야마의 섬들에서 발견한 '안남'과 국가에 둘러싸여 있으면서 섬 너머의 환상을 품은 '파이파테로마'와 '파이두난'의 '파이' 즉 '남'과 통저하고 있음은 분명하다.

도주와 투쟁의 장으로서 〈바다제비 조의 기적〉

〈바다제비 조의 기적海燕ジョーの奇跡〉(원작은 사키 류조佐木隆三, 감독은 후지타 도시야藤田敏八, 각본은 고나미 후미오神波史男, 우치다 에이치内田栄一, 후지타 도시야)에 등장하는 주인공이자 오키나와와 필리핀 혼혈 조(도키토 사부로時任三郎)가 오키나와 본도로부터 미야코 – 요나구니 – 타이완의 란유蘭嶼 – 필리핀에 걸쳐 도주하는 궤적은, 도마쓰 쇼메이의 〈태양의 연필〉「동남아시아 편」을 가능케 한 '안남'과, 가라 주로가 '오키나와론'에서 말한 '황혼지대'의 가인俳人들이 영구 남하운동을 펼쳐간 궤도와도 겹쳐진다.

여기서 환기하고 싶은 것은, 원작 〈바다제비 조의 기적〉에 반드시 포

함되어야 할 도입부에 대해서다. 원작에서도 명확하게 드러나 있지 않지만, 주인공 조ジョー와 그 도피처를 생각할 때 도입부가 내포하는 의미는 피해갈 수 없다. 그도 그럴 것이 그것은 오키나와 전후사의 수렴 방식과, 그 수렴 방식을 어떻게 느끼고 인식했는가와 관련되기 때문이다. 나는 이 작품의 배후에 자리한 '일본 복귀'라는 모양새를 취한 오키나와 전후사의 수렴 방식에서 환멸을 보았다. 왜냐하면 '일본 복귀'라는 것은, 오키나와의 전후가 배양한 에너지를 북상형 정신으로 결집시켜 영토와 국민과 국가 서사에 포위당한 것에 다름 아니기 때문이다. 그에 대한 실망이 오키나와로 흘러들어온 복수複数의 아시아의 기억으로서의 '안남'과 법이 미치는 범위에서 제외된 '트와일라잇 존'으로 시선을 향하게 했다고 할 수 있다. '복귀'라는 이름의 국가통합으로 인해 봉인된 '남'은 봉인 해제가 불가피했다. 이것은 오로지 정치적 흥미를 갖고 1968년 처음 오키나와 땅을 밟았던 원작자 사키 류조가 매춘부나 야쿠자에게만 시선이 갔다고 고백한 것처럼, 오키나와의 '트와일라잇 존'에 매료된 사키 류조에게도 절실한 과제였을 터다.

사키 류조가 취한 방법은 두 가지다. 하나는 폭력이고, 다른 하나는 엔터테인먼트다. 그 폭력과 엔터테인먼트로 봉인된 '트와일라잇 존'을 조정해야 했다. 조정된 것은 '혼혈'과 '남'. '혼혈'은 조에게로, '남'은 오키나와 본토에서 미야코, 요나구니, 란유를 거쳐 필리핀에 이르는 바닷길로 조정되었다. 필리핀은 미국만큼은 아니더라도, 미국과 함께 전후 오키나와의 '황혼 지대'의 적자를 낳은 또 하나의 오이디푸스였다고 해도 과언이 아니다. 필리핀인 아버지와 오키나와인 어머니를 가진 조를 주인공으로 한 폭력 엔터테인먼트로서의 〈바다제비 조의 기적〉은 그러한 원작자의 '트와일라잇 존'의 분유의 산물이었던 것이다.

한편, 오키나와 전후사의 수렴 방식에서 보았던 '환멸'이란 대체 어떤 것이었을까? 예컨대, 그것은 과거 오키나와형무소의 미결수로 함께 했던 조에게 "야쿠자는 쓰레기다. 혁명가가 되어라"라고 말하며, 지금은 운동에 거리를 두고 미군기지에 출입하며 폐품수거 일을 하는 좌익운동의 옛 리더 우에세도 조마上勢頭朝真(다나카 구니에田中邦衛), 조가 도주해 간 필리핀에서 신세를 지게 되는 안토니오·S·요나미네, 통칭 토니トニー라고 불리는 요나미네 사토루与那嶺悟(하라다 요시오原田芳雄)에게서 건조한 니힐리즘의 단편을 엿볼 수 있다.

"혁명은 그만 둔 거야?"라는 조의 물음에 "나도 쓰레기지 뭐", "너나 나나 말이야"라며 자조 섞인 반응을 보이는데, 이러한 '환멸' 안에 이중의 의미가 내포되어 있음을 알 수 있다. 그런데 이 이중성은 조와 재회하고, 조가 도망치는 것을 도와줌으로써 우에세도의 경험이 다른 회로와 접속하게 된다. 예컨대, "밖으로 나가려고 해도 바다, 하늘 길 모두 막혀있어. 경찰과 류큐연합의 날카로운 감시 탓에 탈출로가 완전히 봉쇄됐을 거라고 생각하고 다들 포기한 듯. ……그런데 말이야, 우리에겐 남쪽 루트가 있어. 모두가 북으로 북으로 시선을 향하고 있기 때문에 남쪽은 안심할 수 있지 않을까? 내가 야에야마 출신이라는 건 알고 있지?", "북으로 북으로 너무 과도하게 쏠려 있어. 역사적으로 보더라도 오키나와인이 북쪽에 마음을 빼앗겼을 때는 별 볼 일 없었잖아?"라는 대사들이 그러하다. 이것은 종종 권력과 대립하는 폭력단의 포위와 감시의 시선 이면을 묘사한 것으로 읽혀지는데, 거기에서 한 발 더 나아가 '일본 복귀운동＝북상형 정신'이 초래한 별 볼 일 없음을 통각하지 않으면 제대로 이해한 것이라고 할 수 없다. '북'이 불가능하다면 '남'이라는 단순한 논리가 아니다. 패배를 뚫고 나아가야 비로소 보이는 교통의 기억과 역사적 신체로 봐야 한다.

요나미네는 돈 이외의 것은 절대 신용하지 않는 속물적 현실주의자이긴 하지만, 현실을 꿰뚫어 보는 시선만큼은 매우 날카롭다. 사키 류조는 요나미네를 향해 "생각해보니 오키나와도 일본 복귀니 뭐니 바보 같은 짓을 했어. 바뀐 게 뭐가 있어, 미국인들 시중이나 들고 말이야. 블랜디니 위스키니 하면서 싼 값에 한잔 할 궁리나 하고 말이지"라며 일침을 가한다. 이 장면을 속물주의라고 웃어넘겨버릴 수도 있겠지만, 마닐라 호텔 방 하나를 빌려 훔친 작물을 되팔거나 '자파유키상ɡゃぱゆきさん'[5]이라 불리는 여성들의 성性을 해외로 팔아 생계를 이어가는 무력한 니힐리즘 역시 '북'에 대한 환상을 가졌던 '일본 복귀'의 대극에 자리하며, 오키나와의 전후가 낳은 변이체라는 사실을 폭로하는 것으로도 읽을 수 있을 것이다. 물상화되어 버린 '일본 복귀'라는 '바보 같은 짓'을 조소하는 것이다.

여기서 우에세도의 변명을 조금 더 들어보자. "내가 야에야마 출신이라는 건 알고 있지?"라는 우에세도의 물음은 '파이파테로마'나 '파이두난', 그리고 '안남'을 소유하고 있다는 자부심의 고백이기도 하다. 그것은 또 "요나구니로 돌아가고 싶어"라면서 조를 채근하는 요코陽子(후지타니 미와코藤谷美和子)의 향수병과 겹쳐지면서, 별 볼 일 없는 '북'에 대한 환상을 일찍이 간파했던 가라 주로의 '트와일라잇 존'의 상상력을 상기시킨다. '트와일라잇 존'이 우에세도에게 비축된 '파이'를 유발할 때, 바로 그곳에 국경을 돌파하는 투쟁, 혹은 투쟁선이 발견된다.

조가 오키나와섬을 떠나던 날 새벽, 우에세도의 차 안에서 다음과 같은 대화가 오간다.

우에세도 "안심이야, 지금까지 내가 줄곧 다녔던 루트니까."
요코　　"요나구니까지는 갈 수 있는 거야?"
우에세도 "거기서부터는 참치 냉동선을 타고 북으로든 남으로든……. 그 누구
　　　　도 막다른 곳 남쪽으로 갈 거라곤 생각지 못할 거야."
요코　　"내가 우리 할머니한테 연락해 놓을게."

짐칸 속 조. 둥근 테의 안경을 썼다가 벗었다 하며……

"그 누구도 막다른 곳 남쪽으로 갈 거라곤 생각지 못할 거야"라는 우에세도의 대사에 주목해 보자. 여기서 "막다른 곳 남쪽"은 국경으로 가로막혀버린 시선을 역설적으로 선명하게 보여주고 있는데, 그 가로막혀버린 시선을 뚫고 돌파해 나간다. 경계 횡단적인 도주와 투쟁선을 시사하는 것이기도 하다. 그리고 그 루트는 훗날 밀무역계의 여걸인 요코의 조모 '구부라 할머니久部良のお婆ァ'에 의해 보다 선명해진다. 이러한 조의 도주를 곁에서 도와주는 우에세도/요코·구부라 할머니/요나미네 등의 조연의 존재는 동지나해를 북싱의 바다가 아닌, 남하의 바다로 삼았던 '안남'과 '트와일라잇 존'과 강하게 연결되어 있다.

여기서 조의 신체가 '바다제비'로 은유되고, 그것이 다시 도주와 월경의 의미를 내포하는 데 주목해 보고 싶다. 사키 류조는 소설 제목을 짓는 데 많은 고민을 하는 편이다. 그런데 이 작품만큼은 모티브가 떠

올랐을 때 바로 결정했다고 후기에 적고 있다. 어느 날 남서제도를 여행하다가 절벽을 아슬아슬하게 나는 바다제비를 보고 고리키의 「바다제비의 노래」를 떠올렸다고 한다. 작품 모두冒頭 부분에 "이 대담한 바다제비는 성난 바다 위를 번개를 뚫고 당당하게 날고 있다. 그리고 승리의 예언자는 외친다. 바다여, 더 세게 불어다오!"라는 시구詩句를 삽입하고 있다.

그리고 오키나와섬을 떠나 남쪽으로 향해가기 전에 조의 도주를 암시하기라도 하듯 바다제비를 등장시킨 것이다. 본도 남서부 이토만 해안 절벽 위에서 해수면을 노니는 작고 검은 바다제비를 바라보며 "좋겠다. 저 바다제비들은. 자유롭게 바다 위를 날아다닐 수 있으니……"라고 말하는 조와 "지금 조의 신세 같네. 국적이나 국경 따위는 있어도 있는 게 아니니"라고 응수하는 우에세도.

이들의 대화 속에 등장하는 바다제비는 일종의 계시적인 환기력을 가지고 조의 도주를 예감케 한다. 바다제비의 영문명 페트럴petrel은 해수면을 스치듯 아슬아슬하게 나는 모습이 마치 그 옛날 바다 위를 걸었던 성인聖人 피터의 모습과 닮아 붙여진 이름이라고 한다. 조의 도주의 궤적이 바다제비를 통해 환유되고 있는 것이다. 바다제비를 영화 모티브로 삼게 된 이유를 후지타 감독은 이렇게 말한다. "나도 그렇게 생각해요. 즉, 조는 그야말로 바다제비처럼 낮게 낮게 해상을 반전시키면서 도주합니다. 그러니까 그 도주 방식 자체가 하나의 기적이 아닐까 합니다. 그리고 '궤적'이기도 하고요. 조의 순간순간을 추적하는 것이 바로 명제가 아닐까 합니다."(『키네마순보キネマ旬報』 887호, 1984.6)

여기에 덧붙이고 싶은 것은, 바다제비에 빗댄 조의 도주 순간순간에

페이드 인(사건의 시작)하거나 페이드 아웃(사건의 종결)하면서 독특한 음울함을 발신하는 조연의 존재이다. 이 조연들의 존재는 신체화된 시선의 지세에 다름 아니다. 조의 '남쪽 행'은 공간의 여행이다. 그리고 동시에 기억을 유발하는 시간의 여행이기도 하다.

여기서 동지나해와 바시 해협을 넘어 섬들과 바닷길을 건너는 조의 도주 루트를 구체적으로 살펴보자. 오키나와섬 남단 이토만糸満에서 사바니サバニ[6]를 타고 미야코섬을 경유해, 거기서 일거에 요나구니로 건너가, 요나구니에서 타이완 어선으로 갈아타고 국경을 넘는다. 그리하여 센가쿠제도尖閣諸島 부근 본류에서 갈라져 남쪽으로 역류하는 흑조黒潮의 길을 타고 타이완 남부 란유로 건너간다. 거기서 야미족의 목조어선 시너드커랜Cinedkeran으로 갈아타고 북회귀선을 넘어 어두운 밤을 뚫고 남하한 후, 루손섬 북서 해안에서 트럭을 타고 목적지인 마닐라까지 향한다. 그것은 식민지주의와 전쟁과 미 점령의 기억이 복잡하게 얽힌 역사의 길이기도 했다. 국경의 섬 요나구니는 전쟁이 끝나고 얼마 지나지 않은 시기부터 타이완과 홍콩과의 밀무역이 번성했으며, 국경을 넘어 사람과 물건의 이동이 활발하게 오갔다. 조가 국경을 넘어 처음 가로막혀 버린 타이완의 남쪽 란유는 일본 식민지 시대에는 '훙터우위'라고 불렸고, 동청만東清湾은 일본군이 처음으로 상륙한 지점이기도 했다. 조의 도주 루트와 지역들은 옛 야에야마 섬 사람들이 압제를 피해 '섬 탈출'을 시도한 '파이'이며, 제국 일본의 남진 '파이'이기도 했다. 더 나아가 전시에는 미야코와 야에야마에서 타이완으로 소개疎開해 간 루트이며, 미 점령하에서는 타이완과 홍콩의 밀무역 루트이기도 했다. 이렇듯 '남'의 문맥은 꽤나 복잡하다.

〈바다제비 조의 기적〉에서 타이완 고깃배를 타고 있는 조(앞쪽)와 어부.

더 나아가 주목을 끄는 것은 조와 그 주변 인물들에게 보이는 신체화된 식민주의와 전쟁, 정치적 실천의 흔적과 복수의 '남'의 기억이다. 조의 오키나와섬 도주를 도와 남쪽으로 이끌었던 우에세도는 '혁명운동'에서 이탈해 폐품 모으는 일을 하면서 근근이 살아간다. '일본 복귀'를 전후한 오키나와 격동의 사회상을 트라우마처럼 간직하며 살아가는데, 수집한 '폐품'들 사이에서 일본군의 수류탄과 불발탄이 나올 때면 오키나와 전투와 미 점령기의 기억으로 마음이 편치 않다. 조를 요나구니까지 태워준 과묵한 어부(미후네 도시오三船敏郎)는 이시가키石垣 출신으로 전시 해군으로 지원한 이력이 있다. 그는 특공 진양정震洋艇 승무원으로 전쟁을 수행하면서 적군의 처형에도 가담한 전범이기도 하다. 또한, 조를 요나구니에서 란유로 태워주며 헤어질 때 "나는 예전에 일본군 상등병이었소"라며 거수경례를 했던 타이완인 사공(다테 히로시伊達弘) 역시 식민지 출신의 일본 병사였던 것이다.

그리고 조가 도주 혹은 투쟁해 가는 길에서 특히 인상적인 장면은 요코의 할머니 '구부라 할머니'(하라 이즈미原泉)다. 80세의 백발 할머니는 패전 직후 요나구니와 타이완의 왕래가 잦았던 시대에 밀무역을 하던 여걸이었는데, 그 '할머니'가 "모든 게 한낮의 꿈만 같소"라든가 "서쪽

으로 가면 타이완, 남쪽으로 내려가면 필리핀. 돈이 있고, 바람이 있고, 마음만 있으면 금방입니다", "사람은 모두 남쪽에서 왔다고 합디다. 땅 끝, 바다 끝에는 낙원도 있겠지요"라며 조에게 노래하듯 말하는 이들 대사는 계시로 충만하다. 거기에는 국경 섬의 확고한 경험과 기억이 자리하고 '파이두난' 사상이 살아 숨쉬고 있음을 잘 드러내 보여준다. 그리고 타이완섬이 내다보이는 해협을 바라보면서 "요나구니섬 배와 타이완 배가 함께 섞여 있는 것이 사이좋게 보이죠? 국경 따위는 애초부터 없었어야 해요"라고 말한다. 국가의 개입 없이 민중들이 접촉하던 원풍경이 노파의 기억을 통해 조용히 부상하고 있는 것이다. 그뿐만이 아니라 오키나와의 '야마토 세상ヤマト世'이 무엇을 초래했는지도 알려준다.

조의 남쪽에서 남쪽으로의 공간의 이동은 '파이파테로마'와 '파이두난', '안남'의 먼 기억을 떠올리게 하며, 제국과 식민주의, 오키나와 전투와 미 점령기 등을 거치며 형성된 문화 정치의 흔적을 발견하게 한다. 조의 도주의 기적과 궤적이 상기시키는 집합적 기억의 의미에 좀더 주목할 필요가 있다.

필리핀이라는 심급審級

영화 〈바다제비 조의 기적〉은 류큐연합으로부터 파문되어 해산을 명받은 시마부쿠로島袋 일가의 중견 간부 조가, 어렸을 때 형제처럼 지내던 요나시로 간빈与那城寛敏(이토 빈파치伊藤敏八)의 억울한 죽음을 대신해 복수하는 내용으로 이루어져 있다. 경찰과 류큐연합의 포위망에서 벗

어나 바닷길을 남하해 아버지의 나라 필리핀까지 도주하는 폭력 액션이다. 시나리오는 공동으로 썼는데, 전반의 오키나와 장면은 〈박도 외인부대博徒外人部隊〉와 〈오키나와 야쿠자 전쟁沖縄やくざ戦争〉의 각본을 맡았던 고나미 후미오神波史男가 담당하고, 후반 필리핀 장면은 우치다 에이치와 후지타 도시야가 분담했다고 한다. 전반부 구타 장면과 이사장 살해 장면은 언뜻 도에이 영화의 야쿠자 스타일처럼 보이나 〈박도 외인부대〉나 〈오키나와 야쿠자 전쟁〉에 그려진 야쿠자 묘사와는 분명 다르다. 그것은 아마도 〈여동생妹〉, 〈버진 블루스バージンブルース〉, 〈불꽃 초상炎の肖像〉, 〈슬로우한 부기로 해 줘!スローなブギにしてくれ〉 등 후지타 작품의 각본을 맡았던 우치다 에이치가 합류하게 된 것, 이른바 '청춘'물에 독특한 음영을 가미한 후지타 도시야가 메가폰을 잡은 것 등이 영향을 미쳤을 것으로 보이지만, 그보다는 주인공 조의 '혼혈'이 불거져 나온 것과 깊은 관련이 있을 듯하다.

주인공을 필리핀과 오키나와의 혼혈로 삼은 것과 조의 도를 넘는 폭력은 기존의 야쿠자 영화의 정형에서 벗어난 것으로 볼 수 있다. 조가 이사장을 살해한 것은 일가를 파문하고 해산을 명한 데 대한 보복이라기보다 이들에게 맞아 죽은 어릴 적 친구의 원한을 풀어주기 위한 이유가 더 컸다. 중요한 것은 조의 상식을 벗어난 폭력과 그 양태가 닌쿄나 도에이의 야쿠자 모습과 성질을 달리한다는 것이다.

"모든 것은 조의 그 한 발에서 시작되었다"라는 대사와 함께 필리핀까지 쫓아온 이들과 총격전을 벌인 끝에 류큐연합 이사장 긴조 세이코金城盛光를 살해하는 장면에서 감정의 과잉이 엿보인다. 심장을 겨눠 발사한 총에 맞아 이사장이 거의 즉사 상태임에도 조는 다시 머리 부위를 조준해 총격을 가한다. 필리핀에서 청부 살해하러 온 이들에게 보인 행동도 마찬가지다. 그 선을 넘는 감정 과잉의 심층에 자리하는 것은 바로 '혼혈'성에 다름 아니다.

조의 신체는 "무기질無機質의 잿빛 눈동자와 옅은 흑색으로 빛나는 갈색 피부"로 표현되고 있다. "혼혈 야쿠자라니 이상한데"라고 무심히 말하는 연인 요코에게 "필리핀 혼혈은 야쿠자도 될 수 없단 말인가"라며 정색하는 조. '필리핀 혼혈'에 대한 편견이 독이 되어 조의 과잉 폭력을 낳은 것이 아닐까. 그러한 양상은 류큐연합 나하파와의 갈등을 통해 한층 더 선명해진다. 보스 시마부쿠로 조코島袋長幸를 따라 야마토로 건너가게 된 조가 떠나기 전 간빈과 둘이서 술자리를 갖고 있을 때 나하파가 들이닥친다. 간빈이 "나하 개들이 냄새 맡으러 왔나보군"이라며 도발하자 "냄새가 난단 말이야. 필리핀 흑돼지는"이라며 조소를 보낸다. 순간 조의 눈이 분노로 이글거린다. 실실대며 웃고 있는 이들 중 한 명을 낚아채 관자놀이에 권총을 겨누며, "필리핀 돼지는 말이야, 그냥 죽이라고 기다리지 않지. 죽기 전에 반드시 물어뜯는 법"이라며 위협한다. 전후 오키나와의 '트와일라잇 존'에서 태어난 '필리핀 혼혈'이 폭력에 어떻게 관여하게 되는지 잘 드러내 보여주는 장면이라고 할 수 있다.

그런데 영화는 이사장 살해와 도주가 펼쳐지는 스릴 넘치는 전반부 오키나와 장면과, 마닐라 빈화가를 배경으로 한 후반부 필리핀 장면으로 나눌 수 있으며, 각기 다른 인상을 준다. 이것은 원작을 충실하게 각본화한 고나미 후미오의 오키나와 장면과 원작을 대폭 바꾼 우치다 에이치와 후지타 도시야의 각본의 차이라고 할 수 있으며, '혼혈'이 살아가는 풍토의 차이라고도 할 수 있을 것이다.

후지타 도시야는 일본 복귀 직후인 1973년 오키나와를 무대로 한 사키 류조의 원작을 10년 후인 1983년~84년으로 바꿔 설정했다. 이유는 "지금의 오키나와, 지금의 조를 그리고 싶었기 때문"이라고 말한다. 그러기 위해서는 원작의 필리핀 장면을 대폭 바꾸지 않으면 안 되었다. 그렇게 바꾼 필리핀 장면은 오키나와 필리핀 혼혈 야쿠자의 도주와 복수극이라는 색채를 옅게 하는 대신 80년대 '청춘'들의 삶과 죽음에 초점을 맞추었고, 그렇게 되자 조의 모습에도 변화가 불가피해졌다. 원작에서는 조가 도주 과정에서 여성을 성적으로 이용하는 데 반해, 영화에서는 요코와의 연인 관계가 부각된다. 리사リサ의 경우는, 원작에서는 절도범으로 그려지나, 영화에서는 조의 또 다른 연인으로 묘사되고 있다.

이것은 후지타식 청춘물이라고 할 수 있는데, 조의 폭력성과 '혼혈'의 의미가 변화한 것에 주의를 요한다. 즉, 오키나와에서 조의 혼혈은 폭력성을 불러일으키는 이유가 되며, 친구를 살해한 '적'에 대한 보복이라든가, 조의 성적 충동 등이 오키나와를 배경으로 공격적으로 표출된다. 그런데 필리핀에서는 '적'이라는 모티브가 아주 없지는 않지만, 아버지 찾기와 연인 요코와의 로맨스 쪽이 더 부각되어 나타난다. 조역을 맡은 도키토 사부로時任三郎의 이국적인 용모도 한 몫 하여, 쫓기는 처지지만 아버지의 나라 필리핀 도시에 융화되어 가는 모습으로 그려진다. 또한, 조는 요나미네로부터 "이제부터 너는 안드레스 로페스アンドレス・ロペス가 되는 거다", "조는 더 이상 존재하지 않는다. 아버지처럼 말이야…… 알겠나, 로페스! 오늘부터 너는 안드레스 로페스다"라는 말을 들어도 아무런 위화감을 갖지 않는다.

이러한 변화는 원작의 다음과 같은 대사에서도 엿볼 수 있다. "오키나와에서 건달로 살았던 지난 과거를 지우개가 있다면 싹 다 지워버리고 싶다. 소년 시절 자신의 몸속에 흐르는 필리핀의 피를 저주했지만, 지금은 거꾸로……" 조의 끝맺지 못한 말속에서 '필리핀'에 대한 인식의 변화를 간파하는 일은 어렵지 않을 것이다. 그토록 지우고 싶었던 필리핀의 피가 긍정적으로 변화하고 있는 것이다. 이것은 마닐라의 한 허름한 호텔에서 안드레스 로페스에게서 온 '영어' 편지를 읽다가 리사가 "오, 유, 메스티소[7]!"라고 외치며 기뻐하는 장면에서도 감지할 수 있다. 여기서 '메스티소'는 앞서 류큐연합 조직원들이 "필리핀 흑돼지"라든가 "필리핀 혼혈"이라고 경멸했던 것과는 전혀 다른 반응이다.

오키나와에는 50년대까지 필리핀 출신 미군기지 군속이 매우 많았다. 그 수가 천 명을 넘었다고 한다. 식당 '류큐'의 여주인처럼 남편을 따라 건너오기도 했지만 그런 경우는 극히 소수였고, 오키나와인 여성과 아이들만 남겨두고 필리핀으로 돌아가는 남성들이 대부분이었다.

조의 가족도 예외는 아니었다. 그런데 아버지 안드레스 로페스가 어머니 앞으로 보내온 한 통의 편지를 통해 복잡한 사정이 어느 정도 드러난다.

오랫동안 열어보지 않았던 편지는 요나미네의 도움으로 일본에서 일한 경험이 있는 리사가 대독했다. 로마자로 채워진 일본어 편지였는데, 서툰 일본어 인사와 함께 지금껏 잊지 않았다는 것, 돈을 많이 벌었으니 조를 필리핀으로 부르고 싶다는 내용 등이 적혀 있었다. 이 개봉되지 않았던 한 통의 편지에 의해 두 남녀의 이야기와 오키나와와 필리핀의 전후사가 부상하게 된다. 우타가 편지를 개봉하지 않았던 것은 단순히 '영어'를 읽지 못했기 때문만은 아니다. 오랫동안 봉인한 상태로 두었던 것은 그럴 만한 사정이 있었다. 우선은 '미국인(군인·군속) – 필리핀인(군속) – 오키나와인'이라는 오키나와 50년대 인종적 위계질서에서 필리핀인이 철수해 버렸다는 데에서 찾을 수 있다. 즉, 필리핀으로 떠난 남자가 오키나와로 다시 돌아오리라고 믿지 않았기 때문에 오키나와 여성은 편지를 애써 개봉하지 않았던 것이다.

조의 아버지 찾기는 그의 사정을 누구보다 잘 알고 있었던 식당 '류큐'의 여주인이 "만나지 않는 편이 좋을 거야"라는 충고대로 결코 행복한 모습은 아니었다. 안드레스 로페스는 광산에서 한쪽 팔을 잃고 동양 최대의 슬럼가로 알려진 통도Tondo에서 이발소를 경영하며 근근이 살아가고 있다. 아버지와 대면한 조의 심리를 후지타 도시야는 이렇게 묘사하고 있다. 허름한 작은 집에 들어간 조는 말없이 거울 앞에 놓인 의자에 앉는다. 정면 거울에는 의수로 빗을 잡고 조의 머리를 다듬고 있는 남자의 모습이 비춰진다. 그 남자의 엄지와 집게손가락 부근에 조의 어머니 이름인 '우타ㅜ夕'라는 글자가 새겨져 있다. 이를 본 조가 깜짝 놀라 무언가를 말하려 하지만 나오지 않는다. 감정이 복받쳐 오른 조가 자리를 박차고 일어나 서둘러 돈을 치르고는 도망치듯 이발소를 빠져나온다. 남자가 이상하다는 듯 떠나가는 조의 모습을 바라본다. 줄달음쳐 달아나던 조가 문득 멈춰서 뒤를 돌아본다. 아버지와의 만남 이후 조의 복잡한 심경을 드러내기 위한 장치인 듯, 광장에 세워진 트럭 위에서 엎치락뒤치락 날아오르는 투계鬪鷄가 하이스피드 슬로모션으로 포착된다. 또한, 남자의 신체에 새겨진 글자는 필리핀과 오키나와로 각각 헤어져 살아야 했던 남녀의 시간을 연결해주는 상징이라 할 수 있다.

후지타 도시야는 하이스피드 슬로모션을 영화 주요 장면마다 도입하는데, 이는 샘 페킨파Sam Peckinpah가 폭력을 표현하는 방식과 변별되는 후지타식의 꽤나 인상적인 기법이다. 오프닝 매립지 방파제 장면과 아버지와의 재회 후 찾는 마닐라만灣 장면은 걸출한 영상미를 자랑한다.

우선 모두 부분을 살펴보자. 매립지에 차를 세워두고 대화를 나누고 있는 조와 요코. 강한 서풍이 흰파도를 일으키고 있는 해수면을 향해 물수제비를 뜨고 있는 간빈의 모습을 비춘다. 그 뒤쪽에서 야유를 보내는 조의 목소리가 들려온다. "간빈! 동지나해를 다 메워버릴 작정이야?" 그 순간 황량한 바다를 향해 무심히 물수제비를 뜨고 있는 간빈의 모습이 하이스피드 슬로모션으로 비춰진다. 이 슬로모션 영상은 갈 곳 잃은 초조함을 표현하고 있으며, 얼마 후 적의 손에 최후를 맞게 될 간빈의 운명을 예고하는 것이기도 하다.

마닐라만 장면에서는 석양 무렵의 바다를 향해 돌을 던지고 있는 조의 모습을 비춘다. 트럭 조수석에서 이 모습을 지켜보던 요코가 "조!" "마닐라만을 다 메워버릴 작정이야?"라고 소리친다. 언젠가 자신이 간빈에게 던진 말이라는 걸 알고 쓴 웃음을 지으며 지난날의 간빈의 모습을 떠올린다. 여기서 황량한 해수면을 향해 돌을 던지던 간빈의 슬로모션 영상이 삽입된다. 웃는 건지 우는 건지 알 수 없는 요코의 표정을 뒤로 하고 힘껏 돌을 던지는 조의 모습을 하이스피드 슬로모션 영상으로 잡는다. 이 장면은 아버지의 손가락에 새겨진 어머니의 이름을 발견한 조의 복잡한 심경을 토로하는 것이자, 결국은 파국으로 끝날 것이라는 예감, 죽은 친구에 대한 그리움을 호소하는 것이기도 하다.

〈바다제비 조의 기적〉은 '혁명 운동'에서 이탈해 미군기지에서 폐품을 모아 생계를 이어가는 우에세도와 마닐라의 뒷거래에 정통한 요나미네

〈바다제비 조의 기적〉에서 바다를 향해 있는 힘껏 돌을 던지는 조의 모습.

와 뒷골목을 배회하는 3류 르포라이터 사와이 이치로沢井一郎(시미즈 겐타로清水健太郎)로 대표되는 70년대식 청춘 군상의 우울한 음영을 몽타주하면서 80년대식 '청춘'을 노래한다. 순간순간 폭발하는 조와 '적'의 모티브를 상실해 버린 필리핀 장면 역시 후지타 도시야가 즐겨 사용해온 도주하는 혼혈 야쿠자 류의 영화를 상기시킨다.

원작에서는 필리핀에서 북상해 일본 본토를 거쳐 오키나와로 돌아온다. 이사장에게 복수한 후, 오키나와 전투 말기에 주민들이 막다른 곳으로 내몰렸던 남부의 자연호 안에서 깊은 상처를 입은 요코를 안아준다. 류큐연합이 쫓아와 자연호 벽을 부수는 소리와 바다제비의 울음소리가 뒤섞이며 이야기는 막바지에 이른다. 조의 도주는 필리핀을 임계점으로 하여 복수를 위해 '북'으로 올라가다 되돌아오는 루트다. 그런데 후지타 도시야는 '북'으로 올라가 복수하는 구도를 택하지 않는다. 오히려 더 '남'으로 향해 간다. 그리고 필리핀군 특수부대의 사격을 받고 장렬한 죽음을 맞는다. 이 원작과 다른 앤딩의 의미는 필리핀이라는 지세를 임계로 한 '남'의 죽음이었을지 모른다. 조와 요코의 파국은 '남'으로 향해 가는 도주와 '청춘'의 불가능성을 나타내 보이기 위한 전략적 장치라고 할 수 있다. 앤딩 장면에 삽입된 끝없이 펼쳐지는 군청색 바다는 그 어디에도 속박되지 않는 자유로운 공간에 '남'의 자리는 없음을 묵시적으로 표현한 것이리라.

그런데 후지타 도시야가 결말까지 바꿔가며 제시한 청춘이라는 이름의 아나키즘은 필리핀에서 조를 돌봐주던 리사의 등장으로 다시 묻지 않을 수 없게 된다. 요코의 등장으로 조의 곁을 떠난 리사는 일본인 관광객을 상대로 한 술집에서 가수로 일하게 되는데, 여기서 리사는 외설스럽고 퇴폐적인 스트립쇼에 맞춰 「쓰가루 해협의 겨울 풍경津輕海峽冬景色」을 노래한다. "우에노上野 발 야간열차 내리니 / 아오모리青森 역은 눈 속 / 북으로 돌아가는 사람들은 하나 같이 말이 없고 / 해명만이 들려오네……"라는 애수어린 노랫말은 필리핀의 지세地勢와 아이러니하게 맞아떨어진다. '자파유키상' 출신인 리사가 부르는 이 노래는 실연의 아픔을 노래한 것일 수 있지만, 이 애수어린 '북상'은 일본인 관광객들 사이에 섞여 평소와 달리 어두운 얼굴을 하고 귀 기울이고 있는 요나미네의 처지를 은유한 것으로도 읽을 수 있다. 리사가 필리핀으로 들여온 '북'은 조와 요코의 '남'과 교차하고 있는 것일지 모른다. 이 교차는 '필리핀과의 혼혈'을 통해 체현된 오키나와의 '트와일라잇 존'을 연결함으로써 가능했을 터다.

그리고 영화가 끝난 후, 우리들은 원작을 크게 바꿈으로써 열리게 된 영화의 지평과 영화를 통해 바뀌게 된 원작 사이의 파열음에 귀 기울일 필요가 있다. 70년대 초 오키나와를 80년대로 바꾼 이유에 대해 후지

〈바다제비 조의 기적〉의 요나미네, 요코, 조, 사와이(왼쪽부터).

타는 이렇게 답한다. "국민의식이라는 면에서는 내지인과 크게 다르지 않습니다. 그렇기 때문에 오키나와에 깊이 관여하는 것은 원작을 각본화하는 시점에서 일찍이 단념했습니다"(「シナリオ」, 1985.5)라고. 이때의 단정과 단념의 지평에 필리핀 장면이 자리한다고 하면, 이 단정과 단념이야말로 원작의 폭력이 내재한 오키나와 전투와 미 점령하 '트와일라잇 존'을 봉인해 버린 것에 다름 아니다. 원작의 결말은 조의 또 다른 복수가 오키나와 전투와 깊은 관련이 있음을 시사한다. 이때 '북'은 이미 예전의 일본 복귀라는 환상이 아닌, 오키나와 전투와 '안남', '파이파테로마'와 '파이두난'의 '파이'의 삶을 살아내기 위한 터닝포인트였던 것이다. 여기에 70년대와 80년대의 차이, '사회파 드라마'와 '청춘 드라마'의 차이 이상으로 소설 『바다제비 조의 기적』과 영화 〈바다제비 조의 기적〉 사이의 메우기 어려운 균열처럼, 달리는 해협이 아닌

지협地峽이 자리하고 있지는 않을까. 그것은 어쩌면 '트와일라잇 존'을 낳은 오키나와의 '필리핀'과 오키나와를 단념한 후지타 도시야의 '필리핀'의 차이일는지 모른다.

주석

1 아레·브레·보케(Are, Bure, Boke: rough, blurred and out-of-focus). 나카히라
  다쿠마(中平卓馬)와 모리야마 다이도(森山大道)를 위시한 『프로보크(プロヴォー
  ク)』(1969년 창간) 사진가들의 특징적인 수법으로, 이들 작품을 '아레보케 사진'이라고
  칭한다. 옮긴이 주.
2 보자기 같은 천을 어깨 아래로 길게 늘어뜨려 앞으로 여며 입는 풍속을 일컫는다. 옮
  긴이 주.
3 남 규슈부터 타이완에 이르는 활모양의 열도를 가리킨다. 옮긴이 주.
4 '다코쓰보'는 문어잡이 항아리를 일컫는다. 즉, 문어가 한 마리씩 들어가 웅크리고 있
  는 '다코쓰보'처럼 오키나와 사회도 폐쇄적이라는 것을 지적한 말. 옮긴이 주.
5 '자파유키상'은 돈벌이를 위해 일본 본토로 건너온 외국인 여성을 일컫는 말. 참고로
  남방으로 돈벌이를 나갔던 일본인 여성은 '가라유키상(からゆきさん)'이라고 불렀
  다. 옮긴이 주.
6 오키나와 지역에서 볼 수 있는 작은 고깃배를 일컫는다. 옮긴이 주.
7 중남미 원주민과 백인의 혼혈인을 가리킨다. 옮긴이 주.

오키나와로부터 세계를 보다

히가시 다쿠마 · 나카자토 이사오 · 오미네 사와 · 고시카와 요시아키 ·
신조 이쿠오 · 다카미네 쓰요시 · 요모타 이누히코

요모타 —— 그럼 패널 토론을 시작하도록 하겠습니다. 지금까지 여섯 분의 발표가 있었습니다. 간단하게 발표 내용을 요약해 보겠습니다.

실은 이 심포지엄은 애초 '오키나와로부터 일본을 보다'라는 제목으로 정하려고 했습니다만, 수합된 원고를 읽다 보니 그 안에 참조항목으로 미국과 일본, 필리핀, 멕시코, 카리브해 등 다양한 세계가 나오는 겁니다. 그리하여 급거 제목을 '오키나와로부터 세계를 보다'로 바꾸게 되었습니다. 〈바다제비 조의 기적〉에서도 "서쪽으로 가면 타이완, 남쪽으로 내려가면 필리핀"이라는 대사가 등장하지 않습니까? '오키나와로부터 세계를 보다'라는 제목으로 바꾸길 잘했다는 생각이 듭니다.

신조 이쿠오 씨는, 할리우드가 1956년에 촬영한 영화를 대상으로 통치하는 측의 통치의 기술과 통치당하는 측의 수용의 지혜를 젠더 양의 성 문제와 연결시켜 발표해 주셨습니다. 그리고 저 요모타는 복귀 후의 오키나와인이 내지를 바라볼 때의 풍경과 관광지화되어 가는 오키나와의 풍경을 비교하면서 일본 내지에서 이산되어 가는 오키나와인을 일본인 감독이 어떤 방식으로 포착했는지 논의했습니다. 고시카와 요시아키 씨는 지리적 의미에서의 보더이기도 하고, 공동체의 벽을 깨는 의미로서의 보더이기도 한 보더 영화에 대해 말씀해 주셨습니다. 다카미네 쓰요시의 필름이 메타픽션과 인터링거리즘, 즉 이언어의 단순한 혼합이 아닌, 언어를 통해 미지의 타자와 대면하는 방식을 체현하고 있다고 지적하며, 오키나와에서도 금기시되고 있는 혼혈 문제에 대해 언급해 주셨습니다. 오미네 사와 씨는 나카에 유지와 다카미네 쓰요시의 작품이 어떻게 다른지 지적하며, 오키나와 안쪽으로 파고들어가는 월경성을 갖는 나카에 유지 작품과, 거꾸로 오키나와 바깥으로 향한, 닫힌 세계로의 개인의 월경을 그린 다카미네 쓰요시의 작품을 매우 구체적으로 분석해 주셨습니다. 마지막으로 나카자토 이사오 씨가 오키나와를 둘러싼 시선의 정치성, 권력성에 대해 말씀해 주셨습니다. 도마쓰 쇼메이, 가라 주로에서부터 후지타 도시야의 〈바다제비 조의 기적〉에 이르기까지 일본인이 남쪽을 향해 가는 의미에서의 남쪽과, 오키나와인이 본토를 향해 가는 의미에서의 북쪽, 그리고 오키나와인이 북쪽으로 향하지 않고 남쪽으로 향하려고 할 때 어떤 일이 발생하는지, 후지타의 작품을 통해 분석해 주셨습니다. 이상의 발표에 대해 패널 토론을 진행해 보고자 합니다. 히가시 다쿠미東琢麿 씨도 토론에 함께 해 주시겠습니다.

다카미네 쓰요시와 다카미네 이후의 작품

요모타 —— 그럼, 몇 가지 추상적인 물음을 던지는 것으로 토론을 시작해 보고자 합니다.

우선 하나는, 나카에의 작품은 내지뿐만이 아니라 오키나와에서도 대중적인 인기를 얻고 있습니다. 멜로드라마 장르로 말이죠. 이에 반해 다카미네 쓰요시의 작품은 난해하다든가 예술적이고 고답적이라는 이유로 오키나와에서도 내지에서도 한정된 관객들만 만나 왔는데 이것을 어떻게 생각해야 할까요? 또한, 다카미네 쓰요시 작품의 중요성에 대해서도 다양한 분석이 이루어져 왔습니다. 그의 뒤를 잇는 오키나와 출신 감독을 꼽는다면 누가 있을까요?

두 번째로는, 오키나와를 표상하는 주체 문제입니다. 오키나와를 말하는 주체, 구체적으로는 오키나와인이 오키나와에 대해 말할 경우, 내지인이 오키나와에 대해 말할 경우, 더 나아가 크리스 마커^{Chris Marker}처럼 프랑스인이 혹은 할리우드 영화에서 미국인이 오키나와에 대해 말할 경우 등 다양한 경우가 존재합니다. 그 표상 사이에 발생하는 차이를 어떻게 바라봐야 할까요? 내지인이 오키나와인에 대해 말할 때, 그것은 어쨌든 외부로부터의 시선이 될 수밖에 없습니다. 그것을 정당화하는 근거는 무엇일까요? 오키나와인이 촬영하는 것이라면 어떤 필름이 됐든 상관없는 것일까요? 그것은 오리엔탈리즘과 포지셔닝과 관련된 문제이기도 합니다.

그리고 세 번째 문제인데요, 이번 심포지엄에서는 호모소셜리티 문제와 재일조선인 표상에 대한 논의도 있었습니다만, 오키나와 표상을 둘러싼 문제를 일본영화 속 피차별부락이나 아이누 표상 문제와 겹쳐서 생각할 수 있을까요? 아울러 오키나와 문제는 나름의 역사적 고유성을 갖고 있으므로 그것을 애매하게 하거나 무모하게 일반화하지 않기 위해서라도 재일이나 피차별부락의 표상 문제와 같은 층위로 바라봐서는 안 된다는 입장은 또 어떻게 생각해야 할까요?

다소 추상적일지 모르지만 이상 세 가지 문제제기에 대해 생각해 보고자 합니다. 먼저, 히가시 씨와 나카자토 씨가 답변해 주시겠습니다.

히가시 —— 두 번째 문제와 관련됩니다만, 저는 도쿄에서 음악업계에 종사했습니다. 지금은 히로시마広島에 있습니다. 나카에 유지의 작품은 히로시마에서도 자주 상영됩니다만, 다카미네 씨 작품은 거의 알려져 있지 않은 것이 현실입니다. 히로시마와 오키나와는 처한 상황이나 역사가 많이 다르지만, 평화에 대한 관심에서 오키나와를 바라보는 이들이 많은 것도 사실입니다. 나카에 유지 작품이 높은 평가를 받고 있다는 것도 히로시마에 와서야 알게 되었습니다. 이건 어떤 상황인 걸까 곤혹스러워 하던 차에 "죽음이나 상중喪中 상황을 나카에 영화는 절묘하게 배제시킨다"라는 사이토 아야코斎藤綾子의 발언이 떠올랐습니다. 나카에 영화는 사자死者의 목소리가 들려오지 않는 영화라는 것을 말이죠. 다른 한편으로, 다카미네 작품이 오키나와 지역에서도 한정적인 관객만 만나왔다는 것은 유통 문제와도 관련이 있을 것으로 생각됩니다. 나카에 유지는 마케팅 능력이 뛰어납니다. 오키나와가 안고 있는 문제들을 다카미네 감독 작품에서 이것저것 잘도 골라내 전부 탈색시켜 버립니다. 그것을 미디어에 앉히는 재능이 있는 것 같습니다. 어디까지나 추측입니다만, 사자가 부재하다는 것입니다. 도시화된 사회가 안고 있는 공통된 문제일 수도 있는데, 사자와의 소통이 매우 희박합니다.

그리고 사자와 정령의 표상 문제도 있을 수 있습니다. 오키나와 출신 젊은 영화감독이 제작한 〈아코쿠로アコークロー〉라는 작품의 예고편을 봤습니다. 바로 기지무나라는 가주마루 나무에 깃들어 있다는 다카미네 감독의 작품이나 그림에 등장하는 정령입니다. 예고편을 보니 기지무나가 마치 호러 영화처럼 그려지고 있더군요. 이것을 오키나와 출신 감독의 작품이라며 선전하는 사태를 또 어떻게 바라봐야 할지 말입니다.

요모타 —— 참고로 〈아코쿠로〉는 J호러의 일환으로 제작된 이른바 'O호러'입니다. 말씀 감사합니다. 그럼, 이어서 나카자토 씨께 같은 질문을 드리겠습니다. 다카미네와 나카에, 그리고 포스트 다카미네를 둘러싼 문제를 자유롭게 말씀해주시기 바랍니다.

나카자토 —— 방금, 히가시 씨가 말씀한 것처럼, 나카에 유지 감독의 〈나비의 사랑〉은 〈몽환류큐 쓰루헨리〉(이하, 〈쓰루헨리〉로 약칭)와 1년 정도 차이가 나는 거의 동시대 작품이라고 할 수 있습니다. 〈나비의 사랑〉은 오키나와 영화사상 최고의 관객수를 기록했다고 하는데요, 오키나와 사람 4명 가운데 1명이 봤다고 합니다. 당시 이나미네 게이치稲嶺惠一 현県 지사도 관람했다는 기사가 신문에 크게 보도되기도 했습니다. 반면, 〈쓰루헨리〉 상영관 주변은 매우 한산했다고 합니다. (웃음) 앞서 히가시 씨의 말씀처럼 나카에의 경우 처음부터 영화가 어떻게 소비되는지를 철저히 계산에 넣어 제작했던 것으로 보입니다. 내용에 대해서도 히가시 씨가 지적한 것처럼 모두가 그렇다는 것은 아닙니다만, 다카미네 작품을 도용하고 있다는 건 영화를 보면 알게 되실 겁니다. 다카미네 영화에서 독이 되는 부분을 희석시켜 이야기를 담백하게 만들고, 음악 등을 삽입해서 기분 좋게 마무리합니다.

다카미네 영화는 이해하기 어렵다는 둥 관객이 들지 않는다는 둥 말하지만, 꼭 그렇게만 볼 것은 아닙니다. 지금까지의 오키나와 영화와는 완전히 다른 방식으로 촬영된 1985년의 〈파라다이스 뷰〉의 경우, 적지 않은 수의 관객을 동원했습니다. 아사토安里에 위치한 류에이혼칸琉映本館에서 상영되었을 때, 오키나와 영화 관객동원기록을 갈아치울 정도의 기세였습니다. 나카에 작품 가운데 〈나비의 사랑〉의 인기는 '특이'했습니다. 이 '특이'하다고까지 일컬어지는 현상을 오키나와를 둘러싼 문화와 정치 문제로 풀어가야 하지 않을까 합니다. 다카미네 작품의 관객은 결코 적지 않습니다.

나카에 영화는 80년대부터 90년대에 이르기까지의 정치, 경제와 관련된 문제, 특히 오키나와 이미지와 오키나와 붐이 어떻게 생산되고 소비되는지 생각해 보는 데 매우 유효한 텍스트가 될 것입니다. 당시 오부치 게이조小渕恵三 총리대신도 관람했다는 것이 기사화된 것만 보더라도 오키나와의 정치상황과 모종의 관련성이 있을 것 같지 않습니까? 나카에 감독은 〈파인애플 여행〉 제작에 이어 〈파이파티로마パイパティローマ〉라는 작품을 촬영합니다. 이 〈파이파티로마〉는 나카에 영화가 지향하는 바를 매우 노골적으로 드러내고 있습니다.

그럼, 다카미네 이후의 오키나와 영화는 어떤 전개를 보일까요? 나

카에를 비롯해 류큐대학 영화연구 멤버였던 마키야 쓰토무真喜屋力와 도마 하야시當間早志가 있습니다만, 나카에 이외는 그렇다 할 작품을 내놓고 있지 못하고 있습니다. 얼마 전 도마 하야시가 〈마쿠가핀マクガフィン〉이라는 작품을 제작했습니다만, 다카미네 영화의 명맥을 잇는 것으로 보긴 어려울 듯합니다.

요모타 ── 감사합니다. 저도 이 문제에 대해 간단히 말씀드리면, 예컨대, 오키나와를 떠나 일반론으로 생각해 봅시다. 미국에서 요나스 메카스Jonas Mekas 필름과 스필버그의 필름은 어느 정도 관객을 동원했을까요. 메카스는 세계 영화사의 문법과 영화에 대한 관념을 완전히 바꾼 인물입니다. 장 뤽 고다르가 바뀌었고, 메카스가 바뀌었습니다. 그런 의미에서 다카미네 씨는 일본·오키나와 영화에 대한 인식을 크게 바꾸었다고 할 수 있습니다. 마키노 쇼조マキノ省三에서 시작해 구로사와 아카라黑澤明까지, 지금까지 이어온 일본 영화 계보 안에 전혀 다른 결절점을 만들었습니다. 그렇기 때문에 오키나와 영화를 말할 때 다카미네 이전과 다카미네 이후라는 표현을 즐겨 사용해 왔습니다만, 좀더 넓은 의미에서 다카미네 이전과 다카미네 이후가 있을 것으로 보입니다. 그 위치는 메카스에 필적할 것입니다. 그것은 단순히 그가 개인적으로 메카스와 아는 사이라든가 영향을 받았다든가 하는 것과는 다른 문제입니다. 저는 예전에 뉴욕에 산 적이 있는데, 메카스 작품에 접한 사람은 극히 한정적이었습니다. 그에게 공감을 표하는 이들은 켄 제콥스Ken Jacobs나 존 케이지John Milton Cage Jr.처럼 음악가나 미술가, 비평가들입니다. 적어도 영화 마니아들은 아니라는 것입니다. 메카스 필

름에 영감을 받아 조각을 하는 식으로 말이죠. 반면, 스필버그 영화의 경우는 영화팬들이 스스로 찾아갑니다. 구로사와도 마찬가지입니다.

저는 필름 히스토리언입니다만, 지금 당장 수익이 창출되는 필름과 영화의 역사를 바꾸는 필름으로 나뉘며 각각 그 의미가 다를 것으로 생각됩니다. 즉, 훗날 무엇을 남길까 하는 것이죠. 혹은 그 영화로 인해 흐름이 크게 바뀐다든가. 지금 당장 눈에 보이지는 않지만, 10년이나 20년 후에 "그것은 모두 〈오키나와 드림쇼〉에서 시작되었다"라는 평가가 나올 지도 모르는 일이니까요. 따라서 〈나비의 사랑〉이 과연 그 정도까지 굴곡점을 만들었는지 검토하지 않으면 안 됩니다. 다카미네 영화는 매회 굴곡점이 있습니다. 기존의 다카미네론을 언제나 바꾸어 놓는 말이죠. 그런 의미에서 지금 그가 수익을 창출하는 감독인지 아닌지 그 이상으로 중요한 것이 필름 히스토리로서의 의미라고 생각합니다. 이것은 어디까지나 영화사가로서의 의견입니다.

몇 년 전에 한 필름을 보았습니다. 도시 생활을 하는 여대생 손녀가 실연을 당해 시골 할머니 집을 찾아 내려옵니다. 할머니는 따뜻하게 반겨주었죠. 그런데 할머니의 삶도 순탄치 않습니다. 여러 고비를 넘기며 지금은 홀로 살고 있죠. 할머니는 민요를 아주 잘 불렀는데, 그 때문에 할머니 주변에 남자들이 끊이지 않았습니다. 불타는 사랑을 했던 남자를 몇십 년 만에 손녀 덕에 만나게 됩니다. 이제 나이가 들어 할머니, 할아버지가 되었지만, 두 사람은 젊은 시절 즐겨 부르던 민요를 통해 아득히 먼 옛날 서로가 사랑했던 감정을 떠올립니다.

무슨 영화처럼 보이나요? 스토리라인이 〈나비의 사랑〉처럼 보이시죠? 이 영화는 〈나비의 사랑〉보다 1년 늦게 제작된 중국 출신 셰페이 감독의 〈티벳 여자 이시의 생애〉라는 작품입니다. 무대는 티벳. 할머니가 계신 라사로 북경에서 대학에 다니는 손녀가 찾아옵니다. 손녀와 할머니의 이야기죠. 아버지와 어머니가 어떤 이유에선가 북경에 체재하게 되고, 북경에서 엘리트 교육을 받아 북경대학에 진학합니다. 부모에 관한 이야기는 전혀 등장하지 않습니다. 할머니의 연인이 1952년 인도로 망명했다 영국으로 건너간 것으로 설정되어 있는데, 그 또한 어떤 연유에선지 설명이 없습니다. 인도에서 어떤 생활을 했는지, 할머니가 그 후 승려 와쇼和尙 씨와 사귀다가 헤어진 것으로 되어 있는데 이에 대한 설명도 빠져 있습니다. 아무런 설명 없이 50년이 넘어 다시 만나 민요만이 둘의 사랑을 이어주는 것으로 그려집니다. 저는 이 영화를 보고 당혹스러웠습니다. 나카에가 어떤 걸 도용했는지 모르겠지만, 그 나카에를 도용한 중국영화가 있다니 말입니다. (장내 웃음) 그런데 그게 아니었습니다. 완전히 예상이 빗나간 거죠. 두 영화는 북경과 오키나와에서 각각 만들어졌던 것입니다. 조부모 시대의 사랑 이야기. 사랑은 영원한 멜로드라마이며, 비역사적이고 비정치적인 이야기이며, 그것을 손녀가 부활시킨 겁니다. 그리고 관광영화의 측면도 갖고 있습니다. 팸플릿을 보면, 티벳 관광 투어 광고가 나오는데, 일본에도 공개되어 나름 인기를 끌었습니다.

저는 이 세페이 감독이 중국영화사에서 중요한 위치를 차지한다고 생각합니다. 훌륭한 필름을 다수 제작했습니다. 다만, 이 작품을 촬영하는 데 정부의 검열이 어마어마했던 것 같습니다. 검열로 대사가 잘려나가기도 했다고 들었습니다. 그래서 이야기가 매끄럽게 이어지지 않았는지 모르겠습니다. 흥미로운 것은 〈나비의 사랑〉에는 검열이 없었음에도 두 작품이 꼭 닮아 있다는 점입니다. 그것은 중국공산당 정권이 티벳에 1950년대에 행한 일, 일본과 미국이 오키나와에 1945년 이후에 행한 일과 깊은 관련이 있을 듯합니다. 너무도 유사한 멜로드라마적 상상력, 그리고 금기시되는 장면 등 말이죠. 저는 나카에 감독을 생각하면 이 중국에서 촬영된 티벳 필름이 떠오릅니다.

오키나와를 말하는 주체와 그들의 출신

요모타── 고시카와 씨와 오미네 씨에게 질문하도록 하겠습니다. 나카자토 씨가 언급해주신 시선의 정치성 문제와도 연결됩니다만, 오키나와를 표상하려는 주체, 예컨대 메가폰을 잡은 감독도 좋고, 작품을 쓰는 작가도 좋습니다만, 오키나와를 말하는 주체와 그들의 출신을 둘러싼 문제를 이야기해 보고 싶습니다. 즉, 오키나와 출신이라든가, 혹은 이시가키 출신이라든가, 아니면 내지 출신이라든가 말입니다. 재일한국인 출신인 최양일의 경우, 오키나와를 무대로 여러 편을 촬영했습니다. 이때, 촬영이라는 행위는 어떤 포지션에서 이루어지며, 또 어떻게 정당화될까요? 그 둘 사이에 차이가 있다면, 그것을 가르는 기준은 과연 무엇일까요?

오미네── 제가 발표에서 언급한 트린 민하의 논의를 좀더 살펴보겠습니다. 특정 지역과 네이티브와 타자를 표상하거나, 타자의 표상을 다룰 때 필요한 것은 아웃사이더와 인사이더라는 경계를 국경과 지역에 한정하지 않는 것입니다. 그리하여 다양한 아웃사이더와 인사이더를 갖는 복잡한 개인을 이미 구축된 것으로 생각할 필요가 있습니다. 이미 구축된 개인이라는 존재를 무시해서는 안 되며, 자신을 겹쳐보거나 자신과 다름을 드러내며 공진하거나 차이를 발견하는 것이 중요하다는 말에 저 또한 공감합니다.

오키나와도 마찬가지입니다만, 일본에 사는 사람이나 해외에 사는 사람이나 각각의 역사나 문화를 기반으로 구축된 개인이며, 다양한 환경 속에서 살아온 오키나와 사람들도 서로가 서로를 마주볼 필요가 있습니다. 서로를 주의 깊게 배려하면 충분히 가능하다고 생각합니다. 저는 오키나와에서 오랫동안 다큐멘터리 작품 활동을 해온 모리구치 가쓰 씨에게 관심을 갖고 있습니다. 모리구치 씨는 도쿄 출신입니다만, 오키나와에서 20년 가까이 생활해 왔으며, 오키나와 내 미군기지 문제와 지방도시 문제를 주제로 다큐멘터리를 제작해 왔습니다. 오키나와의 다양한 문제가 일본 도쿄에서 나고 자란 모리구치 씨의 개인의 역사와 관련이 있다고 생각합니다. 도쿄라는 중앙권력 구조를 중심으로 지방으로 갈수록 차별화되는 상황, 거기다 도쿄의 안전을 위해 오키나와에 미군기지가 집중되는 상황. 모리구치 씨는 도쿄 태생인 자신의 역사와 오키나와의 역사를 겹쳐보고, 또 마주봐 왔던 것입니다.

고시카와 —— 저는 표상하는 주체의 출신에 대한 문제를 생각해 보려고 합니다. 오키나와의 입장에서는 아웃사이더이므로 오키나와에 대해 이렇듯 하고 싶은 말을 마음껏 말하고 쓰는 데에 기본적으로 주저함이 있습니다. 따라서 제가 이 자리에 있는 것 자체가 후안무치한 일이라고 생각합니다. (웃음) 그렇기 때문에 저는 무엇보다 오키나와의 표현자들을 존경합니다. 이를테면, 문학으로 말하면 메도루마 슌目取真俊이나 사키야마 다미崎山多美를 존경합니다. 이들 작가로부터 많은 것들을 배우고 흡수하고 있습니다.

농담이 아니라 괴상한 놈이라고 생각하실지 모르지만, 저는 오키나와 이름을 갖고 있습니다. 오키나와인 유타ユタ에게서 받은 고친다東風平라는 이름입니다. 성은 로베르토ロベルト입니다. (장내 웃음) 로베르토 고친다라는 남미로 이주한 오키나와의 자손이라는 픽션을 만들었습니다. 그렇기 때문에 우치나구치는 말하지 못합니다. (장내 웃음) 어머니는 일본인이니 (웃음) 일본어는 그런대로 말할 줄 알기 때문에 이렇게 자기소개도 하게 되었습니다. (웃음)

다른 하나는 오키나와 내부, 인사이더가 표현하면 그것이 전부 옳은 건가 하는 것입니다. 제 생각은 그렇지 않습니다. 오키나와에 한정하지 않고, 모든 일본인이 일본을 올바르게 표상하는 건 아니듯 말이죠. 저는 영화는 제작하지 않습니다만, 글을 쓸 때, 최대한 오키나와를 로맨틱하게 표현하는 것만큼은 피하고 있습니다.

나카에 유지 씨는 교토 출신으로 오키나와 거주 경력이 오래되신 분입니다. 거꾸로 다카미네 감독은 오키나와 야에야마 출신으로 교토에 거주하고 계십니다. 두 분 모두 아웃사이더라고 할 수 있죠. 아웃사이더의 위치에서 오키나와를 표현하고 있습니다. 근본적인 차이가 있다면, 오미네 씨가 말씀하신 것처럼 오키나와인 것 같지만 실은 오키나와가 아닌 것을 그리고 있는 점입니다. 오키나와 안의 타자성을 발견한 다카미네, 오키나와의 일본성, 오키나와의 스테레오타입을 이야기하는 것으로 관객을 기분 좋게 만드는 나카에가 그러합니다.

그리고 또 하나는, 천황제를 어떻게 바라보고 있는가 하는 문제입니다. 나카에의 경우, 풍속을 매우 뛰어나게 묘사합니다. 예컨대 천황제와 권력 — 권력이라고 해도 기지처럼 밖에서 밀고 들어오는 권력도 있으며, 오키나와 내부에 있는 토토메ㅏ-ㅏ-ㅁ-[1]나 선조의 위패와 같은 가부장제 권력도 있습니다 — 을 은폐, 탈색하는 것으로, 오키나와 사람들에게도 어필 가능한 영상을 만들어내는 나카에가 있다면, 다른 한편에는 천황제 그 자체를 직접 다루지는 않지만 권력과 대치시킴으로써 관객을 도발해 안 좋은 인상을 갖게 하는 다카미네가 있을 수 있습니다.

조금 전 나카자토 씨가 지적한 '남'이라는 시점과도 관련이 있습니다만, 혼혈 문제를 빼놓을 수 없습니다. 다카미네 씨의 〈쓰루헨리〉 안에는 일본어와 우치나구치가 섞여 나옵니다. 그리고 마지막에는 메카루의 애인으로 보이는 가마도라브가 타이완어로 말합니다. 이 장면은 매우 중요해 보입니다. 즉, 오키나와는 일본의 남쪽이지만, 더 남쪽에 있는 타이완에서 보자면 일본이라는 것. 오키나와가 상대화되는 것이죠. 이 영화의 하이라이트라고 할 수 있습니다. 오키나와가 일방적으로 피해자라는 것을 말하기 어렵게 되고, 오키나와가 다른 아이덴티티나 얼터너티브한 세계관을 확보해 가는 계기가 됩니다.

나카자토 씨에게 질문 드리고 싶은데요, 앞서 나카에의 〈파이파티로마〉에 대해 말씀하셨습니다. 저는 나카에의 작품 가운데 이것은 꼭 봐야 한다고 생각합니다. 〈파이파티로마〉는 1994년에 나카에 씨가 제작한 필름입니다. 스토리는 매우 단순합니다. 자신을 차버린 남자를 찾아 도쿄에서 나하로, 또 나하에서 야에야마로 계속해서 남쪽으로 내려가다가 마지막에 어디인지 알 수 없는 섬에 다다르게 됩니다. 그러던 중 남자에 대한 원망은 눈 녹듯 사라져 버리고, 지역 주민들과 어울려 지내게 된다는 내용입니다. 언젠가 나카에 씨에게 들은 적 있는 란유도라고 하는 곳입니다. 도비우오를 쫓아 북상해 온 남쪽 해양민, 필리핀과 동남아시아에서 올라온 사람들이 정착해 있는 타이완에 있는 섬이라고 합니다. 따라서 주민들은 필리핀계 얼굴을 하고 있습니다. 트럭에 씌여진 글자가 한자漢字인 곳. 그 섬을 무대로 하고 있다는 것은 곧 보더를 월경해 가는, 타자를 발견해 가는 이야기로, 나카에의 작품에서 유일하게 볼 만한 가치가 있는 것으로 생각되는데 어떠신지요?

나카자토 —— 나카에 감독의 〈파이파티로마〉는 1994년에 만들어진 작품으로, 잘 들여다보면 후지타 도시야의 〈바다제비 조의 기적〉 후속작처럼도 보입니다. 사진만 남겨두고 어느날 갑자기 남자가 사라집니다. 그 남자가 남긴 사진을 따라가다 보면 오키나와 본섬에서 야에야마의 이시가키로, 이시가키에서 하테루마로 건너갑니다. 하테루마에서 더 내려가 란유도까지 이동해 가게 되는데, 그 궤적이 '바다제비'의 궤적과 매우 흡사합니다.

　내용의 유사성을 말하려는 게 아니라, 앞서 고시카와 씨도 언급하셨습니다만 타자를 발견해 가는 이야기라는 것입니다. 예컨대, 조지프 콘래드Joseph Conrad의 〈어둠의 한가운데Heart of Darkness〉를 바탕으로 한 코폴라Francis Ford Coppola의 〈지옥의 묵시록Apocalypse Now〉의 경우 윌라드 대위가 커츠 대좌를 살해하러 강을 거슬러 올라갑니다. 그 강을 거슬러 정글 깊숙이 들어가는 길은 베트남에 남아 있는 프랑스 식민지주의의 흔적과 기억을 상기시키는 과정과도 맞닿아 있습니다. 〈바다제비 조의 기적〉의 경우도, 주인공 조가 오키나와 본섬에서 미야코로, 미야코에서 요나구니로, 요나구니에서 란유도에 이르기까지, 필리핀으로 남하해 가는 과정은 일본 식민지주의의 남진의 역사를 상기시킵니다. 바다를 남으로 향해가는 과정을 통해 역사의 기억을 떠올리게 하고, 이에 대한 문제제기를 해나가는 것이죠. 그런데 〈파이파티로마〉의 경우, 고시카와 씨가 말하는 것처럼 월경과 타자를 발견해 가는 이야기인가 하면 그렇지 않은 점도 많습니다. 마지막 부분, 특히 란유도 장면은 타자로서의 타자성이라기보다 헤어진 연인찾기에서 자기자신을 찾는 과정으로 경도되어 궁극적으로는 자기위안이라는 틀로 수렴되어 버립니다. 주인공이 하테루마에서 유타를 만나 파이파티로마를 암시하는 부분 역시 파이파티로마라는 낙토 환상이 그 지역 사람들과 어떤 관련이 있는지 충분히 전달되어 오지 않습니다. 이것은 〈바다제비 조의 기적〉과 다른 방식의 묘사라고 생각됩니다. 〈바다제비 조의 기적〉의 경우, 폭력이 발생하는 원인에 끊임없이 시선을 두고 있습니다만, 〈파이파티로마〉에서는 그런 시선을 감지할 수 없습니다. 직설적으로 말하면, 그러한 이동은 타자와 만나는 시늉만 할 뿐 실은 사소설적 내면의 위무에 머물러 있는 것으로밖에 볼 수 없습니다. 요컨대 외부의 시선이 부재합니다.

차별하는 주체와 인접하는 타자

요모타 —— 나카에 씨를 이 심포지엄 자리에 당장이라도 불러와야 할 것 같네요. (웃음) 그런데 나카에만의 심포지엄이 아니기에 나카에 감독 이야기는 여기까지 하도록 합시다.

이어서 제가 또 하나 제안해 보도록 하겠습니다. 이 일본영화 심포지엄에서는 지금까지 다양한 문제를 다루어왔습니다. 특히, 일본 전후사에서 소외되거나 주변화되어 버린 이들에 대한 표상 문제를 10년 전부터 주목해 왔습니다. 오늘날 오키나와 표상 문제를 재일한국인 문제라든가 아이누 표상 문제와 함께 동시대성 안에서 혹은 같은 층위에서 사유 가능할지. 혹은 이러한 시도가 오히려 문제를 일반화하는 결과를 초래하는 것은 아닐지. 오키나와 표상의 깊이라든가 고유성은 간직해야 되는 것인지. 이러한 문제에 대한 답을 신조 씨께 들어보도록 하겠습니다.

신조 —— 네. 이러한 질문은 대답하기 쉽지 않을 뿐더러 질문 자체에 문제가 있어 보입니다. 우선, 오키나와 표상과 피차별부락 표상, 혹은 아이누 표상을 같은 층위에서 논의한다는 것 자체를 저는 한 번도 생각해 본 적이 없습니다. 각각의 집단이 고유성을 갖기 때문만은 아닙니다. 그 안에도 여러 다양한 균열들이 존재할 터인데, 그렇게 틀 안에서 묶어 버리게 되면 그러한 역사를 영화가 소급해서 적용할 우려가 있기 때문입니다.

다소 추상적인 이야기가 될지 모르겠지만, 오키나와 표상을 둘러싼 문제를 조금 돌려서 이렇게 생각해 보면 어떨까요. 지금까지 만나왔던 사람들과 만나려고 하지 않았던 사람들을 앞으로 영화에서 어떻게 만나게 할 것인가 말이죠. 앞서 혼혈 문제가 활발하게 논의되었습니다만, 저는 여기에도 위화감이 있습니다. 피의 문제, 이것은 혼혈이라는 문제만으로는 설명되지 못하는 부분이 있을 것으로 생각됩니다. 그리고 또 피차별부락이나 지역 문제만 하더라도 오히려 그 집단에 속하지 못하고 부재한 사람들과의 관계, 그리고 표상 불가능성이라는 문제와도 맞닿아 있을 것으로 생각됩니다. 만약 오키나와 영화를 통해 드러낼 수 있다면 그런 것이 되겠죠. 예컨대, 〈8월 십오야의 찻집〉 후반부에 은폐되어 있는 오키나와 점령과 남성 간의 호모소셜한 욕망, 더 나아가 호모에로틱한 문제가 점령정치와 공범 관계에 있는 호모소셜리티 자체를 파괴해 버릴 가능성을 갖는 것은 아닐까 하는. 아직 실현된 적 없는 유토피아처럼 말이죠.

거기서 저는 다카미네 씨의 영화를 떠올리게 됩니다만, 저는 다카미네 씨의 영화를 오키나와 영화라고 생각하고 본 적이 없습니다. 오히려 그보다 흥미를 끌었던 것은, 예컨대 다카미네 영화에서 고바야시 가오루가 왜 저토록 아름답게 묘사되고 있느냐 하는 것입니다. 혹은 다른 분도 언급하셨습니다만, 그 안의 젠더질서에 더 없이 섬세하고 정중하게 저항하고 있는 모습을 어떻게 바라봐야 할지 말입니다. 또한, 다카미네 영화에서 영화 자체에 대한 저항이나 파괴를 어떻게 이해해야 할지 등을 문제 삼아야 된다고 생각합니다.

저도 문제제기를 해보면, 오키나와를 표상하는 주체의 출신을 어떻게 생각해야 하는가에 대해서는 저 역시 오키나와 출신이긴 하지만 정의하는 것은 무리라고 생각합니다. 그도 그럴 것이 오키나와인에 의한 오키나와 표상이라는 관념 자체가 실은 최근에 만들어진 것이라고 생각하기 때문입니다. 거기에는 오키나와인이라는 상상적 주체에 의한 오키나와 표상이라는 날조된 시점이 작동한다고 생각합니다. 〈8월 십오야의 찻집〉에 빈번히 등장하는 '오키나와다움'이라는 것은 점령군 미군이 1944년에 간행한 『류큐열도의 오키나와인』, 『류큐열도민사핸드북』 이 두 권에 담긴 내용을 그대로 반영한 것입니다. 미군이 원활한 통치를 위해 류큐무용과 공예품, 물산품 등 오키나와 문화를 칭양하기 시작한 것이죠. 그렇게 해서 미군은 이것이 바로 오키나와라는 것을 각인시킵니다. 다시 말해, 오키나와 출신들에 의해 이야기되는 '오키나와다움'이라는 것은 실은 미점령 정책과 공범 관계일 가능성이 매우 높습니다. 그것을 어떻게 이해해야 할까요? 다카미네 씨의 영화로 이야기를 돌려 보면, 오히려 다카미네 쓰요시라는 한 오키나와 출신 감독의 작품을 보는 것으로, 지금까지 본 적도 들은 적도 느낀 적도 없는 오키나와와 만날 수 있을 겁니다. 그런데 정작 만났다 하더라도 과연 온전히 이해했다고 말할 수 있을까요? 그런 의미에서도 출신이라든지 '~다움'이라는 표현으로 묶어서는 안 된다고 저는 생각합니다.

요모타 —— 감사합니다. 제 질문 자체에 한계가 있다는 비판 흥미롭게 잘 들었습니다. 저는 재일한국인이 일본어 문학 안에 어떻게 묘사되고 있는지, 더 나아가 이스라엘 영화 속 팔레스타인, 팔레스타인 영화 속 유대인의 모습이 어떻게 표상되고 있는지 차별과 타자성이라는 관점에서 분석한 책을 간행한 바 있습니다(『일본의 마라노 문학日本のマラーノ文

学』, 人文書院). 그 연장선상에서 드린 질문이었습니다.

저는 나카가미 겐지中上健次와 친분이 있습니다만, 나카가미의 「천년의 유락千年の愉楽」이나 「이족異族」에는 피차별부락민이 재일한국인과 무리를 이루어 오키나와로, 더 남쪽 땅 필리핀으로 향한다든가, 피차별부락민이 부에노스아이레스로 간다든가, 그러한 편재성, 횡단성이 강하게 드러나 있습니다. 나카가미는 분명 자신이 나고 자란 고향땅을 세계 이곳저곳에 편재하는 일부로 보고, 스스로를 보편화하려는 노력을 해왔던 것으로 생각됩니다. 게다가 그는 프랑크푸르트 등지에 거주했기 때문에 부락문제에 대해 질문해도 잘 대답하지 못합니다. 제대로 설명하지 못하고 자기자신 안에서 침묵해 버리는 식이죠. 그런데 만약 질문을 바꿔 오키나와 같은 곳? 이라든가, 혹은 재일한국인 부락 같은 곳? 이라고 묻는다면, 절대 그런 건 있을 수 없다고 역정을 냈을 겁니다. 부락이라는 것은 표상 불가능성 그 자체라고 대답했을 겁니다. 조금 전 신조 씨가 표상 불가능한 것, 설명 불가능한 것이라고 말씀하신 것처럼 말이죠.

그런데 이렇게는 말할 수 있지 않을까 합니다. 외부로부터 권력이 작동해 스테레오타입의 영상을 만들 때, 그 양상을 비교하는 것 말입니다. 예컨대, 전후 일본 영화 안에서 조선인은 도덕적이고 인격도 뛰어나며, 역사 인식 없는 비굴한 일본인을 교화하는 존재로 종종 묘사되어 왔습니다. 단정치 못하고 난잡한 조선인을 묘사하는 것은 금기시되었죠. 타자에 대해 경의를 표하는 방식에도 일종의 스테레오타입이 존재합니다. 이스라엘 영화 속 팔레스티나인 표상도 마찬가지입니다. 이렇게 몇몇 스테레오타입 양상을 생각하는 데에 영화비평가인 NYU의 쇼햣Ella Shohat이 축적해온 에스니시티 연구가 참고가 될 듯합니다. 일본 영화에서 오키나와 표상 문제를 사유하는 데도 말이죠. 예컨대, 오미네 사와 씨가 조금 전 트린 민하의 논의를 사용하여 다카미네 작품을 분석하셨습니다만, 베트남 출신의 이론을 차용했다고 해서 오키나와 표상을 왜곡한 건 아니듯 말입니다. 이런 식으로 얼마든지 분석 가능하다고 생각합니다.

신조 —— 말씀하신 것처럼 편재하고 있지만 아직 분명히 드러나지 않은 잠재성으로서의 오키나와가 일종의 스테레오타입에 대항하는 형태로 나타나는 경우도 있습니다. 이를테면, 테오 앙겔로풀로스Theo Angelo-poulos의 〈에레니의 귀향The Dust of Time〉이라는 영화가 그렇습니다. 이 작품은 마지막 부분에서 갑자기 '게라마ケラマ'라는 용어가 튀어나옵니다. 그 영화에서 집단자결에 대한 언급은 없습니다만, 3월 23일 상륙한 이래 이 섬은 지옥이라고 말합니다. 그곳에 존재하지 않는, 이미 사망했을지 모르는 에레니의 남편, 미국 시민권을 얻기 위해 고단한 난민의 삶을 살아온 한 남자의 입에서 '오키나와'라는 단어가 저런 식으로 마지막 장면에서 튀어나왔을 때, 이른바 기묘한 형태로 편재하고 있는 또 다른 하나의 오키나와가 부상해 옵니다. 거기다 난민이라는 것을 통해서 말이죠. 이로 인해 새롭게 발견되는 무언가가 있을 것으로 생각됩니다.

요모타 —— 방금 말씀하신 테오 앙겔로풀로스라는 인물은 매우 중요합니다. 〈에레니의 귀향〉이라는 작품은 난민이 되어 이동하다가 미국에 도착해 미국 병사가 된 그리스계 남자가 오키나와로 건너가 죽는 것으로 막을 내리죠. 앙겔로풀로스는 난민으로 내몰린 주인공을 오키나와에서 생을 마감하게 하는데, 이때 오키나와라는 단어를 의식적으로 사용한 것으로 보입니다. 앙겔로풀로스는 오디세이와 이리아스 서사시에서 줄곧 이동을 이야기해 왔고, 그 마지막 도달점을 오키나와로 삼은 영화를 제작한 것이죠.

그럼, 여기서 우리가 줄곧 논의해 왔던—나카에 유지가 아닙니다. (장내 웃음)—다카미네 쓰요시 감독이 이 자리에 오셨습니다. 큰 박수로 맞이해 주시기 바랍니다. 어서 오세요. (장내 큰 박수 소리와 함께 다카미네 감독 착석)

영화감독이란 무엇인가

요모타 —— 오늘 오전부터 자리를 함께 하셨는데, 오래 기다리셨습니다. 이제 마음껏 본인의 이야기, 근황도 좋고 감상도 좋으니 들려주시기 바랍니다.

다카미네 —— 저는 여러분처럼 연구자가 아니어서 어려운 용어는 사용하지 못합니다만, 이것도 아니다, 저것도 아니다 말씀들도 많으시네요. (장내 웃음) 거기다 제 영화는 이해가 잘 안 가고, 그렇기 때문에 좋은 영화라고 말씀하시니…… 대체 어쩌라는 건지! (웃음) 시나리오도 제대로 썼고. (장내 웃음) 음악도 호소노 하루오미細野晴臣와 우에노 고지上野耕路가 담당했고, 배우도 고바야시 가오루로 캐스팅했고, 영상도 세

련됐고 말이죠. 그래서 저는 제 영화가 그렇게 이상한 영화라고 생각하지 않습니다.

　나카자토 씨도 말씀하셨는데, 1985년에 극영화 〈파라다이스 뷰〉가 나하에서 상영된 적이 있습니다. 당시 국제거리 한복판에 자리한 류에이혼칸이라는 영화관에서 상영했습니다(주로 〈도라 상寅さん〉 류의 영화를 상영함). 무대인사 전에 저하고 고바야시, 그리고 프로듀서 셋이서 영화관 근처에서 식사를 하고 있었는데, 주변에 여고생들이 2킬로미터 정도 길게 늘어서 있는 겁니다. 무슨 일인가 했더니 영화를 보기 위해 몰려든 것이었습니다. 영화관 관계자들도 관객이 이렇게 많이 몰릴지 예상치 못했던 모양으로 영화가 끝나고 나오는 사람들과 들어가려는 사람들이 뒤엉켜 구급차까지 출동하는 사태가 벌어진 겁니다. (장내 웃음) 영화는 3주간 꾸준히 인기몰이를 한 후 〈도라 상〉에게 그 자리를 내주었습니다. 오키나와에서는 당시 〈마리링을 만나고 싶다マリリンに逢いたい〉라는 작품이 큰 인기를 끌었는데, 그리로 관객을 빼앗겨 버린 거죠. 나카에 씨 말처럼 백만 오키나와인 열 명 중 한 명이 본 건 아니지만, (웃음) 족히 5만 명은 넘지 않았을까 합니다. 그렇기 때문에 제 작품이 꼭 마이너한 것만은 아닙니다.

　오키나와에서의 성공 덕에 파루코パルコ가 1억 5천만 엔을 제안해 왔습니다. 그래서 〈운타마기루〉를 제작하게 된 겁니다. 이 작품은 〈파라다이스 뷰〉에 비해 관객수는 조금 줄었습니다. 나카자토 씨가 늘 하시는 말씀이지만, 버스 안에서 할머니들 이야기를 엿듣게 되었는데, 영화 〈운타마기루〉는 진짜가 아니라는 이야기를 했다는 거예요. 아마도 그 할머니들이 생각하기에 오키나와 연극 운타마기루가 진짜 운타마기루

지, 영화 운타마기루는 단지 이름만 빌린 가짜라는 거죠. 그리고는 "그건 보지 말자, 1,500백 엔이나 주고 말이야"라며 할머니들이 작은 반란을 일으킨 모양입니다. (장내 웃음)

저는 학생시절 8미리로 영화를 시작한 이래 어언 30여 년이 흘렀습니다만, 저는 필모그래피에 8미리, 비디오, 35미리 모두 담아내었습니다. 8미리에서 16미리, 35미리로 순차적으로 옮겨가면 흔히 성공가도를 달리고 있다고들 말하는데, 보통 35미리부터 카운트하지만 저는 8미리부터 카운트합니다.

8미리 시절에는 의욕적으로 자비를 들여 상영회도 가졌습니다. 여담이지만 〈오키나와 드림쇼〉상영회 당시 관객 중에는 술친구들과의 약속 장소로 이동하기 전에 간이휴게소처럼 잠시 머물다 가는 경우도 있었어요. 친구들이 다 모이자 "자, 그럼, 이만"하며 자리를 떠나버리는 겁니다. (장내 웃음) 그렇게 하나 둘 관객이 다 빠져버리고 홀로 남아 아와모리를 홀짝이다가 잠들어 버리고, 다 끝난 필름만 공회전하고 있던 적도 있었습니다. (장내 웃음) 그리고 도쿄에 있는 어떤 절에서 상영회를 가졌는데, 오키나와 영화라는 이유로 '위험한 영화'라고 생각했는지, 우익의 습격에 대비해 기동대 약 천 명이 동원된 적도 있었습니다. 제가 좋아서 한 일이니 그 정도는 감수해야겠죠. 어쨌든 8미리와 16미리 영화는 관객들에게 보여주기 위함이라기보다 제 스스로가 새로운 영화를 시도해 보고 싶었던 마음이 컸던 것 같습니다.

저에 대한 인상이 대략 인기 없고, 흥행에 실패한 감독이라는 이미지가 있는 것 같습니다만, 실제로 다카미네와는 절대 같이 작업하지 않겠다는 프로듀서도 있습니다. 제가 같이 하자고 부탁한 적도 없는데 말입니다. (장내 웃음) 나도 당신하고는 일할 생각이 없다고! 라고 한마디 해주고 싶은 심정입니다. (장내 웃음)

영화감독이라는 호칭을 가지려면 누가 뭐래도 영화를 계속 찍어야합니다. 예전에 8미리, 16미리를 찍었을 때는 감독이라고 불리는 것 자체가 부끄러웠는데, 지금은 제 스스로가 감독이라고 칭하고 다니고, 명함에도 감독이라고 적어 넣었습니다. 참 감독협회에도 가입했습니다. (장내 웃음) 그 감독협회에 회비가 체납된 적도 있는데, 방송국에서 가끔 제 영화 장면 일부를 사용하고, 그 저작권료로 3만 엔이나 5만 엔을 감독협회로 보낸 모양이에요. 그 돈이 체납된 회비로 돌려지고 영수증만 제게 보내오더군요. (장내 웃음) 이렇게 저란 감독은 본의 아니게 가난하고, 감독이라고 불리는 것이 어색한 자리가 아직 많습니다.

저는 오키나와가 아직 일본으로 복귀하기 이전, 다시 말해 오키나와가 일본이 아니었던 시절 국비유학생 신분으로 교토대학에 재학하고 있었습니다. 가장 하기 쉬운 미술 전공이었는데, 당시 오키나와에서는 엘리트 코스였습니다. 그런 탓에 고향사람들 모두 제가 대학 교수가 될거라고 생각했죠.

요모타 —— 그 무렵은 미국으로 유학가는 편이 훨씬 쉽지 않았나요? 왜 UCLA 같은 데 가지 않고 교토대학을 갔나요?

다카미네 —— UCLA는 시험 전날 친구들하고 미리 축하주를 마셨는데, 코가 비뚤어지게 마시고는 늦잠을 자버렸지 뭡니까. 일어나 보니 10

시더군요. (장내 웃음) 거기 갔더라면 스필버그하고 만났을지도 모르겠네요. (웃음)

제 친구나 주변 사람들 중에 공무원이나 대학 교수가 많아요. 보너스가 백만 엔밖에 안 나왔다는 둥 하더군요. 오키나와에는 기지문제가 산적해 있습니다. 복귀 이전부터 '본토를 따라잡고 넘어서자'라는 말을 입에 달고 살았죠. 경제 문제도 마찬가지입니다. 평균소득이 도쿄의 6~7할밖에 되지 않으니 오키나와로 물건을 보내라고, 그 대신 기지를 제공하겠다는 것이죠. 저는 그러한 구조를 만든 것은 궁극적으로는 오키나와인들의 판단이었다고 생각합니다. 물론 미국이나 일본정부가 밀어붙인 측면도 있지만 그것을 받아들인 것은 오키나와 사람들이 아닐까요. 물론 반대운동도 있습니다. 제 영화가 인기가 없는 건 일정 부분 오키나와인들의 마음이 그렇기 때문이라고 봅니다. 일본인이 제 영화의 디테일을 쉽게 이해하지 못하는 건 당연합니다. 그런데 오키나와인 가운데에도 소수의 제 지인들을 빼면 제 영화를 거부합니다. 그 이유는 의외로 간단합니다. 앞서도 말했지만 기지무나나 사후의 세계 등 다양한 현상이 제 영화에도 등장하는데, 그것을 좀더 공통 항목으로, 즉 본토 수준의 감각으로 영화를 만들라는 요청이죠. 심지어 저희 어머니도 그렇게 말씀하십니다. (장내 웃음)

요모타 —— 그럼, 여기서 잠시 다카미네 감독의 영화에 대해 비판하는 글 하나를 소개해 보도록 하겠습니다. "(〈운타마기루〉에서) 현실이 그대로 초현실의 세계로 흘러들어가 버리는 마법적 영화 문법은 훗날 오키나와 영화에 큰 영향을 미쳤다. 일상생활을 사실적으로 그리고 있는 장

면에서 늙은 여자의 망령이 나타난다든가, 기지무나(정령)나 노로ノロ (신녀)나 유타(무녀)가 갑자기 끼어들어도 관객들은 그것을 '오키나와 영화다움'이라고 이해하고 **소비**하기 때문이다. 그런 황당무계함을 **허용** 하는 것이 오키나와 영화를 감상하는 **올바른** 감상법이라도 되는 냥 〈운 타마기루〉는 관객을 교육한다. 그것은 분명 '일본 영화'와 다른 '오키 나와 영화'만의 **문법**과 **어휘**에 다름 아니며, 오키나와에 대한 내부로부 터의 (다소 굴절된) 시선에 다름 아니다."(강조는 인용자)

저널리스트 가와무라 미나토川村湊가 『스바루すばる』 2007년 2월호에 세새한 「오키나와를 눌러싼 영화라는 이야기沖縄をめぐる映画という物語」라는 글의 일부입니다.

언뜻 읽어봐도 애매한 문장에다 사실 확인이 필요한 부분이 여러 곳 눈에 띕니다. 영화기호학에 대한 몰이해는 물론이거니와 '어휘'라든가 '문법' 등의 용어를 남발하고 있는 것에서 쓴웃음이 납니다만, 〈운타마 기루〉는 결코 비현실적인 서사의 영화도 아니거니와 오키나와 최초의 영화도 아닙니다. 다카미네 감독은 1970년대부터 과격한 필름을 제작 해 오긴 했지만 가와무라 미나토가 말하는 그런 부류의 감독은 아닙니 다. '마법적 리얼리즘' 경향이 보이는 영화를 굳이 찾는다면, 가브리엘 가르시아 마르케스Gabriel García Márquez의 『백년의 고독Cien años de soledad』을 원작으로 하고 오키나와를 무대로 한 데라야마 슈지寺山修司의 〈안녕 하코 부네さらば箱舟〉(1979) 정도가 아닐까 합니다.

그런데 이 정도의 무지에 놀란다면, 이 가와무라 모某 씨의 글을 끝까 지 읽을 수 없을 겁니다. (웃음) 그의 발언이 범죄라고 생각될 정도로 문 제적인 것은, 다카미네 감독의 수법이 마치 오키나와 영화에 '오키나와 영화다움'이라는 스테레오타입을 덧씌워 관객을 '교육'시키는 것처럼 말하는 데 있습니다. 다카미네 감독의 그 이후의 궤적, 이를테면, 메카스의 나하 방문을 촬영한다거나, 오키나와에서 타이완으로 언어적, 공간적 횡단을 감행하는 영상을 제작한다거나, 또 다양한 언어가 혼재하는 상황을 그려낸다거나 하는 움직임에 조금만 관심을 기울인다면, 가와무라의 비판이 얼마나 얼토당토않은지 잘 알 수 있을 것입니다. 다카미네의 필름이 특정 이데올로기를 교화하기는커녕 오히려 폭넓게 열려 있으며 다양한 해석의 세계로 관객을 이끌고 있음을 알 수 있습니다. 〈쓰루헨리〉 같은 작품을 보면 명료하지 않습니까? 오히려 스테레오타입 교육에 최적화된 쪽은 나카에 유지입니다.

필름을 보지도 않고 남의 글이나 보기 좋게 도용하고 전용하면서 문단을 휘젓고 다니는 가와무라 같은 인물이, 아주 안전한 곳에 머물면서 보지도 않은 다카미네 영화를 비판하는 이유는 뭘까요? 오키나와 영화와 일본 영화 사이에 경계선을 긋고, 양자를 완전히 다른 것으로 치부함으로써 얻게 되는 것은 무엇일까요? 다만, 가와무라는 자신의 주장에 자신이 없어진 듯 마지막 부분에서 다카미네 영화는 "오키나와에 대한 내부로부터의 (다소 굴절된) 시선에 다름 아니다"라는 말로 애매하게 피해가고 있습니다. 가와무라는 일본 영화 가운데도 동물과 인간이 변신을 거듭해 가는 등 얼마나 황당무계한 스토리가 많은지 모르는 것 같습니다. 아니, 그 이전에 일본문학 가운데 우에다 아키나리上田秋成를 비롯한 작가들이 그리는 환상의 세계를 전혀 모르고 있는 듯합니다. 만약 그가 미조구치 겐지溝口健二의 〈우게쓰 이야기雨月物語〉를 봤다면, 결코 오키나와 영화가 황당무계하다는 비판은 하지 못할 겁니다.

무엇보다 다카미네 감독이 관심을 끄는 것은, 감독은 늘 오키나와의 안쪽과 바깥쪽 그 어디에도 속하지 않고, 오키나와에 부재하는 것들, 그리고 거리두기를 통해 소리와 영상을 만들어 왔다는 점입니다. 1982년에 제작된 〈V·O·H·R〉이라는 단편영화를 예로 들면, 교토 모처에서 남녀가 성행위를 하고 있는 것을 도촬한 영상이 비춰지더니 갑자기 화면이 어두워지면서 화자가 고향 오키나와에 대해 말하기 시작하는 장면에서 다카미네 감독의 거리두기를 강하게 감지할 수 있습니다. 이런 점을 보더라도 다카미네 영화는 오키나와를 대표하려고 한 적이 없으며, 오키나와의 불행을 표상하려는 행위로부터도 자유롭다고 생각합니다.

여기서 질문하고 싶은 것이 있는데, 다카미네 감독이 〈오키나완 드림 쇼〉 등에서 자신의 고향을 촬영했는데요, 처음 그것을 접한 오키나와인의 반응은 어땠나요? 〈히메유리탑〉처럼 잘 알려진 오키나와의 명소가 아니어서 혹시 실망하진 않았는지? 일상적인 생활공간을 무대로 촬영해서 도대체 어디다 써먹을 거냐는 비판도 있었다고 들었습니다만.

다카미네 —— 만약 매일 오키나와 가정식 고야찬푸르ゴーヤーチャンプルー만 먹는다고 생각하면 질리겠죠? 가끔은 맛있는 스시 같은 것도 먹고 싶은 것이 인지상정 아니겠습니까? 그래서 8미리 풍경 시마우타 영화 〈오키나완 드림쇼〉에 등장하는 극히 평범한 아주머니, 아저씨부터 고양이나 개에 이르기까지 어디서든 볼 수 있는 풍경이 뭐가 재미있느냐는 반응이 나오는 겁니다. 영화는 좀더 자극을 주는, 평소에는 보지 못하는 것을 보여줘야 한다고 생각하는 거죠.

요모타 —— 그 이후 〈운타마기루〉나 〈쓰루헨리〉처럼, 오늘도 화제가 되었습니다만, 오키나와인이 피하고 싶은 일종의 금기, 혼혈이나 언어 문제 같은 것을 의식적으로 영화 안에 도입했습니다. 그것은 잘 알려진 장소가 등장하지 않는다는 〈오키나와 드림쇼〉에 대한 비판과는 또 다른 층위의 비판이라고 생각합니다.

다카미네 —— 맞습니다. 분명 〈오키나와 드림쇼〉는 8미리 3시간짜리 영화지만, 1974년에 교토에서 상영했을 때, 한 노부부가 히메유리탑이 등장하지 않는다며 화를 내고 나가버린 경우도 있습니다. 그리고 거꾸로 〈파라다이스 뷰〉나 〈운타마기루〉의 경우는 오키나와 사람들을 갸우뚱하게 했습니다. 영화라는 것은 본디 그렇게 찍는 게 아니라면서 말이죠. 그 주변 요소요소를 나카에 감독이라면 아주 잘 포착했겠죠. 내용은 그렇다 치더라도 영화는 돈 문제도 얽혀 있으니 이 부분도 중요하죠. 흥행도 생각해야겠죠 누군가가 돈 때문에 불행해지는 건 원치 않으니까요. …… 요모타 씨가 (제작 자금으로) 천만 엔 정도 지원해주면 모를까.

요모타 —— 천만 엔 정도면 되겠습니까?

다카미네 —— 예컨대, 〈쓰루헨리〉의 경우는 오카야마岡山 시민 프로듀서들이 조금씩 갹출해서 5백만 엔을 만들어 그것을 불려나갔습니다. 하나하나가 다 돈입니다. 어제도 택시로 귀가했고, 오늘 아침도 택시로 왔습니다. 5천 엔도 큰돈입니다. 영화의 경우 "이번 영화는 싸게 2

천만 엔, 3천만 엔 정도"라고 쉽게 말하지만, 개인으로 볼 때 결코 적은 돈이 아니죠. 그리고 그것 때문에 자살하는 경우도 있으니까요.

땅(토지)의 고유성

요모타 —— 〈쓰루헨리〉에 대해 질문 드리도록 하겠습니다. 마침 이 자리에 나카자토 씨도 나와 계시니 함께 질문드리도록 하겠습니다. 어떤 경유로 그런 이상한 필름이 만들어지게 된 건가요?

다카미네 —— 우선, 오키나와는 북으로부터 도망해 오는 도피처가 아닙니다. 물론 북쪽이나 남쪽이나 도피처가 될 수 없다는 것은 〈쓰루헨리〉에서 타이완 출신 여성(진샤오치)이 잘 드러내 보여줍니다. 요컨대, 개발도상국이나 오키나와는 일본의 도피처가 되어서는 안 된다는 것입니다. 오키나와로 도망가면 어떻게든 된다는 그런 인식 말입니다. 오키나와인이 타이완으로 도망가면 모든 것이 해결된다는 인식 또한 마찬가지입니다. 그 어떤 땅(토지)도 도피처라는 하나의 기능만 부여된 곳은 없습니다. 모든 땅(토지)은 고유성을 간직하고 있으며, 그 고유성은 존중받아 마땅합니다. 그뿐만이 아니라 인간 역시 마찬가지입니다. 그런데 저는 오키나와 배우들을 가능한 많이 등장시킵니다. 이곳에 익숙하기 때문만은 아닙니다. 이때의 고유성이라는 것은 매우 심오한, 사생관 같은 것을 의미합니다. 저는 제 고향을 자랑하고자 하는 것이 아니라, 오키나와에서 영화를 찍을 뿐입니다. 자신의 고향에서 영화를 제작하는 사람은 그리 많지 않으리라고 생각됩니다. 그런데 저는 오키나와에서 살아있음을 느끼며 촬영에 임하고, 오키나와의 풍경이나 예능, 배우들에 깊은 흥미를 갖고 있습니다. 감독의 출신지가 이렇다 저렇다 말하지만, 오키나와에서 촬영하는 일은 제 자신에게는 상당히 매력적인 것으로 다가옵니다. 교토에 거주하기 때문에 오키나와를 객관적으로 볼 수 있다거나 하는 것이 아니라, 오키나와에 빨려들어가듯 영화를 촬영했습니다.

요모타 —— 다카미네 감독은 오키나와 출신일지 모르지만, 지금은 오키나와에 살고 있지 않느냐는 비판도 받는지요?

다카미네 —— 네, 받을 때도 있습니다. 참 미묘한데요, 몇 년을 살아야 거주한 것이 되는지, 혹은 몇 년을 떠나 있어야 거주하지 않는 것이 되는지 말입니다. 명확하게 선을 그을 수 없는 문제지 않습니까? 그래서 저는 어디에 살든 그것은 별로 중요하지 않다고 생각합니다. 그런데 대부분의 사람들은 제가 오키나와에 살고 있는 줄 알더라고요. 교토 우지시宇治市에 산다고 하면 다들 실망한 표정을 짓고……. 어디에 살든지 내 자유라고요! (장내 웃음)

그런데 최근 조금 추상적인 표현을 쓰자면, 오키나와인이 오키나와를 연기하기 시작했습니다. 아무래도 무리가 있어 보입니다. 일본인이 원하는 오키나와인 이미지를 오키나와인이 연기하고 있는 것이죠. 그것조차 자각하고 있지 못한 사람도 있겠지만. 그래서 제 작품이 인기가 없는 건지도 모르겠습니다. 이건 농담이 아니라 절대 그런 연기는 하지 않을 겁니다. 얼마 전 야마가타山形 국제영화제에서도 "내 영화는 오키나와를 연기하지 않는다"라고 표명한 바 있습니다. 제가 오키나와 내셔널리스트라서가 아니라 정말 그렇게 생각합니다.

그리고 차기작에 대해서도 질문이 들어올 테니, 미리 앞질러 말씀드리면, 다음 영화는 절대! 두 번 다시 잘 모르겠다는 말이 나오지 않도록 할 겁니다! 또 관객이 들지 않는다는 말도 듣지 않겠습니다!! (장내 웃음)

아울러, 풍경을 찍을 때 아무래도 군사기지 같은 방해 요소가 잔뜩 들어오게 됩니다. 그것을 어떻게든 클리해 볼 생각입니다. 자세한 내용은 이 자리에서 말씀 드리기 어렵지만 말이에요. 오키나와니 어쩔 수 없다고 염세적으로 대응하고 싶지는 않습니다. 현실이 아닌 허실虛實의 세계가 만들어내는 영화 속 마부이(마부이는 혼과는 조금 다른 의미입니다). 영화 속 세계이다 보니 자유롭습니다. 지금까지 변화구가 많은 영화를 찍어 왔지만, 차기작은 직구를 던질 작정입니다. 내년 정도쯤. 아마도……, 아마도가 아니라 반드시 꼭 히트시켜 보이겠습니다. 칸느와는 인연이 없습니다만, 베를린 정도는. 베를린 정도라는 표현도 이상하네요. (웃음) 〈파라다이스 뷰〉를 만들어 스위스 로카르노Locarno에 가져갔는데 거절당했습니다. 이건 영화가 아니라나요. (장내 웃음) 제 자신의 기분을 일방적으로 쏟아 내는 데에는 전혀 관심이 없습니다. 그래도 표현하고자 하는 것은 있습니다. 그것은 보장받아야 한다고 생각합니다. 누가 됐든, 어디가 됐든 말입니다. 교토인이니 오키나와에서 찍으면 안 된다라든가. 할리우드 감독 대부분은 다른 곳에서 온 이들 아닙니까?

요모타 —— 지금 제인 오스틴Jane Austen을 세계에서 가장 멋지게 영화에 담아내고 있는 사람이 타이완인이에요. 전 세계로 배급되고 있죠.

다카미네 —— 실은 전에 〈쓰루헨리〉의 원작인 〈러브의 사랑〉을 유럽과 합작하자는 움직임이 있었습니다. 유럽은 〈운타마기루〉를 높게 평가하는 분위기였는데, 중요한 건 일본에서 뒷받침이 안 되었죠. 오키나와에서는 20만 엔을 출연하겠다고 했는데 그 돈으로는 어림없죠. 결국 없던 이야기가 되었습니다. 외국과의 합작이 능사는 아닙니다만.

다카미네 영화의 회화성

고시카와 —— 다카미네 씨는 미술을 전공하셨죠. 영화 안에 회화적 요소가 풍부하리라 생각됩니다.

다카미네 —— 학생 시절 접했던 그림의 영향은 말씀드리자면 길어집니다만, 오키나와에서 교토로 건너가게 된 건 문부성에서 저를 교토에 있는 대학에 배치했기 때문입니다. 저는 개인적으로 도쿄의 예대에 진학하고 싶었는데 말이죠. 아마도 예대에 갈 만한 데생 실력이 안 되었던 거겠죠. 어쨌든 문부성의 판단으로 교토대학에서 회화를 전공하게 되었습니다. 그런데 당시만 하더라도 석고 데생이 진부하다며 기피하는 분위기였고, 개중에는 교수를 무시하고 작업실에 난입해 들어와 그림 같은 아카데믹한 것에 반발하는 과격한 선배도 있었죠. 그림 그릴 기회가 전혀 주어지지 않았어요. 저한테도 그림에 소질이 없으니 그만 두라고 하더군요. 그래서 한 치의 망설임 없이 그러마 했어요. 그래서 앤디 워홀Andy Warhol, 라우센버그Robert Rauschenberg의 영향을 받아 필름을 도입한 미술작품을 만들기 시작했습니다. 필름을 가지고 놀다 보면 그것이 어느새 영화가 되곤 했습니다. 학생 때는 별로 그리지 않던 그림을 최근 들어 그리기 시작했으니 재미있는 일이죠. 영화는 '표현 작업' 이외에도 해야 할 일이 많아서 아무래도 그림은 간접적이게 되죠. 그래도 그림이라는 것은, 특히 저에게 그림은 직접적인 표현입니다. 30분 정도면 그려낼 수 있습니다.

고시카와 —— 영화를 편집할 때 색을 칠하지 않습니까? 오버랩 기법도 사용하시고요. 그러한 표현은 제가 볼 때 매우 흥미로운데요, 실험적이라는 표현이 맞을지 모르지만.

다카미네 —— 분명 미국이나 일본의 실험영화 영향도 받았습니다. 워홀이나 라우센버그 같은 당시 많은 예술가들이 그러했듯, 저 자신도 지금은 다 기억이 나지 않지만 다양한 이들로부터 영향을 받았습니다. 그래서 그런 말에는 신경 쓰지 않습니다. 새로운 흥미로운 것이 발견되기만 한다면야—.

요모타 —— 제 연구실에도 다카미네 씨 그림이 걸려 있습니다. 〈쓰루헨리〉도 그렇습니다만, 색채감이 놀랍습니다. 날아오를 듯한 밝은 색감이랄까. 그것은 다카미네 씨의 성격과 닮아 있는 것 같은데, 실제로 영화를 제작할 때 색체 선택이나 체크는 모두 손수 하시는지요? 아니면 미술 관계자가 따로 있는지요?

다카미네 ── 최종적으로는 전부 제가 결정합니다. 특히 〈쓰루헨리〉는 오시로 미사코 씨가 맡은 배역도 그렇고 해서 상당히 공격적인 영화로 만들어보고자 했습니다. 그래서 날아다니고 튀어 오르는 눈에 잘 띄는 느낌의 색감을 사용했습니다. 일본 측이 기대하는 부드럽고 따뜻한 색감의 오키나와는 제 작품과 거리가 멀죠.

요모타 ── 메카루가 은신처로 가는 길에 보이는 계단이나 나무 등 그 주변의 조형은 아주 좋았습니다. 계단을 종종대며 올라가는 장면이라든가. 나카자토 씨에게 질문 드리겠습니다. 〈쓰루헨리〉의 각본 작업에 함께 하셨는데요, 이런 파격적인 영화 각본을 어떻게 쓰게 되셨는지요?

나카자토 ── 저는 단지 이름만 올렸을 뿐입니다. 다카미네 씨가 전체적인 각본을 쓰셨고, 부분적인 의견만 내고 조금 쓴 정도입니다. 그것도 다카미네 씨가 다시 수정하셨고.

다카미네 ── 실제 각본 작업을 나카자토 씨와 분담하려고 했습니다. 저는 활자와 친하지 않기 때문에 나카자토 씨만 믿고 있었는데, 아이디어 두세 개 던져 주고는 하나도 써주지 않는 겁니다. 그래도 영화라는 것이 신기한 게 제가 처음 포문을 열고 한두 마디 보태는 것으로 분위기가 완전히 변하더군요. 나카자토 씨는 그런 의미에서도 공동집필자라고 할 수 있습니다. 나카자토 씨가 횡재하신 거죠. (장내 웃음)

오미네 —— 앞서 신조 선생님 발표 내용에서도 나왔지만 〈운타마기루〉 속 고바야시 가오루의 아름다움이 어떤 의미를 갖는지, 그리고 고바야시 가오루가 어떻게 캐스팅되었는지 궁금합니다.

다카미네 —— 그런데 말입니다, 촬영 현장에서 고바야시 가오루가 아름답다고 생각한 적이 거의 없습니다. (장내 웃음) 그쪽도 8미리 영화 초짜 감독하고 두 달이나 작업해야 하니 걱정이 많았을 겁니다. 그런 탓인지 현장 분위기는 상당히 험악했습니다. 조쿄극장状況劇場에서 쌓아온 고바야시 씨의 연기와 제가 하는 연출이 기본적으로 맞지 않았습니다. 고바야시 씨의 연기에 저는 연극은 하지 말아 달라고 부탁했습니다. 그러자, 그럼, 여기 있는 나무나 돌하고 자기가 뭐가 다르냐며 따지더군요. 그래서 제가 다를 게 없다고 잘라 말했죠. (장내 웃음) 고바야시 씨는 그렇게 말하면서도 제가 하는 요구하는 대로 주역으로서의 역할을 잘 해주었어요. 남자다운 패기도 있고.

오미네 —— 개인적으로 운타마기루의 화장을 하는 고바야시 가오루가 정말 아름답다고 느꼈습니다.

다카미네 —— 그건 고바야시 씨 특기니 제가 의도적으로 삽입했습니다. 연극을 못하는 데에서 오는 욕구불만을 해소하는 차원에서 대대적인 연극씬을 넣어 마음껏 연기하도록 했죠. 참고로 크레인을 이용해 30미터 공중부양하는 장면도 넣었습니다. 마음에 들었을지는 모르겠지만. (웃음)

우치나구치 문제

신조 —— 지금 이야기 매우 흥미롭게 들었습니다. 고바야시 가오루 씨만이 아니라, 감독님 영화에 등장하는 사람들은 이른바 우치나구치를 사용하는데요, 제 친구 중에 감독님 왕팬이 있는데, 어째서 다카미네 영화에 등장하는 인물들은 하나 같이 우치나구치가 서툰지 모르겠다고. 엉뚱한 데서 띄어 읽는다거나 하는데 오히려 그런 부분에서 더 재미를 느낀다고 하더군요. 고바야시 씨를 비롯해서 정말 제가 들어도 영 아니더군요. 일부러 유창한 대사를 피하는 건가요?

다카미네 —— 그런 경향도 없진 않지요. 그런데 그보다 그는 마부이가 떨어져 나간 사람이라. 마부이가 떨어져 나갔으니 말이 유창할 리 없겠죠. (장내 웃음) 그런 점도 고려했습니다. 네이티브 같지 않은 미숙한 어투가 그 역을 하는 데는 안성맞춤이었죠. 도가와 준戸川純 씨 역시 오키나와 현지어 같진 않았지만, 오키나와의 공기처럼 잘 어울렸습니다. 저는 그녀의 언어, 그녀의 존재가 〈운타마기루〉에서 아주 중요한 역할을 한다고 생각합니다.

신조 —— 하나 더 질문 드리자면, 〈쓰루헨리〉에서 제가 가장 좋아하는 장면이기도 한데, 지금은 고인이 된 도마 미에조當間美惠蔵 씨의 독특한 대사가 나오는 곳.

다카미네 —— 네. 촬영지는 나하에서 20분 거리에 있는 요나바루与那原

입니다. 예전에는 지역이 조금만 달라도 억양이 달랐습니다. 특히 오키나와의 경우는 최근까지도 그런 경향이 강했습니다. 아마도 돌아가신 도마 미에조 씨가 정통 요나바루어가 가능했던 마지막 인물이 아니었나 합니다. 저도 요나바루어를 좋아합니다.

히가시 —— 1년 전 시모기타자와下北沢역에서 상영되었을 때 다카미네 감독은 스스로 자신의 영화가 반일反日영화라고 발언한 적이 있죠.

다카미네 —— 그랬었죠. 특별히 정치적 신념을 갖고 영화 제작을 하는 건 아닙니다. 그런데 일본영화라는 생각으로 만든 건 거의 없습니다. 오키나와를 일본의 일부라고 생각하고 촬영한 적은 단 한 번도 없습니다. 오키나와가 일본이 아니라고 말하면 여권도 같이 쓰지 않느냐고 반문하겠지만, 그것은 국적 문제이니 무시해 버리면 그만입니다. 오키나와의 고유성까지 일본에 흡수될 필요는 없습니다. 예컨대, 언어 문제만 하더라도 오키나와어는 일본 방언의 일종이라든가, 학술적으로도 일본과 연결되어 있다는 식으로 일컬어지지만, 땅의 고유성을 생각할 때, 오키나와가 일본이어야 할 필요는 전혀 없습니다. 오키나와는 오키나와 그대로가 좋습니다. 그렇기 때문에 반일이어도 상관없습니다.

나카자토 —— 앞서 다카미네 씨가 국비라는 용어를 언급하셨습니다. 그건 일본 유학을 말합니다. 미군 통치하 오키나와에서는 미국 유학과 일본 유학 두 가지 진학 코스가 있었습니다. 미국 유학의 경우는 미 점령정책의 일환이었고, 일본 유학은 일본 문부성이 오키나와 엘리트를 선발해서 일본에 있는 대학에 배치하는 형태였습니다. 그 배치 방식 또한 매우 자의적이었습니다. 누구는 교토대로, 누구는 도쿄대로, 또 누구는 가고시마대로 본인들의 의사와 상관없이 보내지게 되는 것이죠. 다카미네 씨가 교토로 건너간 것은 다카미네 씨의 의사를 무시한 무작위 시스템에 의한 것이었습니다.

그리고 〈운타마기루〉 이야기 곁에 다카미네의 영화는 보지 말자는 입소문이 나기도 했는데, 이 작품은 진짜 〈운타마기루〉가 아니라 유쿠시무니ユクシムニー 〈운타마기루〉, 그러니까 유쿠시무니는 오키나와어로 가짜라는 말인데, 가짜 〈운타마기루〉라고들 말했습니다. 오키나와 연극 〈운타마기루〉를 충실하게 재현하지 않았으니 유쿠시무니라는 것이죠. 영화를 보는 시각의 포퓰리즘이라고 할까요. 〈운타마기루〉가 〈파라다이스 뷰〉에 비해 관객이 적었던 이유 중 하나가 아닐까 합니다. 또 다른 다카미네 씨 영상만의 특징은 시선의 패러다임을 배반하면서 새로운 문체를 보여주고 있는 점입니다. 기존의 프레임을 끊임없이 깨트려 간다고 할까요. 다카미네 씨의 작품을 한 편 한 편 보게 되면, 반드시 이전 작품을 새로운 작품에 도입하고 있음을 알 수 있습니다. 마치 장기이식처럼 이전 작품이 새로운 작품에서 생명을 얻는 것이죠. 이야기마다 개공부開孔部가 있는 겁니다. 매우 흥미로운 영상법이라고 생각합니다. 포크너William Cuthbert Faulkner의 요크나파토파 사가Yoknapatawpha Saga처럼 말이죠. 이야기 구조가 나선형인 탓에 난해하다는 평가가 많죠.

다카미네 —— 마지막으로 한 마디만 더 할까 합니다. 대학 시절이던 1972년 5월 15일 어느 날, 오늘부터 "너는 일본인이다"라는 겁니다.

"그렇구나, 일본인이구나"라는 생각을 하며 미묘한 감정이 들었습니다. 대학에서는 그림은 그리지 않고 8미리 영화에만 매달렸습니다. 예전 일본군이 사용하던 목조 병사兵舍가 아직 남아 있었습니다. 그곳을 내 멋대로 점령해 위홀이 했던 것처럼 '팩토리'라는 이름을 붙였습니다. 그곳에서 영화 작업에 몰두하다 보니 시대가 바뀌어 유학생 신분에서 일반 학생 신분이 되어 있더군요. 그래도 유학생 대우는 당분간 계속 해주었습니다. 저는 유학생 신분을 누리면서 학교를 다녔습니다. 5년이 지나고, 6년이 지나도 졸업할 기색이 없자 학교 측에서 어떻게 할 거냐는 눈빛을 보내더군요. 교토로 가기 전, 류큐정부도 4년 안에 졸업하고 오키나와로 돌아와 은행원이나 공무원, 혹은 교사가 되라고 했습니다. 인재 육성이 목표였으니, 오키나와를 위해 일하라는 것이죠. 그런데 저는 졸업도 하지 않고, 이제 그만 다니겠다며 스스로 자진 퇴학을 하고 만 것입니다. (장내 웃음) 그것으로 류큐정부와의 약속도 지키지 못한 결과가 되어 버렸습니다만, 오늘은 요모타 이누히코 씨의 초대를 받아 이렇게 훌륭한 선생님들과 함께 오키나와 이야기를 나누었으니, 저도 아주 머리가 나쁜 건 아닌 것 같습니다. 작지만 오키나와에 대한 은혜를 갚았다고 생각합니다. …… 아니, 오키나와에 폐를 끼친 것일까요.

질의응답

요모타 —— 사전에 청중 여러분께 질문을 받아두었습니다. 어느 분이

든 괜찮으니 답변해 주십시오. "기타노 다케시 영화에 대해서는 오늘 발표에서 전혀 나오지 않았는데, 기타노 다케시가 오키나와를 주제로 두 편의 영화를 제작했습니다. 이에 대해 질문 드리고 싶습니다."

다카미네 —— 저는 그의 작품 가운데 〈소나티네ソナチネ〉를 좋아합니다. 다른 이를 통해 들은 이야기로는 기타노 씨가 '프라이데이 사건フライデー事件'[2] 후 휴식차 오키나와로 건너간 모양입니다. 이때의 인연으로 오키나와에서 촬영을 한 게 아닐까요. 그림처럼 아름다운 오키나와를 배경으로 고전무용이 펼쳐지는 장면은 정말 장관입니다. 이시가키 저 깊은 곳에서 쑥 튀어나온 것처럼 수줍게 말이죠. 그윽하다고 할까, 저는 그 장면이 마음에 들더군요. 그리고 다케시 씨의 영화는 이른바 덜어내기 영화라는 인상을 주는데, 그 자체로 무언가 의도가 있지 않을까 합니다. 다만, 〈HANA-BI〉 무렵부터였을까요, 무언가를 적극적으로, 확신범적으로 촬영에 임하는 듯합니다만. 제가 감명 받았던 〈소나티네〉와 거리가 멀어져 버린 느낌이랄까. 아주 좋은 순간을 오키나와에서 포착한 것이 아닌가 합니다.

요모타 —— 나카자토 씨에게 질문이 들어와 있습니다. "도마쓰 쇼메이나 가라 주로의 시선이 오키나와, 그리고 더 남쪽을 향해 가고 있다고 말씀하셨는데, 이른바 북쪽에서 나고 자란 그의 시선이 남쪽 오키나와 사람들에게 어떻게 비춰질지 궁금합니다."

나카자토 —— 도마쓰 씨의 오키나와를 향한 시선은 '일본인' 시리즈와

'점령' 시리즈 두 개로 나뉩니다. 특히 '일본인' 시리즈에서는 오키나 와로부터 일본의 기원을 찾으려는 움직임이 감지됩니다. 오키나와에 서 향수를 느낀다거나, 일본인의 피를 느낀다거나 하는 말들을 합니 다. 그런데 그러한 시선은 우리 입장에서는 거부해야 할 대상이었습니 다. 그렇다면 어떻게 하면 좋을까요? 앞서 고시카와 씨나 다카미네 씨 도 말씀하셨듯이 예컨대 〈쓰루헨리〉의 타이완 장면에서 "남쪽은 북쪽 의 도피처가 아니다"라고 가마도라브의 입을 빌려 말하고 있는데, 그 '도피처'가 아니라는 점에 자각적이어야 합니다. 오키나와에서 남쪽을 향한 시선은 북쪽에 대한 비판을 내재하면서, '도피처'가 아닌 남쪽을 어떻게 지정학적으로 상상할 수 있는지가 관건이라고 생각합니다. 그 런 의미에서 다카미네 씨의 〈파라다이스 뷰〉나 〈운타마기루〉나 모두 직접적으로 그에 대해서는 언급하고 있지는 않지만, 시선의 정치에 대 한 오키나와의 문제제기를 영상 문체로 담아낸 것이라고 생각합니다.

좋아하는 오키나와 영화 세 편

요모타 —— 감사합니다. 그럼, 마지막으로 퀴즈 시간을 갖도록 하겠습 니다. "당신에게 가장 중요한 오키나와 필름, 혹은 오키나와를 다룬 필 름 세 편을 들어 주세요." 아무 분이나 떠오르는 것이 있으면 말씀해 주시면 됩니다. 제목과 감독만 들어주셔도 됩니다.

고시카와 —— 저는 간단합니다. 다카미네 씨의 〈파라다이스 뷰〉와 〈운타마기루〉, 그리고 〈쓰루헨리〉입니다. 저는 메이지대학에서 미국문학을 강의하고 있습니다만, 강의 시간에 〈운타마기루〉를 상영한 적이 있습니다. 학생들 반응이 상당히 좋았습니다. 학생들도 함께 즐길 수 있는 영화라고 생각합니다.

신조 —— 오늘 이 자리에서도 많이 언급되었지만, 다카미네 씨의 〈쓰루헨리〉를 좋아합니다.

다카미네 —— 너무 애쓰지 않으셔도 됩니다. (장내 웃음)

신조 —— 신경이 쓰이네요. (웃음) 흥미로운 영화라 몇 번 다시 보기를 했습니다. 그리고 오늘 제가 발표한 〈8월 십오야의 찻집〉은 비판적으로 말씀드렸지만 좋아하는 영화 중 하나입니다. 그런 기묘한 영화가 나오리라고는 생각지 못했습니다. 그리고 오늘 나왔던 영화 〈에레니의 여행〉 역시도. 이 테오 앙겔로풀로스의 작품을 처음 접했을 때의 충격을 잊을 수 없습니다. 그것이 오키나와 영화인지 아닌지는 다소 이론의 여지가 있습니다만.

그리고 앞서 나카자토 씨가 언급하셨지만, 스스로 그것을 어떻게 생각하면 좋을지, 실은 세 자신도 고민입니다. 북상하는 정신성에 대항하는 형태로 필리핀이라는 임계를 말씀하셨습니다. 남쪽을 향하는 사고를 통해 북상하는 시선에 맞설 수 있다고 말씀하셨는데, 저는 그에 대해 의문이 들었습니다. 북상과 남하라는 그 시선은, 어떤 면에서 볼 때 아주 흡사하다고 생각되기 때문입니다. 방향성이라는 문제만이 아니라, 북쪽, 남쪽으로 나누는 시선, 그 자체가 실은 일종의 안정된 일원적 구조를 만들어 버리는 것은 아닐까 하는 생각을 해봅니다. 물론 나카자토 씨가 그렇게 단순화해서 말씀하신 건 아니라고 생각합니다만, 이 점이 조금 마음에 걸렸습니다. 물론 〈에레니의 여행〉을 말할 때, 북상이나 남하라는 것에 더하여 '난민'이라는 루트도 동반되어야 할 것입니다.

히가시 —— 다카미네 감독의 작품은 거의 다 좋아합니다만, 굳이 하나만 꼽자면, 〈몽환류큐 오키나와 시마우타 파리의 하늘에 울리다〉입니다. 그리고 최근 본 1971년 고자폭동과 이듬해 복귀 무렵에 도호東宝에서 제작한 〈격동의 쇼와사 오키나와 결전激動の昭和史 沖縄決戦〉이 인상 깊었습니다. 처음은 전사戦史 영화처럼 보이는데, 전개되어갈수록 오카모토 기하치岡本喜八 영화의 특징이 드러나 보입니다. 또 한 편은 아사토 마리의 〈독립소녀 홍련대〉라는 2004년도 작품인데, 앞으로 이런 영화가 더 많이 제작되었으면 하는 바람을 가져봅니다.

나카자토 —— 다카미네 영화 중에서는 여러분들과 달리 〈오키나완 지루다이〉를 들고 싶습니다. 이 작품은 〈사싱과〉나 〈오키나와 드림쇼〉, 〈파라다이스 뷰〉 이후의 작품을 잇는 이른바 다카미네 월드의 원점이라는 데에 의미가 있습니다. 최근 〈오키나완 지루다이〉를 다시 편집하고 있습니다만, 처음 나온 〈오키나완 지루다이〉를 말하는 겁니다. 또 한 편은, 타이완의 왕동이라는 감독이 제작한 〈무언의 언덕〉입니다. 직접 오키나와를 그린 것은 아니지만, 식민지하에 놓인 민중들의 접촉을 그린 것입니다. 마지막으로 복귀 전후의 오키나와 격동의 시대를 배경으로 한 후카사쿠 긴지의 〈박도 외인부대〉와 나카지마 사다오의 〈오키나와 야쿠자 전쟁〉입니다. 말씀드리고 보니 4편이나 되었네요.

오미네 —— 저는 아주 단순한 이유인데, 늘 오키나와 영화를 보면서 "완전 다르잖아, 내가 알고 있는 오키나와가 아니야"라고 느꼈는데, 다카미네 감독의 〈쓰루헨리〉와 〈오키나완 드림쇼〉는 조금 달랐습니다. 풍경을 쫓으며 찍은 이 두 작품에 처음으로 아는 곳이 나와서 감동했거든요. 또 한 편은 오키나와 젊은 감독이 1978년에 촬영한 구시켄 요코具志堅用高 씨의 이야기를 다룬 〈야망구누티다ヤマングーヌティーダ〉[3]라는 작품입니다. 이 역시 현실과 픽션이 뒤섞여 있는 매우 흥미로운 작품입니다.

요모타 —— 여러분이 모두 다카미네 씨의 작품을 들어주셔서 구시켄 요코 이야기를 하려고 했는데 한 발 늦었습니다. 이 작품은 오키나와 영화라기보다 이시가키 영화라고 할 수 있습니다. 구시켄 요코는 이시가키섬이 낳은 자랑거리입니다. 저도 10년 전쯤에 그의 생가를 다녀왔습니다. 영화를 좋아하는 그 지역 고등학생들이 문화제 출품작으로 만든 것인데, 등장인물이 구시켄 부모님, 코치, 동창들입니다. 구시켄 요코 빼고 모두가 실제인물인 셈이죠. (장내 웃음) 고등학교에 입학한 구시켄 소년의 복서 인생을 다룬 16미리 영화입니다. 이것을 야마가타 다큐멘터리 영화제에서 봤는데 정말 감동적이었습니다. 영화 제작에 대한 열정이 잘 드러나는 작품이라고 할 수 있습니다. 얼마 전 봤던 〈그리워서〉라는 나카에의 작품도 좋았습니다. 어디서 봤는지는 기억이 나지 않네요.

또 한 편은, 〈오키나와 할머니沖繩のハルモニ〉라는 작품입니다. 나카타니 데쓰오中谷哲夫의 8미리 필름입니다. 오키나와에서 우연히 만난 할머니가 어떤 말결에 자신이 옛 일본군 '위안부'였다는 사실을 들려줍니다. 이어서 미소라 히바리美空ひばり를 좋아한다든가, 미야코 하루미都はるみ를 좋아한다는 식의 일상적인 이야기로 영상이 채워집니다. 저는 1995년 NHK 교육방송으로부터 다음과 같은 의뢰를 받은 적이 있습니다. 〈영화는 곧 백세가 된다映画はもうすぐ百歳になる〉라는 제목으로 세계 영화 명장면 시리즈를 12회 분량으로 제작해 달라는 것이었죠. 마지막 회를 장 뤽 고다르와 함께 이 작품을 상영했습니다. NHK교육방송에서 이 8미리 필름을 빌려와서 30분 방송 분량 중 2분간 방영했습니다. 반향은 대단했습니다. '비국민'이라든가 '고향 소련으로 돌아가라'든가 어마어마한 양의 편지들이 제 앞으로 쏟아졌습니다. 1995년이면 소련은 이미 없어졌는데 말이죠. (장내 웃음)

또 하나는, 앞서 히가시 씨가 언급한 아사토 마리 씨의 〈독립소녀 홍련대〉입니다. 2000년 이후부터 일본에서는 여성감독들이 쏟아져 나왔습니다. 살아남은 사람은 얼마 되지 않은 것 같습니다만. 그 가운데 가장 과격하면서 흥미로운 이 작품을 간단히 소개하면, 배경은 오키나와로 보이는 일본의 옛 왕국. 아직 궁핍에서 벗어나지 못하고 있는 그곳에 액터즈 스튜디오라는 지하조직이 꾸려지고, 네 명의 소녀들을 아이돌로 만들어 도쿄로 보내기 위한 특훈을 실시합니다. 그런데 실은 이 소녀들은 일본 대신大臣을 암살하러 가기 위한 필살의 살인병기였습니다. 이 네 명의 아이돌 소녀들이 일본 내 첩보 조직에 의해 차례로 살해되어 가고, 그 와중에 한 명이 살아남아 임무를 완수해 간다는 황당한 스토리입니다. 이 작품에서 저는 다카미네 씨의 그림자를 발견했습니다. 다카미네 씨의 필름에서 인상 깊게 봤던 인터내셔널을 오키나와어로 부르면서 충격전을 벌이는 장면에서 그렇게 느꼈습니다. 마지막으로 다카미네 씨가 고른 영화 세 편을 들어 주시기 바랍니다.

다카미네 —— 히가 도요미쓰比嘉豊光라는 사진가가 미야코섬의 의식儀式을 DV로 촬영한 〈나나무이ナナムイ〉라는 작품이 있습니다. 이것은 자료적 성격이 강하지만, 아름다운 영상입니다. 그리고 제 작품인 〈오키나완 드림쇼〉. 1975년에 도쿄에서 오쿠보 겐이치大久保賢一 씨와 함께 상영회를 가졌는데 거기서 〈오키나완 드림쇼〉 3시간 버전을 지나 사다오知名定男 씨의 오키나와 시마우타 라이브와 함께 했습니다. 그런 공연은 두 번 다시 못 볼 겁니다. 오직 현장에서만 보고 들을 수 있죠.

그리고 역시 제 차기작이겠죠. (장내 웃음) 이것은 농담이 아니라, 다음 영화가 이미 제 머릿속에 다 그려져 있습니다. 남은 건, 이 머릿속에 있는 것을 끌어내어 시나리오로 만드는 것이겠죠. 〈변어로変魚路〉라는 타이틀의 작품입니다.

요모타 —— 대단히 감사합니다. 모두 세 편씩 좋아하는 영화를 들어주셨는데요, 〈쓰루헨리〉가 가장 많은 3표가 나왔습니다. 〈독립소녀 홍련대〉, 〈오키나완 드림쇼〉, 〈야망구누티다〉가 각각 2표씩 나왔습니다.

긴 시간 자리를 함께 해주셔서 대단히 감사합니다. 이것으로 제12회 일본영화 심포지엄을 모두 마치도록 하겠습니다.

1 '토토메'는 오키나와어로 선조라는 의미이며, 변하여 위패(位牌)를 가리키는 용어로 사용된다. 옮긴이 주.
2 1986년, 기타노 다케시가 자신과 교제 중이던 여성을 취재한 것에 불만을 품고 주간 지 회사 프라이데이에 난입하여 소동을 벌인 일을 말한다. 옮긴이 주.
3 '야망구누티다'는 오키나와 야에야마 방언으로 '개구쟁이의 태양'이라는 의미라고 한 다. 옮긴이 주.

이 책은 지난 2007년 '오키나와로부터 세계를 보다'라는 주제로 메이지가쿠인대학明治学院大学에서 개최된 심포지엄의 발표 원고를 수정·보완하여 한 권으로 엮은 것이다(참고로 요모타의 「아체의 친구에게 보내는 편지」와 최성욱의 글은 새로 쓴 것이다).

메이지가쿠인대학 문학부 예술학과에서는 1996년부터 매년 한 차례씩 일본영화사를 둘러싼 연구발표회와 토론회를 가져왔는데, 이번이 12회에 해당한다. 미조구치 겐지溝口健二, 요시다 요시시게吉田喜重, 와카마쓰 고지若松孝二 등의 감독에서부터 이향란李香蘭, 야마구치 모모에山口百惠 등의 여배우에 이르기까지 주로 호모소셜리티와 재일조선인, 젠더, 포스트콜로니얼 관련 문제를 다루었으며, 심포지엄 내용은 대부분 책으로 간행되었다.

오키나와는 최근 일본영화라든가 미디어가 주도하는 관광주의 시선에 나포되는 경향이 강하다. 이 책의 기획은 그러한 경향에 대항하여 오키나와를 둘러싼 '또 하나'의 보다 다원적이고 역사적인 목소리와 영상을 제시하고자 하는 데에서 출발하였다. 오키나와 영화를 주제로 심포지엄을 기획하게 된 이유에 대해서 여러 번 질문을 받았다. 그 이유는 간단하다. 영화사가라고 불리는 내가 오키나와에 대해서는 잘 알지 못했기 때문이다. 마침 재직 중이던 메이지가쿠인대학 대학원에 오미네 사와 씨가 오키나와 표상사를 다룬 석사논문을 제출했고, 나는 이 논문을 읽고 새롭게 눈을 떴다. 이번 심포지엄을 통해 오키나와에 대해서도 영화에 대해서도 많은 것을 배울 수 있었다. 이러한 탐구는 앞으로도 계속될 것이다.

심포지엄에서 오노 마사쓰구小野正嗣, 사이토 아야코斎藤綾子, 최성욱 세 분의 코멘트가 있었다. 모두 메이지가쿠인대학 문학부 소속 교수와 대학원 박사과정에 재학 중인 연구자다. 이 책에 수록된 논문은 토론자의 코멘트를 반영해 새롭게 다듬은 것이다. 토론 내용을 정리해 준 다이키 요헤이大輝洋平 씨, 간행을 흔쾌히 허락해 준 작품사作品社의 아오키 세이야青木誠也 씨께 감사의 마음을 전한다.

1920년대

1929　　〈体育行脚・沖縄の巻・八重山群島の巻〉

1930년대

1931　　〈執念の毒蛇〉製作・脚本 : 渡口政善 / 監督 : 吉野二郎

1934　　〈護佐丸誠忠録〉(連鎖劇) 監督 : 石川文一 / 製作 : 珊瑚座

1935　　〈護道院変化(黒金座主)〉(連鎖劇) 製作 : 珊瑚座

1936　　〈沖縄〉撮影 : 栗林實 / 編集 : 近藤伊與吉 / 製作 : 東京日日新聞社, 大阪毎日新聞社

1936~40　〈沖縄本島及び周辺離島の風〉(河村只雄撮影未編集フィルム) 撮影 : 河村只雄

1937　　〈オヤケアカハチ 南海の風雲児〉監督 : 重宗務, 豊田四郎 / 原作 : 南哲 / 出演 : 藤井貢 / 製作 : 東京発聲映画社

1939　　〈琉球の民芸〉企画 : 日本民芸協会 / 監修 : 柳宗悦, 式場隆三郎 / 製作 : 大日本文化映画製作所

제작년불명　〈新説・運玉義留〉監督 : 宮平雅風 / 製作 : 宮平プロ

1940년대

1940　　〈琉球の風物〉企画 : 日本民芸協会 / 監修 : 柳宗悦, 式場隆三郎 / 製作 : 大日本文化映画製作所

　　　　〈南の島 琉球〉製作 : 大阪毎日新聞社フィルムライブラリー

1942　　〈海の民 沖縄島物語〉監督 : 村田達二 / 撮影 : 藤田英次郎 / 製作 : 東亜発聲映画社

　　　　〈白い壁画〉監督 : 千葉泰樹 / 出演 : 入江たか子, 月形龍之介 / 製作 : 東宝

제작년불명, 1940년 이후

〈沖縄決戦〉製作：日本ニュース映画社

〈義烈空挺部陵〉製作：日本ニュース映画社

1945　　〈Occupation of Kin, Okinawa / 金武占領〉,〈Okinawa-The Last Battle / 沖縄 最後の戦い〉,〈Japanese Surrender on Okinawa / 日本軍人降伏, 沖縄〉,〈Aguni Invasion / 粟国島侵攻〉,〈Invasion of Okinawa / 沖縄侵攻〉,〈Mass Surrender on Okinawa / 集団投降, 沖縄〉,〈Assault on Okinawa / 沖縄への猛攻撃〉,〈Japanese Surrender to Gen. Stillwell at Okinawa / スティルウェル米国陸軍大将に降伏する日本軍〉,〈Battle of Okinawa No.3 / 沖縄戦No.3〉,〈Marine Activity on Okinawa / 沖縄における海兵隊の活動 1945年4月3日〉,〈Okinawans Back in their Homes / 沖縄人家へ帰る 1945年4月15日〉,〈The war continues in the Pacific / 太平洋の戦火はまだやまない〉,〈Mass Migration of Natives from Shimabaru to Takesu, Okinawa, Ryukyu Islands, 06 / 1945 / [下原]から高江洲へ住民の集団移動 琉球列島, 沖縄島1945年6月〉,〈Invasion of Iheya Jima, Okinawa Native Casualties, 05 / 21 / 1945 – 06 / 21 / 1945 / 伊平屋島侵攻, 沖縄民間人死傷者 1945年5月21日-6月21日〉,〈Progress in the Pacific War / 太平洋戦争の進展〉,〈Okinawa Operations, 13-15 Apr 1945 / 沖縄作戦 1945年4月13日－15日〉,〈Battle of Okinawa No. 2 / 沖縄戦 No. 2〉,〈L+1 Day, Okinawa, 2-3 Apr 1945 / 上陸2日目, 沖縄 1945年4月2日－3日〉,〈Additional Films on Shuri Line / 首里戦線の追加映像〉,〈L-Day- Advance Beyond Town of Owan, 1-6 Apr 1945 / 上陸1日目, 大湾を越えて進軍 1945年4月1日－6日〉,〈L-Day-Advance Beyond Town of Owan, 1-2 Apr 1945 / 上陸日, 読谷村大湾へ進軍 1945年4月1日－2日〉,〈Japanese are Driven Back in Okinawa Battle / 沖縄戦で後退する日本軍〉,〈Okinawan Prisoners Marching to Stockade, Nakagusuku Bay, 7-8 Apr 1945 / 収容所へ移動する沖縄人捕虜, 中城湾 1945年4月7日－8日〉,〈Entire Village on Okinawa Moved by War / 戦争による全住民の移動〉,〈Okinawa Operations・Native Village, 5-7 Apr 1945 / 沖縄作戦, 住民の村 1945年4月5日－7日〉,〈Tanks Lead Final Assault on Okinawa / 最終総攻撃を先導する戦車〉,〈Occupation of Yabushi　[Yabuchi]

Okinawa, 19 Apr 1945 / 藪地島占領 1945年4月19日〉,〈305TH Regiment, 77th Division, Taking Hill No. 85, Outskirts SW of Medeera, Okinawa, Ryukyu Island, 06/22/1945/第77師団第305連隊真栄平南西, 85高知攻略 琉球列島沖縄島 1945年6月22日〉(以上,沖縄県公文書館所蔵の沖縄戦関連フィルム)

〈太平洋・琉球作戦〉,〈沖縄征服〉,〈沖縄の第6海兵師団〉(以上,アメリカ軍公式広報映画)

〈沖縄戦記録フィルム 1フィート運動収集フィルム〉(未編集版:16ミリフィルム313本, 12万405フィート, 56時間, 所蔵:沖縄戦記録フィルム1フィート運動の会)

ドイツニュース映画〈フィルムで見る世界〈沖縄戦関係〉〉(Welt im Film),「WIF 1」,「WIF 4」,「WIF 9」,「WIF14」,「WIF 21」〉製作:連合国政府

1946 〈Final Phases of Okinawa Action, 1946 / 沖縄作戦の最終局面 1946年〉(所蔵:沖縄公文書館)〈そこに光を〉監督:ジョン・ヒューストン

1950年代

1951 〈唐手三四郎〉監督:並木鏡太郎 / 原作:石野径一郎

1952 〈野盗の群れ〉監督:伊集田実 / 製作:ときわ座

1953 〈ひめゆりの塔〉監督:今井正 / 脚本:水木洋子 / 出演:津島恵子, 岡田英次, 香川京子 / 製作:東映東京

〈残波岬の決闘〉監督:内川清一郎 / 原作:石野径一郎

〈沖縄健児隊〉監督:岩間鶴夫 / 原案:大田昌秀, 外間守善 / 出演:大木実, 石浜朗 / 製作:松竹

〈健児の塔〉監督:小杉勇 / 製作:東宝

〈琉球ニユース〉製作:CI&E(米国民政府民間情報教育部), USCAR(琉球列島米国民政府), (53年ごろから製作されるが, いつまで製作されたかは不明)

〈起ちあがる琉球〉製作:CI&E, USCAR

1954 〈武士松茂良〉(連鎖劇) 監督:山城茂 / 製作:みつわ座

〈沖縄の民〉監督: 吉川卓巳 / 原作: 石野径一郎

1955　〈この十年 第一部〉製作: CI&E, USCAR

1956　〈朝丸・夕丸〉(連鎖劇) 監督: 大宜見小太郎 / 製作: 大伸座 / 出演: 大宜見小太郎, 島正太郎

〈八月十五夜の茶屋〉監督: ダニエル・マン / 出演: グレン・フォード, マーロン・ブランド, 京マチ子 / 製作: MGM

〈沖縄の民〉監督: 吉川卓也 / 出演: 長門裕之, 安井昌二, 左幸子

1957　〈決戦・伊江島沖〉監督: 山城茂 / 製作: 高安六郎一座, 真楽座

〈敢闘〉監督: 山城茂 / 製作: 琉球スコープ社

〈伊江島ハンドー小〉監督: 山城茂 / 製作: 高安六郎一座, 真楽座

〈大動乱〉監督: 石川文一 / 製作: 新沖縄映画社

〈黒金座主〉監督: 山城茂 / 製作: 翁長一座

〈仲直り三良小〉監督: 山城茂 / 製作: 翁長一座

1958　〈山原街道〉監督: 大日方伝 / 製作・出演: 乙女劇団

1959　〈月城物語〉監督: 大日方伝 / 製作・出演: 乙女劇団

〈沖縄〉監督: 間宮則夫 / 製作: 早稲田大学八重山調査団

〈海流〉監督: 堀内真直 / 原作: 新田次郎 / 出演: 大木実, 岡田茉莉子 / 製作: 松竹

〈青い珊瑚礁〉監督: 山城茂 / 製作: 琉球放送

〈グラマ島の誘惑〉監督: 川島雄三 / 出演: 森繁久彌, フランキー堺, 宮城まり子 / 製作: 東京映画

1960年代

〈吉屋チルー物語〉監督・脚本: 金城哲夫 / 出演: 島正太郎, 清村悦子 / 製作: 沖縄映画製作所

〈太平洋戦争と姫ゆり部隊〉監督: 小森白 / 助監督: 若松孝二 / 出演: 南原宏治, 上月佐知子, 嵐寛寿郎 / 製作: 大蔵映画

1963　〈乾いた沖縄〉演出: 森口豁 / 製作: 日本テレビ

1965　〈石のうた〉演出・構成: 沼沢伊勢三 / 製作: 沖縄映画プロダクション, 野々

村晃, 北村孫盛

〈ハワイに生きる 沖縄移民65周年記念〉企画・製作・監督: 比嘉太郎

1966 〈沖縄の十八歳〉演出: 豊臣靖, 森口豁 / 製作: 日本テレビ

〈網走番外地南国の対決〉監督: 石井輝男 / 出演: 高倉健, 大原麗子 / 製作: 東映
東京

〈移民の父・当山久三伝〉監督: 山城茂 / 製作: 宮城清一

〈イザイホー〉監督: 野村岳也 / 製作: 豊見城市

1967 〈沖縄・祖国への道〉構成・脚本: 黒沢剛 / 企画: 南方同胞援護会 / 製作: 毎日
映画社

1968 〈あゝひめゆりの塔〉監督: 舛田利雄 / 出演: 吉永小百合, 浜田光男, 乙羽信子
/ 製作: 日活

〈東シナ海〉監督・脚本: 磯見忠彦 / 企画・原作: 今村昌平 / 出演: 田村正和,
内田良平 / 製作: 日活

〈ウルトラセブン〉, 〈ノンマルトの使者〉演出: 満田かずほ / 脚本: 金城哲夫
/ 製作: 円谷プロ

〈神々の深き欲望〉監督: 今村昌平 / 出演: 三國連太郎, 河原崎長一郎, 沖山秀
子 / 製作: 今村プロ

〈ある帰郷〉構成: 工藤敏樹 / 協力: 沖縄総局, 鹿児島放送部, 囚島通信部 / 製作
: NHK

1969 〈沖縄列島〉監督・脚本: 東陽一 / 製作: 東プロダクション

〈カベールの馬・イザイホー〉監督: 北村皆雄

〈沖縄の声〉企画: 日本広報センター, 南方同胞援護会 / 製作: 毎日映画社

〈沖縄の勲章〉製作: NHK

1970年代

1970 〈沖縄全軍労〉製作: NHK

〈沖縄〉(「第一部 一坪たりともわたすまい」,「第二部 怒りの島」) 監督・脚
本: 武田敦 / 出演: 佐々木愛, 地井武男, 加藤嘉 / 製作: 山本薩夫, 伊藤武郎

〈Red Man〉監督: 高嶺剛 / 出演: 宮内正美 / 製作: 高嶺プロダクション

〈沖縄の母たち〉監督：大島善助 / 製作：桜映画社

1971　〈激動の昭和史 沖縄決戦〉監督：岡本喜八 / 脚本：進藤兼人 / 出演：小林佳樹,
丹波哲郎 / 製作：東宝

〈モトシンカカランヌー 沖縄エロス外伝〉監督：布川徹郎 / 製作：NDU

〈生きる 沖縄・渡嘉敷島集団自決から25年〉監督：山谷哲夫 / 製作：無明舎

〈かたき土を破りて 沖縄'71〉演出：前田勝, 森口豁 / 製作：日本テレビ

〈毒ガスは去ったが……〉演出：森口豁 / 製作：日本テレビ

〈やさしいにっぽん人〉監督・脚本：東陽一 / 出演：河原崎長一郎, 緑魔子, 伊
丹十三 / 製作：東プロダクション

〈日本女侠伝激闘ひめゆり岬〉監督：小沢茂弘 / 脚本：笠原和夫 / 出演：藤純子,
菅原文太 / 製作：東映京都

〈博徒外人部隊〉監督：深作欣二 / 出演：鶴田浩二, 若山富三郎, 安藤昇 / 製作
：東映東京

〈それは島〉監督：間宮則夫 / 製作：製作集団「島」

1972　〈反国家宣言〉監督：山崎佑次, 川島和雄 / 構成：安田哲男 / 製作進行：馬野雅由

〈夏の妹〉監督：大島渚 / 出演：小松方正, 栗田ひろみ, リリィ, 石橋正次 / 製作
：ATG

〈船出 沖縄編〉演出：池松俊雄 / 製作：日本テレビ

〈沖縄・記憶からの出発〉演出：森口豁 / 製作：日本テレビ

〈熱い長い青春・ある沖縄の証言から〉演出：森口豁 / 製作：日本テレビ

〈あけもどろ〉監督：野村岳也

1973　〈サシングヮー〉監督：高嶺剛 / 製作：高嶺プロダクション

〈アジアはひとつ〉監督：布川徹郎 / 製作：NDU

〈野良犬〉監督：森崎東 / 製作：杉崎重美 / 出演：渡哲也, 芦田伸介, 松坂慶子,
赤木春恵 / 原作：黒澤明 / 配給：松竹

〈青幻記 遠い日の母は美しく〉監督：成島東一郎 / 原作：一色次郎

〈海南小記序説・アカマタの歌〉監督・製作：北村皆雄

〈島ちゃび結歌・沖縄八重山からの報告〉演出：森口豁 / 製作：日本テレビ

1974　〈極私的エロス 恋歌1974〉監督：原一男 / 音楽：加藤登紀子 / 製作：疾走プロ

〈みやこ〉監督：山谷哲夫 / 製作：無明舎

〈オキナワンドリームショー〉監督：高嶺剛 / 製作：高嶺プロダクション

〈ゴジラ対メカゴジラ〉監督：福田純 / 出演：大門正明, 青山一也 / 製作：東宝映画

〈世乞い・沖縄鳩間島〉演出：森口豁 / 製作：日本テレビ

| 1975 | 〈1975 OKINAWAヌ夏〉監督：富本実 助手：謝花謙 |

1975 〈1975 OKINAWAヌ夏〉監督：富本実 助手：謝花謙

1976 〈沖縄やくざ戦争〉監督：中島貞夫 / 出演：松方弘樹, 千葉真一 / 製作：東映

〈オキナワンチルダイ〉監督：高嶺剛 / 出演：カッチャン, 平良とみ, アベソー / 製作：高嶺プロダクション

〈謝花昇を呼ぶ時〉監督・製作：富本実 / 出演：大里康永, 池宮城秀意, 新川明

〈沖縄海洋博〉監督：松山善三 / ナレーター：中村メイコ, 愛川欽也 / 製作：ニュース映画製作者連盟

1977 〈復帰協闘争史〉企画：沖縄県祖国復帰協議会 / 製作：琉球放送

〈ヒッチ・ハイカー〉監督：謝花謙

〈おきなうえんせ ラテンアメリカに生きる沖縄県人〉, 'ボリビア編, 'ペルー編, 'ブラジル編, 'アルゼンチン編, 'ハワイ編 製作：琉球放送

〈死者はいつまでも若い 沖縄学童疎開船の悲劇〉構成：大島渚

1978 〈一幕一場・沖縄人類館〉演出：森口豁 / 製作：日本テレビ

〈沖縄列伝第1 島小〉監督：吉田豊 / 音楽：喜納昌吉 / ナレーター：松田優作 / 製作：照間プロダクション

〈ヤマングーヌティーダ〉監督：謝花謙 / 出演：蔵下良和, 東江清成, 金城みゆき, 平良トミ, 上原清栄

〈沖縄10年戦争〉監督：松尾昭典 / 出演：松方弘樹, 千葉真一 / 製作：東映東京

〈戦世の語部先生・沖縄教研集会から〉演出：森口豁 / 製作：日本テレビ

〈激突死〉演出：森口豁 / 製作：日本テレビ

1979 〈沖縄のハルモニ証言・従軍慰安婦〉監督：山谷哲夫 / 製作：無明舎

〈邦人歓迎いたします・コザ世替り情話〉演出：森口豁 / 製作：日本テレビ

〈ひめゆり戦史 いま問う, 国家と教育〉演出：森口豁 / 製作：日本テレビ

〈広島の戦争展 ある「在日沖縄人」の痛恨行脚〉演出：森口豁 / 製作：日本テレビ

〈さとうきびの花咲く島 沖縄この10年〉演出：森口豁 / 製作：日本テレビ

〈ワイルドウーマクオキナワン コンディショングリーン〉監督：高嶺剛 / 出
演：カッチャン, エディ, エツ / 製作：高嶺プロダクション

1980年代 ─────────────────────────────────────

1980 〈男はつらいよ 寅次郎ハイビスカスの花〉監督：山田洋次 / 出演：渥美清, 倍
賞千恵子, 朝丘ルリ子 / 製作：松竹

〈戦争を知っているか芭蕉布織る村にて〉演出：森口豁 / 製作：日本テレビ

〈空白の戦史 沖縄住民虐殺35年〉演出：森口豁 / 製作：日本テレビ

〈太陽の子 てだのふあ〉監督：浦山桐郎 / 助監督：新城卓 / 出演：原田晴美,
大空真弓, 河原崎長一郎 / 製作：太陽の子プロダクション

〈ベラウの母は見た！沖縄 水俣の8日間〉演出：森口豁 / 製作：日本テレビ

〈沖縄の無国籍児〉構成：森崎東

1982 〈ひめゆりの塔〉監督：今井正 / 出演：栗原小巻, 小手川裕子, 田中好子 / 製作
：芸苑社

〈さらば箱舟〉監督：寺山修司 / 出演：小川真由美, 原田芳雄, 山崎努 / 製作：
ATG

〈V・O・H・R 人間関係の眺め〉監督：高嶺剛 / 製作：高嶺プロダクション

〈飛鳥へそしてまだ見ぬ子へ〉監督：木下亮 / 製作：徳田虎雄 / 助監督：新城卓
/ 製作：東宝

〈島分け・沖縄 鳩間哀史〉演出：森口豁 / 製作：日本テレビ

〈島分け・沖縄 鳩間哀史II〉演出：森口豁 / 製作：日本テレビ

〈対馬丸 さようなら沖縄〉(アニメーション) 監督：小林治 / 原作：大城立裕
/ 製作：対馬丸製作委員会

〈基地と少年〉監督：野村完道

1983 〈OKINAWAN BOY オキナワの少年〉監督：新城卓 / 原作：東峰夫 / 出演：
藤川一歩, 内藤剛志 / 製作：パル企画

〈戦世の6月「沖縄の十八歳」は今〉演出：森口豁 / 製作：日本テレビ

〈女が男を守る古代の島 沖縄・久高島の一年〉製作：ビジュアルフォーク
ロア

| 1984 | 〈海燕ジョーの奇跡〉監督:藤田敏八/原作:佐木隆三/出演:時任三郎,藤谷美和子/製作:三船プロ,松竹富士 |

〈海は哭いている〉演出:森口豁/製作:日本テレビ

〈あけもどろ 沖縄鳩間島10年目の春〉演出:森口豁/製作:日本テレビ

〈海は哭いているII 新石垣空港とサンゴ礁〉演出:森口豁/製作:日本テレビ

〈メインテーマ〉監督:森田芳光/出演:薬師丸ひろ子,野村宏伸,財律和夫/製作:角川春樹事務所

〈私を探して下さい チャーリーの40年〉製作:琉球放送

| 1985 | 〈パラダイスビュー〉監督・脚本・美術:高嶺剛/出演:小林薫,戸川純,照屋林助,カッチャン,平良とみ/製作:ヒートゥバーンプロダクション |

〈生きてるうちが花なのよ 死んだらそれまでよ党宣言〉監督:森崎東/出演:倍賞美津子,原田芳雄,平田満/製作:キノシタ映画

〈友よ静かに瞑れ〉監督:崔洋一/出演:藤竜也,倍賞美津子/製作:角川春樹事務所

〈シリーズ「戦後40年」若きオキナワたちの軌跡〉演出:森口豁/製作:日本テレビ

〈ヒア・サ・サーハイ・ヤ!〉監督:オルガ・フテンマ/製作:モンテヴィデオ&タピリ・シネマトグラフィカ

〈戦場の童〉監督:橘祐典/製作:「戦場の童」製作委員会

| 1986 | 〈南へ走れ海の道を〉監督:和泉聖治/出演:岩城滉一/製作:松竹富士,東北新社 |

〈海は哭いているIII サンゴの危機と市長選〉演出:森口豁/製作:日本テレビ

〈沖縄戦・未来への証言〉監督:愛川直人/原作:嶋津与志/製作:沖縄戦記録フィルム1フィート運動の会

〈パナリにて〉監督:中江裕司

| 1987 | 〈ゆんたんざ沖縄〉監督:西谷正啓/出演:知花昌一/製作:シグロ |

〈沖縄15年目の夏 基地の村の若獅子たち〉演出:森口豁/製作:日本テレビ

〈涙で書いたラブレター 沖縄・恋の交差点〉構成:寺園慎一/製作:NHK

1988	〈密約 外務省機密漏洩事件〉監督：千野皓司, 助監督：新城卓 / 原作：澤地久枝
	〈裏切りの記憶〉製作：琉球朝日放送
	〈遅すぎた聖断 検証・沖縄戦への道〉製作：琉球放送
	〈マリリンに逢いたい〉監督：すずきじゅんいち / 出演：安田成美, 加藤昌也, 三浦友和 / 製作：東北新社, 第一企画, 松竹富士
	〈沖縄 日本の中の植民地〉製作：ドイツテレビ
	〈真夜中の河〉監督・脚本：南雲祐介 / 製作：根間則失 / 出演：井田弘樹, 笹野高史, 室田日出男
	〈はれ日和〉監督：當間早志
1989	〈Aサインデイズ〉監督：崔洋一 / 出演：中川安奈, 石橋凌 / 製作：大映
	〈ウンタマギルー〉監督・脚本：高嶺剛 / 出演：小林薫, 戸川純, 照屋林助, ジョン・セイルズ, 平良進 / 製作：パルコ
	〈昭和が終わった日 精神風景オキナワ〉演出：森口豁 / 製作：日本テレビ
	〈ウルトラマンを作った男たち 月の林に星の舟〉出演：山口良一 / 原作：実相寺昭雄 / 脚本：佐々木守 / 製作：TBS
	〈かんからさんしん〉(アニメーション) 監督：小林治 / 原作・脚本：嶋津与志 / 音楽：海勢頭豊
	〈うしろの正面〉監督：具志堅剛

1990年代

1990	〈老人と海〉監督：ジャン・ユンカーマン / 製作：シグロ
	〈3-4X10月〉監督：北野武 / 出演：小野昌彦, 石田ゆり子 / 製作：松竹
	〈遥かなる甲子園〉監督：大澤豊 / 出演：三浦友和, 田中美佐子 / 製作：大映, 双葉社
	〈死の棘〉監督：小栗康平 / 製作：奥山融, 荒木正也 / 原作：島尾敏雄 / 出演：松坂慶子, 岸部一徳, 平田満
	〈白旗の少女〉製作：関西テレビ放送
	〈撮影者〉監督：具志堅剛
1991	〈迎撃 BURNING DOG〉監督：崔洋一 / 出演：又野誠治, 熊谷真実, 内藤剛志

／製作：東映

〈うみ・そら・さんごのいいつたえ〉監督：椎名誠／出演：余貴美子, 仲本昌司／製作：ホネフィルム

〈アリランのうた 沖縄からの証言〉監督, 製作：朴寿南／製作：アリランのうた製作委員会

〈ぼくらの七日間戦争2〉監督：山崎博子／製作：角川春樹, 奥山和由／原作：宗田理／出演：具志堅ティナ, 渋谷琴野

| 1992 | 〈たたかう兎〉監督, 撮影, 編集：具志堅剛 |

〈パイナップルツアーズ〉監督：真喜屋力, 中江裕司, 當間早志／出演：兼島麗子, 新良幸人, 富田めぐみ／製作：スコブル工房, パナリ・ピクチャーズ, 琉映・沖縄

〈私が愛したウルトラセブン〉作：市川森一／出演：佐野史郎／製作：NHK

〈無言の丘〉監督：王童／出演：澎恰恰, 黄品源／製作：中央電映公司

〈石にサシングヮー〉監督：高嶺剛／製作：高嶺プロダクション

| 1993 | 〈やちむん'93 LIVE in OFT Opening Movie〉監督：當間早志／製作：Shige & Hayashi |

〈ソナチネ〉監督：北野武／出演：ビートたけし, 勝村政信, 大杉蓮／製作：バンダイビジュアル, 松竹第一興行

〈沖縄の人たちは日本軍に殺された うつろな目の少女は私だ〉製作：神戸サンテレビ

〈ボディーガード牙2 修羅の黙示録〉監督：三宅崇／製作：末吉博彦, 真樹日佐夫／原作：梶原一騎／出演：大和武士, 菊池孝典

〈命どぅ宝 沖縄からのメッセージ〉製作：関西共同印刷

〈新極道の妻たち 覚悟しいや〉監督：山下耕作／原作：家田荘子／歌唱指導：知名定男／出演：岩下志麻, かたせ梨乃, 北大路欣也／製作：東映

〈NHK大河ドラマ 琉球の風〉演出：吉村芳之, 榎戸崇泰／脚本：山田信夫, 水谷龍二／原作：陳舜臣／出演：東山紀之, 渡部篤郎, 萩原健一, 小柳ルミ子／製作：NHKエンタープライズ

| 1994 | 〈やちむん「北前ソング」〉監督：當間早志／製作：Shige & Hayashi |

〈パイパティローマ〉監督：中江裕司／出演：今野登茂子, 津波信一／製作：

WOWOW, ソニーミュージック

〈ティンク・ティンク〉監督：照屋林賢 / 出演：りんけんバンド / 製作：ソ
ニーミュージック・エンターテイメント

〈ASOP シュー・リー・チェンの場合〉監督：高嶺剛 / 製作：高嶺プロダク
ション

〈もしもしちょいと林昌さん, わたしゃあなたにホーレン草 嘉手苅林昌唱
と語り〉監督：高嶺剛 / 企画原案：仲里効 / 製作：セスコジャパン

〈NNNドキュメント'94 沖縄住民スパイ虐殺事件〉製作：読売テレビ

1995 　〈戦後50年企画 今君に残す言葉〉製作：テレビ朝日

〈ひめゆりの塔〉監督：神山征二郎 / 出演：沢口靖子, 後藤久美子, 中江有里 /
製作：東宝

〈1フィート映像でつづるドキュメント沖縄戦〉監督：柴田昌平 / 製作：沖縄
戦記録フィルム1フィート運動の会

〈ETV特集 沖縄戦世の記録〉製作：NHK / 出演：沖縄戦記録フィルム1
フィート運動の会〈教師たちの沖縄戦 ドキュメンタリー〉製作：NHK

〈光の島〉監督：大重潤一郎

〈さよならニッポン！〉監督：堤幸彦 / 出演：緒形拳, 藤真利子 / 製作：シネカ
ノン, ギャガ

1996 　〈GAMA 月桃の花〉監督：大澤豊 / 脚本：嶋津与志 / 音楽：海勢頭豊 / 出演
：朝霞舞, 沖田浩之, 川平慈英 / 製作：ジー・ジー・エス

〈レベル5〉監督：クリス・マルケル / 製作：アルゴス・フィルム, レ・フィ
ルム・ド・ラストロフォル

〈私的撮夢幻琉球 J・M〉監督：高嶺剛 / 出演：ジョナス・メカス / 製作：高嶺
プロダクション

〈風の島〉監督：大重潤一郎

1997 　〈沖縄 戦場の記録〉製作：NHK

〈秘祭〉監督：新城卓 / 原作・脚本：石原慎太郎 / 出演：田村高廣, 賠償美津子
 / 製作：新城卓事務所

〈As Okinawa Goes, So Goes Japan 秘密文書が明かす沖縄返還〉製作：琉球
朝日放送

〈「51年目の証言」日本軍邦人幼児虐待事件〉製作：琉球朝日放送

〈愛する〉監督：熊井啓 / 原作：遠藤周作 / 出演：渡部篤郎, 酒井美紀, 宍戸錠 / 製作：日活

〈モスラ2 南海の大決戦〉監督：三好邦夫 / 出演：小林恵, 山口沙弥加 / 製作：東宝

〈他策ナカリシヲ信ゼムト欲ス そして核の密約は交わされた〉製作：琉球放送

〈人間の住んでいる島〉監督：橘祐典 / 製作：シネマ沖縄

1998　〈BEAT〉監督・脚本：宮本亜門 / 出演：内田有紀, 真木蔵人 / 製作：PeacH

〈教えられなかった戦争・沖縄編 阿波根昌鴻・伊江島のたたかい〉監督：高岩仁 / 製作：映像文化協会

〈風の歌か聴きたい〉監督：大林宣彦 / 出演：天宮良, 中江有里 / 製作：ピー・エス・シー

〈恋はあせらず〉演出：若松節朗, 西谷弘 / 出演：織田裕二, 香取慎吾, 鈴木杏樹, 藤竜也 / 脚本：田辺満, 高山直也 / 製作：フジテレビ, 共同テレビ

〈カメジロー沖縄の青春〉監督：橘祐典, 鳥田耕, 謝名元慶福 / 出演：津嘉山正種, 照屋京子 / 製作：シネマ沖縄

〈堂々日本史 琉球王国 アジア雄飛の秘密〉製作：NHK

〈尖閣諸島ゆれる国境の島々〉製作：琉球朝日放送

〈生きない〉監督：清水治 / 出演：ダンカン, 大河内奈々子 / 製作：オフィス北野, TBS, 日本ヘラルド映画

〈夢幻琉球つるヘンリー〉監督：高嶺剛 / 脚本：高嶺剛, 仲里効 / 出演：大城美佐子, 宮城勝馬, 當間美恵蔵, 親泊仲真 / 製作：高嶺プロダクション, 市民プロデューサーズシステム

〈となりの隣人〉監督：具志堅剛

〈語り継ぐもの それぞれの沖縄戦〉製作：琉球放送

1999　〈MABUI〉監督：松本泰生 / 出演：笠原秀幸, 新田亮, 江川有未 / 製作：ジー・ジー・エス

〈ナビィの恋〉監督：中江裕司 / 出演：西田尚美, 平良とみ / 製作：イエス・ビジョンズ, オフィス・シロウズ

〈借王(シャッキング)THE MOVIE沖縄大作戦〉監督: 和泉聖治 / 出演: 哀川
翔, 南野陽子 / 製作: 日活

〈青い魚〉監督: 中川陽介 / 出演: 大内まり, 平敷慶吾 / 製作: 東風創作社

〈故郷 ふるさと〉監督: 向井寛 / 出演: 淡島千景, 津島恵子 / 製作: 東映

〈きみのためにできること〉監督: 篠原哲雄 / 出演: 柏原崇, 川井郁子 / 製作
: 日活

〈豚の報い〉監督: 崔洋一 / 原作: 又吉栄喜 / 出演: 小澤征悦, あめくみちこ,
早坂好恵 / 製作: ビターズ・エンド, サンセットシネマワークス

〈孔雀〉監督: クリストファー・ドイル / 出演: 浅野忠信 / 製作: ザナドゥー

〈金田一少年の事件簿2 殺戮のディープブルー〉監督: 西尾大介 / 製作: 東映

〈デッドライン 島唄よ響け, 男達の魂に〉監督: 新里猛作 / 製作: ENKプロ
モーション

〈ドリームメーカー〉監督: 菅原浩志 / 出演: 辺土名一茶, 上原多香子 / 製作
: ライジングプロダクション

〈「あの日を忘れたくて」沖縄 宮森小学校ジェット機墜落事故 その後40年〉
製作: 琉球朝日放送

〈ドルチェ優しく〉監督: アレクサンドル・ソクーロフ / 製作: 小暮優治 /
出演: 島尾ミホ, 島尾マヤ

2000年代

2000 〈釣りバカ日誌イレブン〉監督: 本木克英 / 出演: 西田敏行, 三國連太郎, 浅田
美代子 / 製作: 松竹

〈ケイゾク〉監督: 堤幸彦 / 出演: 中谷美紀, 渡部篤郎 / 製作: TBS, 角川書店,
キングレコード

〈漂流街〉監督: 三宅崇 / 出演: 吉川晃司 / 製作: 大映

〈恋戦。OKINAWA Rendez-vous〉監督: ゴードン・チャン / 出演者: レス
リー・チャン, フェイ・ウォン, 加藤雅也 / 製作: 東光徳間, ツイン

〈原郷ニライカナイへ 比嘉康雄の魂〉監督: 大重潤一郎

〈日本映像の20世紀 沖縄県〉製作: NHK

〈「天使が架ける橋」脳性マヒの息子と母の物語〉製作：琉球朝日放送

〈聾唖者達の沖縄戦〉演出・製作：千々岩恵子／出演：安里博明, 新垣健勇, 新垣良子

〈CHI〉監督：高嶺娜／製作：高嶺プロダクション

2001 〈忍者2000ミレニアム〉監督：川端匠志

〈ちゅらさん〉脚本：岡田惠和／演出：榎戸崇泰, 遠藤理史ほか／出演：国仲涼子, 境正章, 田中好子, 平良とみ／製作：NHK総合

〈真夏のメリークリスマス〉演出：生野滋朗, 今井夏木, 内田誠／プロデュース：植田博樹, 伊與田英徳／脚本：清水東ほか／出演：竹野内豊, 中谷美紀／製作：TBS

〈Call〉監督：宮平貴子

〈とぶこつ〉監督：小松橋人

〈Wonder Frog〉監督：又吉浩

〈リリイ・シュシュのすべて〉監督：岩井俊二／出演：市原隼人, 蒼井優人／製作：Rockwell Eyes

〈おぎゃあ〉監督・脚本：光石冨士朗／製作：中島仁, 広田隆幸／出演：岡本綾, 余貴美子／製作：ジーピー・ミュージアム, アースドリームカンパニー

〈語る死者の水筒〉製作：琉球朝日放送

2002 〈夏休みの実験〉監督：又吉浩

〈ホテル・ハイビスカス〉監督：中江裕司／出演：蔵下穂波, 余貴美子／製作：オフィスシロウズ

〈あじまぁのウタ〉監督：青山真治／プロデューサー：仙頭武則／出演：上原知子, 照屋林賢, りんけんバンド／配給：レントラックジャパン・ランブルフィッシュ・パンドラ

〈月のあかり〉監督：倉持健一／製作：馬上伸一／出演：椎名へきる, 加藤登紀子／製作：ギャガ・コミュニケーションズ

〈忘れてはイケナイ物語り オキナワ〉監督：御法川修／原作：野坂昭如／音楽：喜納昌吉／製作：ディーケイツー

〈告発 外務省機密漏洩事件から30年, 今語られる真實〉製作：琉球朝日放送

〈マブイの旅〉監督：出馬康成／出演：山田辰夫／製作：ワイクリエイティブ

〈沖縄んじ生まりてぃ 差別の連鎖を越えて〉製作：沖縄テレビ

〈「存在と証明」埋もれゆく朝鮮人軍夫の記憶〉

〈GUN CRAZY 復讐の荒野〉監督：室賀厚 / 製作総指揮：奥山和由 / 出演：米倉
涼子

2003 　〈琉球アンダーグラウンド「花 すべての人の心に花を」〉監督：具志堅剛

〈夢幻琉球 オキナワの島唄・パリの空に響く〉監督：高嶺剛 / 出演：大城美佐
子, 親泊仲真 / 製作：NHKエデュケーショナル

〈ちゅらさん2〉(全6回) 演出：大友啓史ほか / 脚本：岡田恵和 / 出演：国仲涼子,
境正章, 田中好子, 平良とみ / 製作：NHK総合

〈ちゅらさん3〉(全5回) 演出：大友啓史ほか / 脚本：岡田恵和 / 出演：国仲涼子,
境正章, 田中好子, 平良とみ / 製作：NHK総合

〈Dr.コトー診療所〉企画：杉尾敦弘 / 原作：山田貴敏 / 脚本：吉田紀子 / 出演
：吉岡秀隆, 柴崎コウ, 時任三郎 / 製作：フジテレビ(2004年, 2006年, 特別版
放映)

〈白百合クラブ東京へ行く〉監督：中江裕司 / プロデュース：新井真理子, 中
村芙美子

〈島クトゥバで語る戦世〉(全6部) 監督：比嘉豊光, 村山友江 / 製作：琉球弧を
記録する会

〈ナナムイ〉, ‘第一章 神歌編’, ‘第二章 ユークイ編’, ‘第三章 ウチャナク六月
ニガイヒューイミャーワズク’, ‘第四章 シーヌクバウ’ 監督：比嘉豊光 / 製
作：琉球弧を記録する会

〈NOEL〉監督：梨木友徳 / 出演：TAKA / 製作：ギャガコミュニケーショ
ンズ

〈ROUTE 58〉監督：倉持健一 / 出演：RUN&GUN / 製作：ギャガコミュニ
ケーションズ

〈ROUTE ver. zero〉監督：倉持健一 / 出演：黒田倫弘, 岡元夕紀子 / 配給：
DeepSea レックス

〈八月のかりゆし〉監督：高橋厳 / 出演：松田竜平 / 製作：ギャガコミュニ
ケーションズ

〈SUMMER NUDE〉監督：飯塚健 / 出演：野波麻帆 / 配給：アルゴ・ピク

チャーズ

〈ジュゴンの海〉製作：マブイ・シネスコープ

〈Departure〉監督：中川陽介／出演：大塚朝之, 平敷慶吾／製作：大風

〈渚のドラゴン〉監督：亀島誠

〈友の礎 白梅学徒の沖縄戦〉脚本・監督：林雅行／製作：クリエイティブ21

〈カメラになった男 写真家 中平卓馬〉(2006年公開) 監督・制作：小原真史

〈Wanakio ドキュメンタリー映像〉製作：前島アートセンター

〈よみがえる人類館〉製作：沖縄テレビ放送

「金城哲夫西へ！沖縄の流星が生んだウルトラ伝説〉企画：株式会社ウル
ティマスター／製作：エキスプレス, インフォディアエムケイ, 琉球放送

〈「メディアの敗北」沖縄返還をめぐる密約と12日間の闘い〉製作：琉球朝
日放送

2004 　〈Okinawa ツーリスト〉監督：山城知佳子

〈風音〉監督：東陽一／原作・脚本：目取真俊／出演：上原宗男, 加藤治子, つみ
きみほ／製作：シグロ

〈星砂の島 私の島 アイランド・ドリーミン〉監督：喜多一郎／出演：大多月乃
／製作：オフィスキタビー・ウイング

〈深呼吸の必要〉監督：篠原哲雄／企画：小滝祥平, 岡田恵和／出演：香里奈,
谷原章介, 成宮寛貴／製作：松竹, 日本ヘラルド映画

〈瑠璃の島〉演出：猪股隆一, 池田健司, 国本雅広／脚本：森下佳子, 寺田敏雄ほ
か／原作：森口豁／出演：成海璃子, 竹野内豊, 倍賞美津子, 緒形拳／製作：
日本テレビ

〈独立少女紅蓮隊〉監督：安里麻里／監修：塩田明彦／製作：ユーロスペース

〈きわめてよい風景〉監督：ホンマタカシ／出演：中平卓馬／配給：リトルモ
ア, スローラーナー

〈真昼の星空〉監督：中川陽介／出演：鈴木京香, 王力宏／配給：ホリプロ, ス
ローラーナー

〈エレニの旅〉監督：テオ・アンゲロプロス／出演：アレクサンドラ・アイ
ディニ, ニコス・プルサニディス, ヨルゴス・アルメニス／配給：フラン
ス映画社

〈悲しいほど海は青く 沖縄戦最後の県知事 島田叡〉製作:沖縄テレビ放送

〈蘇れ サンゴの海よ〉製作:琉球朝日放送

〈礎 平和への祈りを込めて〉製作:琉球朝日放送

2005 〈ETV特集「島クトゥバで語る戦世」〉出演:比嘉豊光, 村山友江, 西谷修 / 製作:NHK

〈ニライカナイからの手紙〉監督:能澤尚人 / 出演:蒼井優

〈チェンバレンの厨子甕〉監督:港千尋 / 監修・制作:佐々木成明

〈沖縄・文化のゴーヤーチャンプルー エレクトリック三線〉監督:ロイク・ストラーニ

〈バックミラーの風景〉監督:ロイク・ストラーニ

〈図書日和〉監督:座宜味正一郎

〈もの〉監督:チームなっちゃん

〈LIVE〉監督:新垣茜

〈生きる〉監督:友寄慎一郎

〈与那国カウボーイズ〉監督:島洋一

〈憑きもの〉監督:新垣映画組合

〈父の生きる道〉監督:徳田津奈子

〈ジュンシガタ〉監督:one after another

〈イツカ波ノ彼方ニ〉監督:丹野雅仁 / 出演:平岡裕太, 加藤ローサ / 製作:日本出版販売, エキスプレス

〈真昼の花〉監督:秋原正俊 / 原作:角田光代 / 出演:森下千里, 小林桂, 黒田アーサー / 製作:KAERU CAFE

〈カッチャン 還暦越えのロックンローラー〉製作:琉球放送

〈名護市大浦湾 歩くサンゴ〉製作:琉球朝日放送

〈記憶の扉 対馬丸の悲劇 60年目の真実〉製作:琉球朝日放送

〈検証 動かぬ基地 沖国大ヘリ墜落事故から1ヵ月〉製作:琉球朝日放送

〈マンゴと黒砂糖 今年もふるさとに帰る南洋群島帰還者たち〉監督:鯨エマ / 製作:海千山千

2006 〈島ノ唄〉監督:伊藤憲 / 出演:吉増剛造 / 製作:島ノ唄製作委員会 / 配給:島ノ唄配給委員会

〈涙そうそう〉監督：土井裕泰 / 出演：妻夫木聡, 長澤まさみ / 製作：涙そうそう製作委員会

〈チェケラッチョ！！〉監督：宮本理江子 / 原作・脚本：秦建日子 / 出演：市原隼人, 井上真央, 平岡裕太 / 製作：東宝

〈ナミィと唄えば〉監督：本橋成一 / 企画・原作：姜信子 / 製作：纐纈あや / 宣伝・配給：サスナフィルム ポレポレ東中野 / 製作：ポレポレタイムス社

〈ゴーヤーちゃんぷるー〉監督：松島哲也 / 企画：森田健作 / 出演：森田健作, 多部未華子, 風吹ジュン, 大城美佐子 / 製作：アウル21

〈久高オデッセイ〉監督：大重潤一郎 / 製作：オフィスTEN

〈コンディションデルタ・オキナワ〉監督：チュン・リー(仲里効)

〈えんどうの花〉監督：本永良夫 / 脚本：内間常喜, 本永良夫 / 出演：池田卓 / 製作：シネマ沖縄, 全農映沖縄, プロジェクトチーム

〈忘却の楽園〉監督：岸本司 / 出演：結城貴史, 夏生ゆうな / 製作：MOVING PICTURES JAPAN

〈戦争を笑え 命ぬ御祝事さびら！ 沖縄・伝説の芸人ブーテン〉製作：沖縄テレビ放送

〈沖縄 よみがえる戦場 読谷村民2500人が語る地上戦〉製作：NHK沖縄放送局

〈海にすわる 沖縄・辺野古 反基地600日の闘い〉製作：琉球朝日放送

〈カメさんの背中〉製作：沖縄テレビ放送

〈お笑い米軍基地〉製作：琉球放送

〈Marines Go Home 辺野古・梅香里・矢臼別〉監督：藤本幸久 / 製作：森の映画社 / 企画：北海道アジア・アフリカ・ラテンアメリカ連帯委員会

〈探偵事務所5 Another Story File7 マクガフィン〉監督：當間早志 / 企画・原作：林海象 / 出演：藤木勇人, 河口依子, 津波信一

2007　〈石の声〉総合指揮：金城満

〈サバイバルビーチ〉監督・脚本：山田広野 / 企画・制作：松井建始 / 出演：ホリケン, 西島未知, 黄金咲ちひろ

〈Okinawa Shimauta Queen 大城美佐子・唄語れぇ〉監督：高嶺剛 / 出演：大城美佐子, 堀内加奈子 / 製作：高嶺プロダクション, インディ・ネット

ワーク

〈恋しくて〉監督・脚本:中江裕司/原案, 主題歌:BIGIN/出演:宜保秀明,
山入端佳美, 東里翔斗, 与世山澄子

〈ちゅらさん4〉(全2回) 演出:菅康弘/脚本:岡田恵和/出演:国仲涼子, 境正章,
田中好子, 平良とみ/製作:NHK総合

〈アコークロー〉監督・脚本:岸本司/出演:田丸麻紀, 忍城修吾/製作:彩プロ

〈ひめゆり〉監督:柴田昌平/出演:宮城喜久子, 本村つる/製作:プロダク
ション・エイシア

〈琉球カウボーイズよろしくゴザイマス〉監督・脚本:大城直也, 當間早志,
福永周平/製作:琉球カウボーイフィルムズ

〈サウスバウンド〉監督・脚本:森田芳光/原作:奥田英朗/出演:豊川悦司,
天海結希/配給:角川映画

〈complex vol.1〉監督:山城知佳子

〈WHY OKINAWA?〉監督・制作:絹枝・大城・エイブリー, ロバート・エ
イブリー

〈サルサとチャンプルー〉監督・制作:波多野哲朗

참고문헌

〈2003山形国際ドキュメンタリー映画祭 沖縄特集〈琉球電影列伝〉〉(山形
国際ドキュメンタリー映画祭実行委員会, 2003)

〈アンヤタサ! 沖縄・戦後の映画1945−1955〉(山里将人, ニライ社, 2001)

「沖縄関係映像資料の現状と課題沖縄映像史の試み」(玉城明彦, 沖縄県公文
書館研究紀要創刊号, 1998)

「沖縄県公文書館における沖縄関係映像資料集」(仲地洋, 沖縄県公文書館研
究紀要第2号, 2000)

작성:大嶺沙和

감수:仲里効

　오키나와는 일본인가? 다소 직설적으로 들릴지 모르지만 오키나와는 일본이 아니다. 한중일 삼국과 무역을 하고 독자적인 언어와 문화를 영위하던 '류큐琉球'라고 하는 독립국이었다. 그러던 것이 1879년 이른바 '류큐처분琉球処分'으로 일본의 한 현県으로 강제 편입되어 일본 제국의 억압과 차별을 감내해야 했고, 아시아·태평양전쟁 말기에는 일본 유일의 지상전이라고 일컬어지는 오키나와 전투沖縄戦를 겪어야 했다. 이 오키나와 전투는 군의 희생보다 민간인의 희생이 더 컸던 전쟁, 우군이어야 할 일본군이 적군이 되고, 미군이 우군이 되는 모순으로 점철된 전쟁, 천황을 위해 옥처럼 깨끗하게 산화하라는 '옥쇄玉砕' 즉 자결하라는 명령을 받고 아버지가 자식을, 남편이 아내를 낫으로 목을 치고, 면도칼로 경동맥을 끊어 죽음에 이르게 한 '집단자결集団自決'(강제 집단사)의 비극을 잉태한 전쟁으로 기억되고 있다. 오키나와는 그 후로도 오랜 기간 미 점령기라는 굴레에 갇혀 있다가 1972년 일본 본토로 '복귀復帰'되어 오늘에 이르고 있다. 무려 27년간이나 지속되었던 미군의 폭력적 점령이 막을 내리게 된 데에는 미·일 간의 정치적 노림수가 크게 작용했지만, 그 외에도 오랜 세월 길들여져 익숙한 언어와 문화를 가진 '조국'으로 돌아가고 싶다는 오키나와 내부의 간절한 목소리도 실려 있었다. 그 간절함 안에는 '평화헌법'이 존재하는 일본으로 돌아감으로써 두 번 다시 비극적인 전쟁에 휘말리고 싶지 않다는 오키나와인들의 강한 열망이 담겨져 있다.

지금 우리가 살아가는 동시대로 시선을 옮겨보자. 오키나와라고 하면 어떤 이미지가 떠오를까? 아마도 두 가지 전혀 다른 표상을 떠올릴 것이다. 어떤 이는 에메랄드 빛 바다가 펼쳐진 이국적 풍경의 '관광의 섬'으로, 또 어떤 이는 일본 전국토의 0.6퍼센트에 지나지 않는 땅에 일본 내 미군기지의 75퍼센트 이상이 집중되어 있는 '기지의 섬'으로 말이다. 이것은 바꿔 말하면, 오키나와가 단순히 일본 본토와의 관계성 안에서만 논의될 수 없음을 시사할 것이다. 또한, 오키나와를 다루고 있는 많은 영화들이 내·외부의 시선이 복잡하게 교차하고, 복합적이고 혼종적일 수밖에 없는 이유이기도 하다.

　　이 책은 요모타 이누히코四方田犬彦·오미네 사와大嶺沙和 편저의 『오키나와 영화론沖縄映画論』(作品社, 2009)을 완역한 것이다. 지금으로부터 10여 년 전에 간행되었지만 오키나와 영화를 한 자리에서 논의한 저술은 아마도 이 책 이후로 없는 것으로 알고 있다. 이마이 다다시今井正, 나카에 유지中江裕司, 모리사키 아즈마森崎東, 후카사쿠 긴지深作欣二, 후지타 도시야藤田敏八 등 일본 본토에 잘 알려진 감독에서부터 오키나와 출신 다카미네 쓰요시高嶺剛 감독에 이르기까지 오키나와 영화사를 총망라하고 있는 점이 이 책을 읽는 가장 큰 즐거움이자 묘미라고 하겠다. 또한, 부록으로 실은 오키나와 영화 관련 리스트는 오키나와 영화 전반을 이해하는 데 도움이 되는 귀중한 자료다. 저자 후기에도 언급하고 있듯, 요모타 이누히코, 나카자토 이사오仲里効, 신조 이쿠오新城郁夫, 오미네 사와, 최성욱崔盛旭, 고시카와 요시아키越川芳明의 논의는 우리로 하여금 오키나와 영화사를 광의의 지리적 환경 안에서 재검토해야 할 필요성을 제기한다.

아울러 오키나와 영화에 대해 사유함으로써 지금까지 자명하게 여겼던 일본 영화사에 균열을 내고 동아시아의 영화사를 새롭게 조망하는 데에도 부족함이 없을 것이다.

이 책이 간행될 무렵은 일본 영화계에서 오키나와 붐이 일고 있던 때다. 오키나와 영화와 나의 첫 만남도 바로 이 무렵이었다. 당시에는 실감하지 못했지만 지금 생각해 보면 나 역시 오키나와 붐 한가운데에서 있었던 것이다. 아마도 2009년 서울 상암동 소재의 한 소규모 극장에서였던 것으로 기억한다. '영화의 섬, 오키나와'라는 주제로 일본국제교류기금JAPAN FOUNDATION 서울문화센터와 한국영상자료원이 공동으로 주최하는 오키나와 영화 특별전이 개최되었는데, 이 자리에서 쉽게 접하기 어려운 오키나와 영화가 무려 18편이나 상영되었다. 이마무라 쇼헤이의 〈신들의 깊은 욕망神々の深き欲望〉을 비롯해 후지타 도시야의 〈바다제비 조의 기적海燕ジョーの奇跡〉, 후카사쿠 긴지의 〈박도 외인부대博徒外人部隊〉, 오시마 나기사의 〈그 여름날의 누이夏の妹〉 등 이 책에서 중요하게 다루고 있는 영화들도 다수 포함되어 있었다. 이 기획전은 영화 상영에 그치지 않고 '오키나와 영화, 오키나와 아이덴티티 : 영화, 지역 & 역사 연구와의 조우'라는 주제의 국제심포지엄도 마련하여 그동안 잘 알지 못했던 오키나와와 오키나와 영화에 대한 이해의 깊이를 더해주었다. 그로부터 10여 년을 훌쩍 넘긴 지금의 나는, 오키나와 문학을 번역하고 연구하는 일에 매력을 느끼며 오키나와라는 지역과 매우 특별하고 각별한 인연을 이어 오고 있다. 이번 번역 작업을 통해 오키나와 영화에 대한 이해의 폭을 넓히고, 문학 장르와는 또 다른 묘미의

소리와 영상으로 표현된 색다른 오키나와를 접할 수 있었던 건 나로서는 큰 행운이었다. 무엇보다 오키나와 영화와 처음 만나게 해준 일본 국제교류기금의 지원으로 오키나와 영화론의 대표 저작을 번역할 수 있게 된 것도 감회가 새롭다. 오키나와를 소개하는 일에 언제나 큰 힘을 실어주는 소명출판에도 이 자리를 빌려 심심한 감사의 말을 전한다.

모쪼록 이 책을 계기로 동아시아라는 창 너머로 오키나와 영화와 보다 가깝게 교감하고 보다 많은 대화를 나눌 수 있기를 기대한다.

2021년을 열며

손지연 씀

필자 소개

오미네 사와 大嶺沙和

메이지가쿠인대학(明治学院大学) 대학원 예술학과 석사. UPLINK FACTORY 근무. 오키나와표상론 전공. 논문으로 「트와일라잇 존 매너(トワイライトゾーン・マナ)」(明治学院大学, 『言語文化』24号, 2007)가 있다.

요모타 이누히코 四方田犬彦

전 메이지가쿠인대학(明治学院大学) 교수. 전공은 영화사, 비교문화. 주요 저서에 『팔레스티나는 지금(パレスチ・ナウ)』, 『선생과 나(先生とわたし)』, 『일본영화와 현대 신화(日本映画と現代の神話)』, 편저에 『영화감독 미조구치 겐지(映画監督溝口健二)』 등이 있다.

고시카와 요시아키 越川芳明

메이지대학(明治大学) 교수. 미국문화를 강의하고 있으며, 멕시코, 미국 국경의 소리와 역사를 찾아 필드워크 진행. 저서로는 『미국의 저편－핀천 이후의 현대 미국 문학(アメリカの彼方へ ピンチョン以降の現代アメリカ文学)』, 『고추를 찾아 떠나는 작은 여행－보더 문화론(トウガラシのちいさな旅 ボーダー文化論)』, 『벽 저편의 천사들－보더 영화론(壁の向こうの天使たち ボーダー映画論)』 등이 있다.

신조 이쿠오 新城郁夫

류큐대학(琉球大学) 교수. 일본근대문학 및 류큐근현대문학 전공. 저서에 『오키나와문학이라는 전략－갈등하는 언어・신체・기억(沖縄文学という企て 葛藤する言語・身体・記憶)』, 『오키나와를 듣다(沖縄を聞く)』, 『오키나와와 상처라는 회로(沖縄の傷という回路)』, 『오키나와로 연결되다－사상과 운동이 만나는 곳(沖縄に連なる 思想と運動が出会うところ)』 등이 있다.

다카미네 쓰요시 高嶺剛

영화감독. 세이안조케이대학(成安造形大学)과 비주얼아트전문학교오사카(ビジュアルアーツ専門学校大阪)에서 강의. 일관되게 고향 오키나와를 주제로 한 작품 제작. 주요 작품으로는 〈오키나와 드림쇼〉(1974), 〈파라다이스 뷰〉(1985), 〈운타마기루〉(1989), 〈몽환류큐 쓰루헨리〉(1999) 등이 있다.

최성욱 崔盛旭

메이지가쿠인대학 대학원 예술학과에서 이마이 다다시를 주제로 박사학위 취득.『국문학(國文學)』,『유리카(ユリイカ)』등에 한국영화 관련 글 다수 게재. 공저에『사상독본⑨ 아시아 영화(思想読本⑨ アジア映画)』등이 있다.

나카자토 이사오 仲里効

오키나와 잡지『엣지(エッジ)』편집장 역임. 다카미네 쓰요시의 〈몽환류큐 쓰루헨리〉 각본 공동 집필. 야마가타 국제 다큐멘터리 영화제에서 '오키나와 특집 류큐전영열전' 기획. 저서로는『라운드 보더(ラウンド・ボーダ)』,『오키나와, 이미지 주변(엣지)(オキナワ, イメージの緣(エッジ))』,『유격과 보더(遊撃とボーダー)』등이 있다.

히가시 다쿠마 東琢磨

음악, 문화비평가. 저서에『라틴 뮤직의 힘(ラテン・ミュージックという力)』,『전세계음악론(全・世界音楽論)』, 공저로『복수의 오키나와(複数の沖縄)』,『소리의 힘(音の力)』시리즈가 있다.